2016 年度教育部人文社会科学研究项目：基于职业科学的高职学生职业能力测评研究（项目编号：16YJA880070）
2017 年江苏省高校哲学社会科学研究重点项目：现代职业教育标准的开发技术研究（课题编号：2017ZDIXM039）

芬兰技职教育研究

周衍安　著

中国矿业大学出版社

内容简介

本书主要介绍芬兰的技术与职业教育体系，梳理了芬兰技术与职业教育发展的历史，总结了芬兰技术与职业教育总体框架，找出芬兰经济与技职教育的关系。在微观层面，分析了芬兰中等职业教育课程体系，芬兰的职业资格认证体系和学徒制，芬兰多科技术学院的产生与发展，芬兰多科技术学院对中国高职教育和应用型本科转型的启示，还介绍了芬兰成人职业教育，芬兰职业教育的师资，芬兰技职教育的质量管理机制、评估机制和保障机制，分析了中国和芬兰的技职教育合作情况，指出了芬兰技职教育改革的现状、面临挑战和发展启示。

图书在版编目(CIP)数据

芬兰技职教育研究/周衍安著. —徐州：中国矿业大学出版社，2017.11

ISBN 978-7-5646-3777-4

Ⅰ. ①芬… Ⅱ. ①周… Ⅲ. ①技术教育—研究—芬兰②职业教育—研究—芬兰 Ⅳ. ①G719.531.9

中国版本图书馆CIP数据核字(2017)第271799号

书　　名　芬兰技职教育研究
著　　者　周衍安
责任编辑　齐　畅
出版发行　中国矿业大学出版社有限责任公司
（江苏省徐州市解放南路　邮编221008）
营销热线　(0516)83885307　83884995
出版服务　(0516)83885767　83884920
网　　址　http://www.cumtp.com　**E-mail**:cumtpvip@cumtp.com
印　　刷　徐州中矿大印发科技有限公司
开　　本　787×960　1/16　**印张** 16.25　**字数** 309千字
版次印次　2017年11月第1版　2017年11月第1次印刷
定　　价　28.00元

前　言

“既然我们被上帝放到东西方交界的夹缝中，我们就得学会在夹缝中生存的艺术。”从国家地理上看，芬兰一边紧靠俄罗斯，一边紧靠瑞典、挪威，要想生存、发展，必须发挥自己的政治智慧和创造性。特殊的地理位置和环境，使芬兰人形成了特殊的民族性格和文化。芬兰人有热情的一面，性格内敛、富有个人主义，内心充满民族自豪感，芬兰意识在芬兰人的生活文化中表露无疑。最能代表芬兰和芬兰人的是“3S”：SISU，SIBELIUS 和 SAUNA。“SISU”是芬兰语里的特有词，代表了芬兰人面对困难不屈不挠、坚持不懈、最终实现目标的坚韧精神和品格。“SIBELIUS”是芬兰著名音乐家西贝柳斯的名字，是芬兰人引以为豪的民族英雄。“SAUNA”是风靡世界的桑拿，桑拿是了芬兰人生活中必不可少的一部分，是生活的必需品。

芬兰人在教育方面做出了举世瞩目的成就。芬兰教育反映的是反璞归真的求本精神，是社会自我成长、自我负责的价值观。在芬兰，不论是哪个派别都相信教育公平是核心价值，不求躁进、不讲求形式，以人为本，老师不用评比，城乡差距极小，重视弱势学生，每个人都是独立个体。芬兰的教育系统展示的是柔性化和人性化，就是以人为本。

芬兰教育毫无疑问是全世界最均衡的教育体制，芬兰教育以平等为最大特点。芬兰全社会对教育的共识是，要为每个学生提供优质公平的教育，而教育目的是促进每个学生全面、丰富、个性的发展。芬兰基础教育被“国际经济合作发展组织”评价为整体表现全球第一。芬兰的高等教育，也几乎被每一届世界经济论坛评为最佳。芬兰是全球课时最少、课后复习时间最短、假期最长的国家。平衡、公平、公正又高效的芬兰教育，给所有关心教育的父母、老师、官员、学生等相关利益体一个自我省视和重新思考教育本质的机会。芬兰教育以健康、人文的深度去厘定教育理念与方法。

芬兰是一个领土较小，自然资源相对匮乏的国家，除了森林，芬兰几乎没有其他更为重要自然资源，因此人的创意对于芬兰而言举足轻重。只有实现人的内在价值，芬兰的经济、社会才有可能得到可持续的发展。技术与职业教育就承担了这样的使命。芬兰普通高中和中等职业学校的许多学分是可以互换的，当学生觉得自己所选择的不适合时，完全可以重新选择，不管你选择哪种类型的学校，都有进一步深造的机会。芬兰的技术与职业教育具有严格的国家标准，从国家的层面上规定了在什么阶段必须完成多少学分、在哪儿完成以及如何完成。芬兰的技术与职业教育是一种类型而不是一种层次。

本书聚焦芬兰的技术与职业教育，主要包含几个部分：

第一章是芬兰的教育概况，主要介绍芬兰国家概况、芬兰教育体系、芬兰的主要教育政策、芬兰的教育行政机构。

第二章是芬兰的技术与职业教育体系，主要介绍芬兰技术与职业教育发展的历史，芬兰技术与职业教育总体框架，芬兰经济与技职教育的关系，芬兰技职教育发展趋势。

第三章是芬兰中等职业教育，主要介绍芬兰中等职业教育课程体系，中等职业教育的教与学方式，中等职业教育的学生指导，职业技能展示体系，芬兰中等职业教育改革。

第四章是芬兰的职业资格认证体系和学徒制，主要介绍芬兰的职业资格认证体系，芬兰学徒制培训及其质量管理策略。

第五章是芬兰的多科技术学院，主要介绍芬兰多科技术学院的产生与发展，多科技术学院的结构体系，多科技术学院的工作本位学习，芬兰多科技术学院教育特色，芬兰多科技术学院对中国高职教育和应用型本科转型的启示。

第六章是芬兰的成人教育，主要介绍芬兰成人职业教育，芬兰的第三龄大学，芬兰的开放大学，芬兰成人教育的运行和管理。

第七章是芬兰职业教育的师资，主要介绍芬兰的教师职业，中等职业教师的类型，芬兰职教教师工作环境、社会地位、权利和义务，芬兰职教教师能力结构和培养模式。

第八章是芬兰技职教育的质量管理机制、评估机制和保障机制，主要介绍芬兰技职教育的质量管理，高等教育评估和多科技术学院的评估，芬兰中等职业教育质量评估机制，芬兰技术与职业教育的财政保障。

第九章是芬兰技职教育的政策与管理，主要介绍芬兰技职教育立法与管理机构，芬兰技职教育管理体制，芬兰技职教育政策体系。

第十章是中国和芬兰的技职教育合作，主要介绍芬兰技职教育的经验，芬兰与江苏的技职教育交流，上海的中芬职业教育卓越中心，广州的中芬学习乐园研讨会。

第十一章是芬兰技职教育改革的现状、面临的挑战和发展启示，主要介绍芬兰技职教育体系发展的理论基础，芬兰技职教育与劳动力市场联系的经验，芬兰技职教育面临的挑战，芬兰技职教育改革动向及对我国的启示。

从技术与职业教育的比较研究角度看，从试验方法、时间和发展历程来看，芬兰职业教育的发展模式、发展历史和发展脉络与中国技术与职业教育的发展历程非常相似，特别值得学习和借鉴，可以是中国技职教育走向国际化的一个切入点。

作　者

2017年8月

目　　录

第一章　芬兰教育概况

第一节　芬兰国家概况

一、位置、自然地理

芬兰共和国位于欧洲北部，是世界上位置最北的国家之一。全国 1/4 土地在北极圈内。海岸线长 1 100 千米。全国范围 69% 为森林，8% 为耕地，10% 为湖泊、急滩河流等被水覆盖地带，据统计芬兰有187 888个湖泊（当中有 98 050 个岛屿），故有千湖之国美誉。面积约 33.8 万平方千米。芬兰东部约有 1 300 千米的边界与俄罗斯接壤，北部与瑞典和挪威交界，南临芬兰湾和波罗的海。全境地势东北高，西南低，多丘陵平原。南北最长距离达 1 160 千米，东西最宽为 540 千米。

二、人口和语言

芬兰人口约 550 万人，语言为芬兰语和瑞典语，首都赫尔辛基。人口大部分居住在气候比较温和的南部。全国人口中 65% 居住在城镇，35% 居住在农村。赫尔辛基大区，包括附近的 Espoo、Vantaa 和 Kauniainen 三个卫星城，人口达一百万。境内其他人口密集的城市包括坦佩雷、图尔库、奥卢和拉赫提等。芬兰的原住少数民族是萨米人，人口为 6 500 人左右。

人口迅速老龄化是芬兰在社会发展中面临的最大挑战，芬兰政府很早就开始对退休金制度进行改革，降低养老金每年增加的幅度，并将芬兰公民的法定退休年龄从原来的 63 岁提高到 65 岁，退休金从原工资的 66% 减少到 60%，同时增收养老金税。

芬兰 20～39 岁人口接受高等教育比率已是北欧国家最高。在宗教信仰上，大多数人信奉基督教路德教派，大约 1% 的人口信奉东正教。芬兰五百多万人口中 93% 讲芬兰语，6% 讲瑞典语，另外 1% 的拉普兰原住民讲萨米语，几乎人人都能讲英语，其次是德语和法语。

三、经济

芬兰的木材加工、造纸和林业机械等行业成为其经济支柱，并具有世界领先水平。芬兰是世界第二大纸张、纸板出口国和第四大纸浆出口国。为适应国际经济的发展，芬兰及时调整本国经济与科技发展战略，使其在能源、电信、生物和环保等领域的技术及设备均处于世界领先地位。芬兰信息产业发达，不仅以最发达信息社会闻名于世，而且在全球国际竞争力排名榜上名列前茅。

四、政治和社会福利

1917 年 12 月芬兰共和国宣布独立。芬兰是世界高度发达国家，国民享有极高标准的生活品质和个人素质。芬兰是一个高度工业化、自由化的市场经济体，人均产出远高于欧盟平均水平。监督世界各国腐败行为的非政府组织“透明国际”公布 2012 年全球腐败指数报告，在 176 个国家和地区中，芬兰名列第一，为最清廉国家。芬兰的政治体制以议会为主，总理由议会选出，多数行政权力在总理领导的内阁中。第二次世界大战后，左派政党势力逐渐扩大，主张以教育来实现社会公平，全力推动以机会均等为目标的教育改革。

芬兰属于北欧的福利社会国家，其社会制度采取全民式的福利给付，社会福利的财政来源是以巨额税收支付，采取高税收高福利的政策。公共政策的目标分为社会目标和经济目标，前者包括人民得到保护与自由，此社会目标涉及人民心目中的理想社会；后者则包括了社会经济的效率、公平、稳定及成长。这是由于芬兰的经济较为稳定，有稳健的产业支柱。芬兰于 1955 年加入联合国，在民主政体和市场经济自由化下加速其经济起飞；1995 年芬兰加入欧洲联盟，并于 2002 年启用欧元。芬兰政府在国家竞争力、资讯科技能力、教育成就等各项评比上都为全球瞩目的焦点。

第二节　芬兰教育体系

芬兰的教育体系是一种平等主义的北欧体系，其特色为免学费的全日制教育，整体的教育系统形成一个连贯的学习途径，支持学生的成长、发展及福利，包含学前教育、基础教育（九年制）、高中职与高等教育、高等教育（大学及技术学院）及成人教育[1]。

芬兰的教育体系依照国际教育分类标准分级（ISCED）可划分为 0 至 6 级，0 代表自愿性的学前教育阶段一年；1、2 代表基础教育阶段九年；3 代表中等教育阶段三年（普通高中或职业学校）；4 代表后中等教育阶段（非第三阶段教育），包含工作经验、职业认证等；5 代表第三阶段教育的学士及硕士阶段的教育；6 则代表博士学位阶段，也包含准博士学位。芬兰的教育机构主要有大学、技术学院、职业学校、全国特殊机构及特殊职业机构、成人教育中心及工人教育机构、民众高等学校、夏季大学、音乐学校等机构。

芬兰教育政策的主要目标是为所有公民提供平等接受教育的机会，不论年龄、户籍、财务状况、性别或母语。教育被认为是所有公民的一项基本权利。在芬兰加入欧盟的学分转换机制之后，意味着职业教育毕业的年轻人在将来也有选择权可以去往学术类的高等教育机构求学。而职业教育保证了大部分人毕业就能够有工作。

一、学前教育

芬兰的学前教育是指儿童在进入基础教育之前接受的教育，目的是提高儿童的学习能力。儿童通常是在玩耍中学习新知识、新技能。芬兰立法规定，所有市级政府机构都要为年满 6 岁的儿童提供免费的学前教育，但是否接受学前教育是自愿的。社会福利及健康部主管的托儿中心遍布每一个社区，因为有三分之一的母亲外出工作，而需要有人照顾他们的孩子。

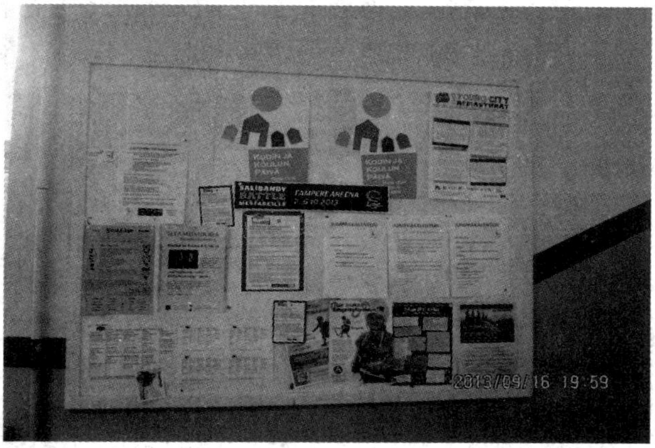

二、基础教育

经由 20 世纪 70 年代的教育改革，芬兰废止了传统的双轨学制，而把国民中小学改成单轨制的综合学校，但仍分成两个阶段。一是 7～12 岁的学生一至六年级为低级阶段，相当于我们的小学，由班级教师负责大部分教学，某些特定科目由学科教师教授，如音乐、体育等；13～16 岁的学生就读七至九年级为高级阶段，教师采用科任制，开始合科教学。根据法律规定，基础教育是免费的。除教学和就学免费以外，课本和其他学习资料也都免费提供，学生每天还可以获得一份免费午餐，有些学生还可以获得交通费补助、医疗照顾等。一个学生完成义务教育之后，就可以自由选择中等教育，或接受职业培训，或接受高中教育。根据法律，学习障碍儿童可以接受特殊教育。芬兰目前有近 3 000 所义务教育学校，大约有 99.7％的学生完成基础教育。

比较特别的是，小学之前一年又称学前教育阶段，也就是所谓的零年级。芬兰的研究与教育单位认为，7 岁的孩子心智与情绪各方面的发展相较成熟，所以比较适合开始进入小学[2]。1998 年，芬兰制定新的基础教育法，确立了九年基础教育的目标为：教导儿童生活的基本知识和技能，培养自主学习的能力，让他们成为热爱生活、乐于探索，有知识和技能及有道德的社会人。

根据法律规定，长期在芬兰居住的儿童，包括非芬兰籍儿童，都必须完成义务教育课程。1917 年芬兰独立，普通义务教育制度从 1921 年开始生效。芬兰有近 450 个市级政府机构，负责为辖区内的儿童提供教育，确保所有学龄儿童都享有接受教育的权利。法律还规定，基础教育必须遵循就近入学原则。

在综合学校，前 6 年由同一个班主任带课，教授所有课程。后 3 年，不同的课程会由专门的老师教授。综合学校的课程包括：母语（芬兰语或瑞典语）、第二门民族语言（瑞典语或芬兰语）、外语、数学、物理、化学、历史、社会学、体育、音乐、视觉艺术、手工、家政学、宗教或伦理道德、生物、地理和环境学。除此之外，各年级学生还可以根据自身兴趣选择一些特殊科目。

三、中等教育

在 16 岁完成基础教育后，学生可选择进入高中，接受职业教育或训练。普通高中为升学和学术导向、中等职业学校为职业导向。中等教育阶段为免学费教育，学校提供免费午餐，但由于不属于义务教育阶段，学生要自愿购买教科书，负担学习材料的费用和交通费。不论是选择高中或是中等职业学校，学生将来都有进入大学或是多科技术学院的机会。

（一）中等职业学校

芬兰中等职业教育是由中央与地方教育当局共同主办，其学费及餐食费全免，职业证书从自然资源回收到旅馆经营等，总共有 75 种，其入学的方式，有的依照之前的学校成绩来决定，也有通过入学考试来决定入学资格。除了学校职业教育之外，学生也可接受学徒训练，这种学徒训练主要由学生本身和雇主签订契约接受训练，完成后可以接受“能力本位测验”，以证明所获取的相关职业技能。因此，所有中等职业教育的学生在毕业前必须通过职场学习、学徒式教育训练或参加能力测验来取得职业资格，并作为申请技术学院和一般大学的入学资格。而从业人员也可接受这种测验，以获取“特殊职业证书”及“进修职业证书”。目前在芬兰境内共有 200 多个中等职业学校或私人单位提供职业教育和学徒训练。中等职业学校通常修读 3 年，根据国家核心课程授课，并允许学生规划个人学习计划。

（二）普通高中

高中教育主要针对 16～19 岁年龄段的学生。根据综合学校成绩自主挑选学生。一般来说，完成高中教育通常需要 2～4 年时间，学习进度和学习效果因人而异。高中教育以课程为基础，不存在年级。学科分为必修学科、高级学科和实务学科。在普通高中，一年上课 190 天，8 月中开课，直到隔年 6 月停课。暑假超过 60 天，通常 3 年完成学业。高中学生参加全国最终评估考试——高等院校入学考试，这意味着高中学习的结束。高中生修满学校规定课程后，必须参加国家测验，以检验高中学习成果。学生至少要通过四门科目的测验：其中一门必考科目为母语，而后从第二官方语言、外语、数学、人文学科与科学学科等四门测验科目中选择三门来考试，通过以上四门考试科目后，可依据成绩作为申请大学院校或技术学院的资格。完成高中教育的年轻人可以选择任何形式的高等教育。高中教育还可以以成人教育方式完成。

四、高等教育

芬兰的高等教育由两部分组成：综合大学和多科技术学院。学生正常情况在 19 岁高中或中职毕业，通过会考，进入综合大学和多科技术学院。

（一）综合性大学

芬兰的大学为国立学校，大学运作所需资金的 65% 由政府提供，其主要以科技研究和教育为基本任务，并尊重研究的自由性和大学自治权，使得大学本身在很多事务上均拥有自主权。综合大学依托于研究和教学，旨在进行科学研究并提供与科学研究相关的高等教育。大学提供学士、硕士、副博士、博士四级学位。综合大学还提供继续教育和开放式大学教育。

综合大学通过举行考试挑选学生，每个年龄段中有近三分之一的学生可以获得进入综合大学学习的机会，主要学科包括技术、艺术、人文和自然科学。为与国际接轨，扩大选择的自由性，芬兰于 20 世纪 90 年代开始实施学位制度的改革。在新的学位制度下，20 多门不同的学科中均设有学士和硕士学位，取得学士学位要求修完120个学分，最少需要3年的学习时间；取得硕士学位则要求160个学分，至少需要5年的学习时间。之后，毕业生仍可以继续深造，进而取得博士学位。

芬兰的综合大学秉承学术自由和自主原则。自主意味着综合大学在决策方面拥有相当大的自由度和独立性。学校在学位授予方面享有决定权，教职人员有权决定课程设置和招生人数。所有芬兰人都有进入综合大学学习的可能性，因为芬兰的综合大学不收学费。

芬兰综合大学之间的联系网络覆盖全国，最北部的拉普兰也包括在内。此外，还有一所不在教育部管辖范围之内的国防学院，提供军事和国防方面的高等教育。

（二）多科技术学院

多科技术学院旨在为学生就业提供技术教育和培训，帮助学生实现从学习到工作的过渡，培育职场所需的专业技术人才。多科技术学院创建于20世纪90年代，为学生接受高等教育提供了新的机会，想要进入技术学院学习，学生必须通过芬兰的高中毕业考试或已取得初等职业证书。

多科技术学院不属于芬兰政府所有，而是属于联合市政委员会或私营机构所有。但在多科技术学院的基本资金中，芬兰政府资金仍占57%。多科技术学院所授予的学位强调专业性，获得该学位一般需要3～5年时间(140～160学分)。除理论学习之外，获得多科技术学院学位还需要进行工作场所的实际操作培训，递交一项毕业设计。多科技术学院的专业包括：技术和交通、商务和管理、医疗和社会服务、文化、旅游、餐饮和机构管理、自然资源、人文和教育。技术学院有权独立安排学习课程。与实际工作相联系的专业学院提供不同技术领域的专业技能培训。多科技术学院所授学位必须经过芬兰教育部的审批，课程可以自行安排。

五、成人教育

芬兰的成人教育一般由综合大学、多科技术学院、职业学校、职业成人教育中心、地方高中、成人教育中心和暑期大学等机构提供。种类包括：基础资格证培训、学位项目培训、能力测试培训(如语言测试和职业资格)、学徒培训、职业技能的额外和辅助培训。此外还有公民技能、社会学、特殊兴趣专业等。成人教育中，除了免费提供专业资格培训，其余培训项目都要收取一定费用，同时也可享受免费课程和可议价课程。芬兰教育部为成人教育提供资金，并进一步推动成人教育的发展。

大部分接受成人教育的学生都是边工作边学习。目前所采用的自主学习模式和远程教育模式可以让他们工作和学习两不误。长期失业人员是再就业培训中的一个特殊群体。20世纪90年代，芬兰失业率上升，因此芬兰劳动部负责提供再就业培训，为失业或面临失业的人员免费提供培训课程。

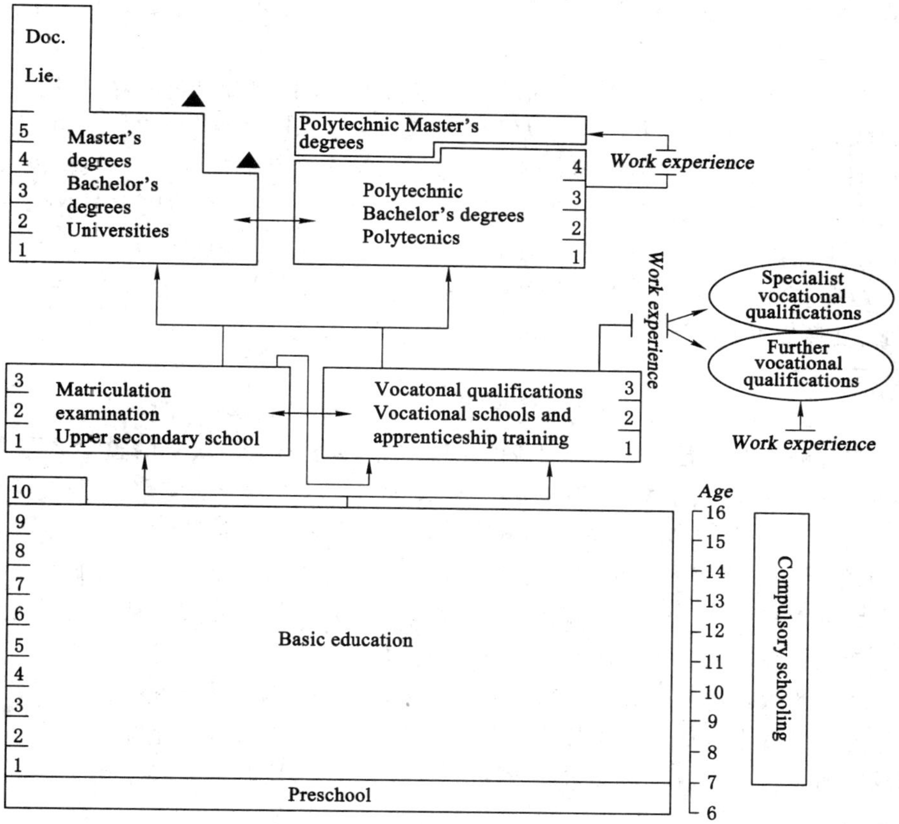

芬兰教育体系图

第三节　芬兰主要教育政策

芬兰教育政策的主轴是追求教育品质、效率、教育机会均等以及国际化。教育发展目标强调提升教育水准、改善全民与劳动力的基本素质、增加教育制度的效能、强化青年学子接受教育的机会以及扩展成人教育的机会。

芬兰的教育与科学研究政策强调品质、效率、公平与国际化。现行的教育与科学政策规划完全配合欧盟里斯本策略来进行。芬兰宪法保障教育与文化的基本权利，确保全民教育机会均等。国会立法通过有关教育与研究政策的基本法案。中央政府与教育部负责教育政策的制定与执行。教育部统筹地方的教育财政预算。中央每隔四年就会重新调整教育与研究政策一次。芬兰现行教育政策共有四大主轴，分别是教育目标与方案、教育经费、教育评鉴与教育国际合作[3]。

一、教育目标与方案

教育发展首要目标是提升全民与劳动力素质、改善教育体系的效率、增加年轻人接受教育的机会与扩展成人教育的机会。当然，教育的影响力与国际化也是重要课题。近年来终身学习的观念逐渐融入教育政策的规划中。教育机会均等与提升全民教育水准一直是教育部一贯的政策。终身学习的概念，主张个体在一生中能够在不同的学习阶段或领域里拥有充足能力与机会去发展知识和技能。政府的就业政策目的是减少结构性失业问题、降低就业不公、保障有能力的劳工、改善公司留职率、增加生产率以及进行组织改造。

二、教育经费

芬兰全民都可以免费接受义务教育，而义务教育阶段之后的教育也是免费的。教育部负责分配中央政府划拨的年度预算，包含现阶段所有的教育类别，从基础义务教育、高级中学教育、职业教育、技术学院与大专校院到研究机构、继续职业教育、专业教育以及成人通识教育等范畴。教育部也补助学前教育学童的上、下午活动课程与交通费用。芬兰的教育经费是由中央与地方共同承担的。地方负责大专校院、继续职业训练教育及成人通识教育的经费。地方的教育经费通常包含在中央每年给地方的所有经费支出当中。

各阶段教育经费的分配款是按照学生人数与每单位成本来衡量的。成人通识教育的经费也是按照学生数目与每单位成本来计算。每单位成本的衡量视实际成本而定。职业教育训练与职业学校的单位成本，按照学校科系而有不同的收费标准。

三、教育评鉴

教育机构有法定责任自我评鉴与接受外部评鉴。评鉴的作用在于为教育政策提供决策参考，或是当成知识与绩效表现的背景。评鉴可分地方性、地区性以及全国性三类。芬兰有部分教育也接受国际性评鉴。芬兰高等教育评鉴委员会专门负责大学、技术学院及教育部的相关评鉴工作。此独立机构附属于教育部管辖。

一般来说，职业及成人教育机构也有独立的教育评鉴委员会来评鉴其教育与学习，并且研发评鉴与提倡研究评鉴。这个单位向教育部、教育提供机构与相关教育单位服务。评鉴的结果可提供教育制度的发展、制定核心课程与实际教学上的应用。评鉴数据和国际比较资料也成为监督教育机会均等与公平的衡量工具。

四、教育国际合作

芬兰全国性的教育规划和决策受到欧盟、欧洲理事会、经济合作暨发展组织、联合国大会以及北欧合作组织的影响[4]。

（一）欧洲联盟

欧盟会员国的教育内容与教育制度的规划都受到欧盟的影响。欧盟的角色在鼓励会员国加强合作、交换知识以促进高品质的教育，并视情况需要增补现有的行动方案。欧盟当前强调欧洲面向的教育、师生流动及教育机构间的合作。在欧盟组织架构中，有关教育与训练的业务都由教育、青年与文化委员会负责。此委员会和欧洲议会共同根据联合决策程序作相关的决策。

（二）学位认证

竞争委员会掌管学位文凭的认定。就国家层级而言，教育部负责欧洲联盟法规定的文凭认证业务。而国家教育委员会负责同等学位的认证工作。

（三）欧盟教育方案

苏格拉底计划、达尔文计划以及伊拉斯谟计划，奖励不同的教育活动。终身学习已成为教育发展的重要指标。欧盟现阶段联合理事会与议会的力量，将这些方案整合成一个终身学习计划。欧盟在2002年颁布哥本哈根历程，希望继续强化品质、职业教育的吸引力以及改善职业教育学生的流动比率。Bologna Process是欧盟高等教育的主要论坛，希望增加欧盟高等教育的竞争力与吸引力，超越世界其他洲的高等教育品质。欧盟也试图研发各种消除流动率的分法，譬如改进会员国间就学的文凭认证制度或是工作资格的认可。

（四）北欧合作组织

北欧各国有学术研究、教育和文化方面的合作组织。主要的教育类别合作包含：从学前教育到高级中学阶段的教育及训练；高等教育；成人通识教育；语言学习；资讯与通讯科技；北欧部长高峰会议，其属于跨政府的组织，每隔两年开一次会议，该会议已经提出促进流动率的赞助计划。

（五）国际组织

联合国教育科学与文化组织是国际上最有名的教育部门。联合国教育科学与文化组织的会议和建议会对会员国家（包括芬兰）有所约束。联合国教育科学与文化组织还提供专家咨询服务、举办国际竞赛、统计资料与文件、出版书籍。现阶段联合国教育科学与文化组织的主轴囊括全民教育进程、教科文组织的科学计划与国际合作方案的地位、保护与促进文化多样性、保障人权、包容以及促进世界和平。教育与教育政策构成经济合作暨发展组织的基础，经济合作暨发展组织是世界上最重要的教育合作机构，芬兰积极参与经济合作暨发展组织举办的教育评鉴活动。

第四节　芬兰教育行政机构

芬兰教育文化部为中央政府教育行政机关，负责教育、科学、文化、体育、青年政策、国际合作和教会事务等。教育文化部分设两大部门，一为科学研发部门，主导教育与科学的领域；二为文化、运动和青年政策部门，负责主导体育文化，两部门专司不同业务，明确的分工有助于具体化教育政策的实施。

教育文化部下设重要机构，包含芬兰全国教育委员会、芬兰研究院、芬兰艺术委员会、国际交流中心等机关。芬兰全国教育委员会所管辖范围极广，除正规大学教育外，包括学前教育、基础教育、中等教育、职业教育与训练、成人教育与训练。由该委员会提供职业证书和能力证书的架构，并规划基础和中等教育阶段国家核心课程，包括目标和不同学科核心内容、学童评量原则、特殊需求教育、学童福利和教育指导，核心课程也提出良好学习环境的原则、工作方法与学习概念，以供各地方与各级学校作为规划自己课程的参考依据。芬兰研究院是专门组织，主要提供大学和研究机构相关科学研究经费。国际交流中心负责交换计划与奖学金，执行欧盟国家层级的教育、训练、文化和青年计划，推动及组织国际实习生交换，提供奖学金给予芬兰学生、芬兰科学家和学者、国际研究生、研究员和老师。国际交流中心在海外大学推广芬兰语言和文化教学，并且安排国际学生参加芬兰语言和文化的暑期班[6]。

芬兰教育部设有顾问委员会和委员会来监督、评估各部门的发展情形，包括高等教育评鉴委员会、教育评鉴委员会、国家测验委员会等。芬兰高等教育评鉴委员会是独立的专门法人组织，组织大学、多科技术学院和教育文化部有关评鉴和品质保证的事务，由政府提供经费补助。教育评鉴委员会负责基础教育、职业教育和成人教育的评鉴和发展，是独立组织。国家测验委员会负责全国性测验事宜，并进行相关评估工作。

现在，芬兰教育逐渐分权化，对地方政府与学校赋予权力。采取“中央指导—地方执行”的原则，地方教育行政组织拥有高度的自治权，负责执行各阶段教育。

第五节　芬兰教育理念

芬兰人视教育为推行社会公正和机会公平的一个重要工具。让不分性别、不论年龄的学生们知道，只要想持续学习，不论职业教育或高等教育，都会敞开大门。芬兰人认为不应该太早把孩子定位，孩子要通过多元学习来满足他们天

生的求知欲，发掘出自己的兴趣，增进自主学习的能力。芬兰是一个高福利社会国家，完善保障每一个学生的受教育权，政府保证为每一个学生提供平等的教育机会以满足其能力和发展需要。学校教育呼应社会需求，在不同的教育阶段都有明确的教育目标[7]。

一、深刻的教育共识、注重起点公平

芬兰全社会对于教育有一个共识，即芬兰要为每一个人提供优质公平的教育，而教育的目的是促进每一个人全面、丰富、个性的发展。人的内在价值必须通过良好的教育才能得以实现，人的潜力也才能挖掘，芬兰在 1966 年就立法通过了九年制综合学校法案。该法案不仅改变了芬兰以往分轨的学制结构，更为重要的是，它颠覆了传统教育理念，在全社会形成了一个新的教育共识，即无论家庭背景，无论智力水平，每一个孩子都能在同样的环境下接受教育[8]。

对弱势学生投入更多的关注，不放弃相对弱势的孩子。芬兰教育部在一纲少本的指导原则下，学校和老师有高度自治的权利，也同样有着高度的责任感，运用足够的弹性针对学生背景与地方需要来调整教学大纲，这并未造成学校间和学生间的巨大差距。

二、各方的协调合作、创造良好学习环境

芬兰教育是一个高度协调合作的系统。课内与课外协调、校内与校外协调、学校与家庭协调、教师与学生协调，这种协调合作关系将各方教育利益相关者形成一股汇集的力量，共同为促进学生的发展而努力。

芬兰教师投入了大量的时间开发自己的课程，全面评估学生的成长。芬兰教师相信学习并不仅仅发生在教师的正式课堂中，学生在课外，在与同伴交往的过程中可以学到更多的知识和技能。芬兰教育者认为，重复的、智力上没有挑战的作业并不能带来学业上的进步。芬兰人并不反对考试，他们只是认为，这种高利益关系的考试只会逼迫教师和学生将教学的重心放在“应试”上，而不是“教”与“学”本身。让孩子把学习当成是兴趣，学校的学习气氛轻松，老师们自主程度高，能自由选订教材，全心投入教学。家庭教育也是重要的一环，在学龄前芬兰的图书馆与博物馆都有为儿童设计的活动，芬兰父母从小就有在家阅读、读报给孩子听的习惯，培养儿童的阅读能力、学习兴趣。赋予自由就是责任的开始，信任是核心价值，这是芬兰教育体制中一项基本概念。

三、专业的教师队伍

芬兰社会能够吸引全国最优秀的人才从事教育。芬兰教师有高度的幸福感，因为他们受到社会的信任和尊重，有高度的专业自主权。他们可以根据自己的专业知识自主地安排学生的学习和发展，并对其做出相应的评价。选择教师职业的人，内心深处都有某种道德使命的驱使，他们希望通过教育帮助人们，促进社会发展。芬兰在选拔教师时非常重视申请人对教师专业的认识。教师在芬兰是一个要求很高，而且有高度竞争力的行业。他们必须在大学入学考试、高中平时表现、校外表现以及专门针对教育问题的全国性考试中表现优异，而且还必须接受大学的面试，特别是考察其选择教育专业的动机[9]。

芬兰在教师培养的过程中非常注重研究素养，让每一位教师都成为研究型教师。芬兰将教师教育纳入大学教育的体系，使学术研究成为教师培养的重要组成部分。芬兰教师不仅要掌握教育科学知识和教育研究技能，还要在日常工作中熟练运用这些知识和技能，并积极地探索教育教学方法，以一个研究者的工作态度和方式独立地、批判地进行教育教学改进问题的研究。几乎所有大学的课程都会培养合作学习、基于问题的学习、批判性反思和信息技术运用的能力，要求学生开展研究性项目以了解研究在教育实践指导中的重要作用。芬兰教师教育强烈的研究型色彩还提升了芬兰教师的专业地位，进而能吸引更多更优秀的年轻人从教。

参考文献

[1] Armi. Finnish teacher education and research [EB/OL]. http://scholar.google.com.hk.

[2] OECD. Education at a glance: indicators2008. [EB/OL] http://www.oecd.org.

[3] Erkki Aho. Policy development and reform principles of basic and secondary education in Finland since 1968 [M]. Washington, DC: World Bank. 2006:44.

[4] Geoff Scott tan Hawke, Using an External Quality Audit as a Lever for Institutional Change [J]. Assessment Evaluation in Higher Education, 2003(3).

[5] Bjom Stensaker, External Quality Auditing in Sweden: Are Departments Affected [J]. Higher Education Quality, 1999(4).

[6] Jens Christian Smeby&Bjorn Sensate, National Quality Assessment Systems in the Nordic Countries: Developing a Balance between External and Internal Needs? [J]. Higher Education Polity, 1999(12).

[7] Van Vught. Toward a General Model of Quality Assessment in Higher Education [J]. Higher Education, 1994(18).

[8] F. A. Van Vught. Quality Management and Quality Assurance in European Higher Education [J]. Studies1993 (1).

[9] Ministry of Education in Finland. The Finnish Higher Education Evaluation Council [EB/OL]. http:www. kka. fi/English. 2006 (4).

第二章　芬兰技术与职业教育体系

根据2014年世界经济论坛发布的《全球竞争力报告2014～2015》，芬兰的全球竞争力综合指数排名第五，高等教育和创新力指数全球第一。2013年国际经合组织对成人社会生活能力的国际评估调查结果显示，芬兰在24个国家的三项排名中均为第二。其技术和职业教育与培训的质量具有重要的借鉴价值。

第一节　芬兰技术与职业教育发展的历史

芬兰是一个高度工业化、自由化的市场经济体，人均产出超过美国、日本、法国、英国、德国等国家，高于欧盟平均水平，与其邻国瑞典相当。作为北欧发达国家，芬兰突出的成就与本国的职业教育发展状况息息相关。芬兰教育以拥有广泛的受教育人群而闻名于世。职业教育与普通教育具有同等地位，职业院校的学生与普通院校学生一样可以升入上一级高等教育机构继续深造，这为芬兰培养高质量的技术技能型人才提供了平台支撑。如今芬兰技职教育在发展过程中面临来自自身与外界环境的双重挑战，如何充分利用自身优势战胜挑战是芬兰社会各界的努力方向[1]。从19世纪芬兰就开始有组织地发展职业教育和培训，但其系统化发展是从第二次世界大战之后才开始的。这一时期的发展是以制度化为特点，具体情况是各类教育在各自领域独立发展。20世纪90年代是芬兰职教快速发展的时期，着重尝试发展技术教育，其目的是将教育的水平从中学后教育提升到高等教育。芬兰职业教育的发展，伴随着社会经济发展水平以及时代背景的不同而呈现不同的发展特征，总的发展趋势是在各类法律制度的实施下而逐渐制度化，进而得到不断丰富与完善。

一、19世纪初至19世纪中后期：芬兰职业教育发展缘起

当芬兰成为俄罗斯帝国的一个自由大公国时，芬兰职业教育发展开始起步。在这一期间，芬兰是一个交通不发达的农业国家。在19世纪，行会制度负责确保手工艺职业技能代代相传，手工艺人主要从贫穷的农村地区招收学生，对于很多儿童来说，学徒被认为是通往主权地位之路与谋生的合法途径。19世纪中期以后，芬兰社会与经济开始快速改变，其中一个重大改变是：当1879年允许公民

自由贸易的法律通过的时候，劳动者在选择居住与劳动场所方面获得更多自由。没有土地的人们，开始从乡村转移到他们工作的城镇。这一发展的结果是，旧有的行会体系地位开始下降，行会制度开始慢慢失去权威，学徒体系开始崩溃瓦解。手工业地位的低下使学徒变成非技能工厂的雇佣工人，而大师逐渐成为企业家、雇主。学徒与熟练工人像其他雇佣者一样获取工资，学徒制传统变成付薪雇佣制体系的一部分。

二、19 世纪末到第二次世界大战：从行会到职业教育组织的起步阶段

1899 年芬兰首都赫尔辛基建立了第一所职业院校。学校本位的职业教育作为芬兰一种新型的教育类型由此建立，学生在学校教师或者工场大师的指导下进行理论学科、实践手工技能以及工场岗位技能的学习。19 世纪末 20 世纪初，芬兰兴起了参观国外的职业教育院校、成人教育机构以及高等教育院校的热潮，其中以教师、官员以及企业领导者为主。1900～1916 年间，伴随着工业与行业公司数量的增加，一些发展中的城镇如波里、波尔沃、科特卡等沿海城市也不断建立职业院校，坦佩雷与库奥皮奥职业院校分别于 1912 年和 1917 年建立，这是内陆城市的第一批职业院校。1917 年芬兰获得独立，1918 年内战爆发，这或多或少给学校带来了破坏性。20 世纪 20～30 年代，芬兰职业院校学生数缓慢增长，1920 年职业院校学生数为 14 000 人，1940 年达到 20 380 人。

三、第二次世界大战以后：职业教育实现勃兴

1958 年颁行的职业教育法是芬兰职业教育发展史上的重要里程碑，新的规章制度要求所有超过 2 万名居民的自治市必须建立一所职业院校，而小的自治市必须将年轻居民送至这些院校学习。新的法规使职业院校学生数快速增加，第二次世界大战后婴儿潮增加了社会中年轻人的数量，为他们提供学习的场所成为必需。1950 年大约 46％的劳动者以农业谋生，这一比例在 1979 年下降至 20％，工业、贸易尤其是公共服务业不断增加，人们从农村转移至城市。工业化以及现代信息技术的发展加大了芬兰社会对技术技能型人才的需求量，1979 年以后职业院校学生数超过了普通高中教育的学生数。

四、高等职业技术教育

直到 20 世纪 90 年代初期，芬兰的高等教育系统中还只包含大学教育，不包含高等职业技术教育。1991 年，芬兰通过中等和高等职业教育法决定发展高等职业技术教育，在全国范围内开始设立多科技术学院，为高中阶段的学生提供深造机会。芬兰大力发展高等职业技术教育，有着三个方面的目的：

(1) 经济目的。由于其主要出口国苏联的解体以及西方经济的衰退，导致芬兰经济从 1990 年下半年起出现严重衰退，迫使芬兰政府重新定位产业发展的方向，大力发展高等职业技术教育，以满足知识经济社会对高级专门技术人才的大量需求。

(2) 就业目的。由于经济衰退导致失业率居高不下，发展高等职业技术教育能够推迟一部分人的就业时间、缓解劳动力市场的压力，还能使高校培养出来的毕业生能够适应劳动力市场不断变化的需求。

(3) 高等教育大众化目的。社会变革速度的加快，要求高等教育特别是高等职业技术教育承担起新兴工业的劳动力职业训练的任务，培养大批高素质、高水平的技术人才。

第二节　芬兰技术与职业教育总体框架

一、芬兰技术与职业教育体系概况

整体上，芬兰当前的职业教育与培训体系分为中等职业教育与培训和继续职业教育与培训两支，以及中等职业教育与培训、中等后职业教育与培训和高等职业教育与培训三级。为了促进综合学校毕业生(相当于我国的初中毕业生)顺利地实现由普通教育向职业教育的过渡，芬兰在其高中职业教育与培训之前还开设了一些预备性的职前培训项目，这些职前培训项目具有过渡性、预科性、自愿性等特点。

在芬兰，技术与职业教育机构包括中等职业教育机构、多科技术学院以及继续职业教育机构。中等职业教育主要由政府、私人、基金会等组织实施，主要招收完成基础教育的学生，毕业颁发初级职业资格证书，该教育的目的是提升学生的职业能力，促进职业生涯发展，满足社会对技能型人才的需求。多科技术学院主要招收普通高中和中职学校的毕业生或持有相应层次证书的人员，在招生时，多科技术学院注重学生以前的学习经历和工作经验，实行学分制。多科技术学院包括本科阶段的教育和研究生教育，所授予的技术学位等同于普通大学的学士学位。多科技术学院提供七个方面的高职教育：自然资源；技术、交通；商业管理；酒店、餐饮、家政学；卫生保健与社会服务；文化；人文与教育。该教育目的是为企业输送高中级技术人员和管理员。继续职业教育主要由教育部资助，由成人职业教育中心以及职业教育学院提供培训，主要招收正在从业的成人或曾从业的成人，组成部分包括成人本身的动机培训、劳动力市场培训、在职培训和学徒培训，经过不同的培训方式后，通过一定的技能检验才可以获得相应的职业资格证书。

二、中等职业教育

芬兰中等职业学校提供各行各业的学习，一般学制三年，毕业后获得初级职业资格，尽管国家教育委员会制订职业培训的新课程，学校方面仍然享有高度的自主权，根据自身特点和需求来安排课程与教学内容。获得初级职业证书者必须具备在各自职业领域的基本能力和特殊技能。初级职业证书获得者在经过三年的学习后，可以申请进入多科技术学院和大学学习。从 2001 年开始，芬兰要求所有职业院校学生都要通过综合职业能力测试，考试的项目涵盖工业、商业和其他工作生活领域，以确认学习者拥有职业证书要求的必备技能，保证职业教育的质量。

基础教育结束后，学生可以选择参加工作或继续学习。多数学生选择普通高中(51%)或中职学校(41%)，2%的学生自愿参加十年级的学习。目前，芬兰共有 270 多家中等职业教育机构，其中 95 家是私人开设，国家维持 5 家特殊职业机构和地区的教育中心。为了更好地组织职业教育，教育部对教育提供者的责任、提供教育的领域、总招生数有要求和限定。

中等职业学校注重理论和实践的结合，理论课程和实践的学分比和时间的安排较为科学。中职学校学制为三年，学生须修满 120 学分，专业理论课程占 90 学分，至少六个月在工场的学习和实践占 20 学分，另外的 10 学分学生可以在本校或其他职业学校选择自己喜欢的课程。中职学校开设的主要专业有：人文学科、教育学、文化、社会科学、商务行政、自然科学、技术、交通与通讯、自然资源与环境、社会服务、健康与运动、旅游业、家政服务等。普通高中毕业生也可以继续申请中职学校的学习。

芬兰有 75 种初级职业资格，所属领域有：可再生自然资源、技术和交通、商务和管理、酒店、餐饮和家政学、医疗和社会服务、文化、休闲活动和体育。根据相关立法，职业教育的目的是让学生掌握一些工作所需的职业技能和自雇基础上的生活技能。

一般来说，中职学校会根据综合学校成绩来挑选学生，有些机构还举行专门的入学考试。中职教育的必修课程有：母语、第二门民族语言、外语、数学、物理和化学、体育和保健教育、社会学、创业和工作场所研究、艺术和文化学。要想获得初级职业资格，还需提交一项毕业设计。中职教育的特点是：除了课堂上的理论学习，还需要进行工作室内的实际操作和实际工作场所的在职培训。中等职业教育一般由市级政府机构、市政委员会和私营机构向学生免费提供。

学徒培训方式是指教育机构、雇主和雇员三者共同签订一份定期培训雇佣合同，在工作的同时进行培训。学生还可以参加能力测试考试获得职业资格。这类实践性考试主要是让学生展示自己所掌握的技术和知识，而与以何种方式获得这些技术和知识无关。因此学生可以在没有接受中职教育的情况下直接参加考试。

三、多科技术学院

自1990～2000年，芬兰进行职业教育体系改革，建立了多科技术学院。多科技术学院学生分类进行不同专业的系统培训，如科技、通讯、贸易、管理、文化、教育、艺术、社会服务、保健、餐饮和旅游等。多科技术学院学制为三年半到四年，授予技术学位。芬兰创办多科技术学院的举措使职业教育层次重心上移。这不仅仅是中等职业教育和普通大学的衔接，还是开辟培养更高层次职业教育人才的渠道。在多科技术学院中，校长必须拥有博士学位，教师必须具备硕士学位，校长和教师需要相关职业领域三年以上的工作经历。

多科技术学院为学生提供获得专家职业证书所需的知识和技能，学生的入学条件是完成普通高中教育或者中职教育，已经通过了大学入学考试、中职学校资格认证，或者拥有相应的国际资格认证；多科技术学院也组织成人教育，学生需要三至四年的时间获得学位(140～160学分)，学生的录取多以先前的学习记录和工作经验为基础，多数情况下也会安排入学考试。芬兰政府给多科技术学院颁发的许可证中，明确规定了机构的任务、教育领域、学习场所的数量和教学语言。多科技术学院通过下列专业提供教育与培训：人文科学与教育；文化学；社会自然、商业和行政学；自然科学；技术、交通和运输；自然资源和环境学；社会服务、健康和运动；旅游、餐饮和家政服务。2005年芬兰设立多科技术学院硕士学位(需要40～60学分)，多科技术学院在学生学位条例中给出排名和对学生评价的说明书，在学生完成所有学习任务后授予他们学位证书。

四、职业教育和培训专门机构

近20年来，芬兰政府越来越重视成人职业教育。芬兰有为成人建立的专门技能培训系统，该系统建于1994年，以满足成人的技能培训需求。芬兰拥有众多提供职业教育和培训的专门机构，内容形式多样，其中政府主办机构对所有参加培训人员免费，使包括职业教育和普通教育在内的成人教育具有相当高的参与率，大部分学员都是业余时间充电学习。目前有一千多家的机构提供成人教育，包括多科技术学院、大学、成人职业教育中心、职业教育机构、国家特别教育机构、暑期大学等。另外，校外教育机构也提供成人教育，如车间或者雇主提供的其他成人教育场所。在职的成人如果要求资格鉴定或者想获得高一级职业证书，也可以参加综合技能考试。一些培训机构也对参加技能考试的候选人或者学徒进行培训，教育机构也针对现实生活的需要进行适当的培训。技能考试的基本原则在于了解和测试成人已经掌握的知识和经验，确认他们是否具备资格参与职业训练。

五、学徒制培训

学徒制培训是指教育实施者、被雇佣者和雇佣者共同签订定期就业协议后

的培训，需给学徒制订个人学习方案。国家核心课程和相关基于能力的职业证书指南是制订学徒个人学习方案的基础。

个人学习方案详细说明了学生需要获得的职业证书等级、学习内容的范围、主要任务、理论教学、实践教学、课时安排、教师的责任以及其他与职业证书授予相关的问题。学习方案的制订需要考虑学生先前的教育经历和工作经验，由学生、雇主和地方行政当局协作拟定并附加在学徒合同上。根据定期的学徒和雇主之间所签订的书面就业合同开展学徒制培训，重点强调在职学习，注重实践操作与理论教学的结合。评估由雇主和理论教师共同完成，将对车间培训和理论教学的评价融为一体，共同用于职业证书的认证。

学徒制培训中大约70%～80%的时间都在车间进行实习操作，由一名在职教师负责，作为补充内容的理论学习则可以在职业教育机构、职业成人教育中心或者其他教育机构进行。为了获得参与学徒制培训的资格，企业必须广泛地开展生产和服务活动，准备开展学徒制培训所需要的硬件设施，并安排必要的人员担任学徒教师。年满15周岁、完成义务教育的学生方可签约，雇主根据集体劳动协议支付学徒工资。不同学习领域的工资不同，雇主只需支付学生在车间培训操作工时的薪酬。

六、其他职业教育渠道

芬兰于20世纪80年代引入多种学习方案和学习路径，用以解决青年失业问题。从20世纪90年代开始，尽管关注点仍为失业人群，但服务目标群体已经囊括了成人。芬兰的青年人和成年人可以通过工厂车间培训的形式，参与其他种类的职业教育培训学习方案。工厂车间给青年人和成人提供与工作相关的实践培训和个人指导，帮助他们获得职业技能以维持生活。车间学习方案提供就业和培训津贴、与工作相关的善后活动、工作训练指导、个人辅导和学徒培训等。作为进入劳动力市场的工具和手段，这些学习方案和学习路径不能作为教育系统的一部分，学生不能获得正规的职业证书。大部分实习车间由地方当局所属，由地方当局和劳工行政当局提供资金[2]。

第三节　芬兰经济与技职教育的关系

在国际竞争力排名中，芬兰能够一直名列前茅，离不开其高水平的教育，尤其是成熟的技术与职业教育体系。芬兰是一个严重依赖出口的国家，要使芬兰的产品在国际市场上具有竞争力，不仅要提高劳动生产率，更要提高产品质量和技术水平。因此加强技术与职业教育是芬兰发展经济的重要战略之一。目前芬兰的技术与职业教育已达到相当高的水平，各类职业学校和多科技术学院不仅为芬兰培养出众多高科技人才，也为制造业、服务业等领域培养出一批熟练掌握专业技能的人才[3]。

经济与技职教育的关系是多层面的，宏观上反映在经济发展对技职教育的投入、规模和发展格局的影响；中观层面反映在技职教育办学模式的多元化，学校教育与企业培训的互补性等；在微观上则反映技职教育对劳动力素质的影响，以及劳动力因素对劳动生产效率的影响等。

一、经济发展初期两者的关系

现代大工业对人才的需求反映在两个层面：一是生产工艺人才，二是技术和管理专门人才。这样就产生了两个层面的技职教育：一是面向普通劳动者的技职教育，培养大批工艺人才；二是面向专门人才的工程职业技术教育，培养技术人才和管理者。在工业发展的不同阶段，这种需求的表现形式是不相同的。在工业化初期，对普通劳动者的技术要求不高，可以在生产过程中完成对劳动者生产工艺的技术培训，并不需要专门的学校教育过程来完成。

以学校教育为主体的技职教育，要以一定的基础教育为基础。当产业工人的绝大多数都是低文化时，他们就无法成为技职教育的对象。由于技职教育高昂的办学成本使得政府无法完全提供免费教育，求学者也不会去选择成本和收益倒挂的就学形式。同时，工业化初期的企业发展主要依赖于资本和生产资料的投入，劳动力资源开发成为重要的生产要素。因此，工厂也不具备举办制度化的学校职业教育的模式。所以，在 1965 年以前，当芬兰经济还处于工业化初期时，芬兰的职业学校并不多见，而是专门的职业培训机构发挥了重要作用，针对具体职业，为工业、林业、运输等部门，培养了一批熟练的劳动力，满足了当时工商业的需要。

二、新技术、新行业的出现挑战技职教育

随着工业化程度的提高，芬兰的森林工业和金属工业生产过程的分工越来越细化，产业工人也形成了短期工、长期工、技术工人、技术员和管理层职员等多个阶层，不仅在技术要求上有不同层次，在收入上也有很大的区别。这种情况在客观上形成了职业流动的可能性，而接受职业教育和培训是获得这种职业提升的基本途径。同时，新行业和新技术的出现与发展，使得新的职业不断涌现。许多新职业要求人们对某些专门知识有精细的掌握，不同的职业有不同的知识内容和水平的要求，其工作内容越来越专门化、专业化。这时，就需要技职教育及时调整课程内容、教学方法。芬兰及时成立国家职业教育委员会，负责职业教育机构内包括课程改革、资金分配等所有事情。该委员会直接推动了职业教育的改革，使职业教育的体系结构与经济发展密切相连，并成为整个教育系统中不可缺少的一部分。

三、芬兰多科技术学院促进经济发展

20 世纪 70 年代后期，芬兰以电子工业为重点发展方向，大力改造传统产业，技能型的人才越来越受到重视。芬兰当时的教育结构已经不能适应劳动力市场需求的快速变化，芬兰教育部通过改革创新，创办了多科技术学院。该学院以职业为导向，旨在为青年人提供一种更专业、更具有实践性的高等教育，并且多依靠与地方工商业的紧密联系服务于社会，与职业生涯密切联系，重点加强与商业、工业、服务业的紧密联系，也承担与应用实践为导向的研究与开发。多科技术学院的产生，提高了芬兰职业教育和培训的质量，为社会输送符合经济发展要求的各类技能型人才，促进了芬兰经济的进一步发展。

技职教育的产生和发展都以经济发展为前提，以职业界充分参与和政府鼓

励、倡导、扶持为手段。一定的经济发展水平决定一定的技职教育水平，经济发展是技职教育发展的根本动力，技职教育又促进经济更进一步发展。

四、芬兰技职教育与雇佣市场的关系

政府注重技职教育的发展目标与未来雇佣市场的需求相结合，制定相关的策略并大力实施。芬兰政府每四年通过一次“教育与大学研究发展计划”。在2007～2012五年计划中包含了各学科不同教育阶段的发展措施。芬兰国家教育委员会(FNBE)在制定该计划时，使用定量技能预期信息，其采集的方法是：FNBE采用从雇佣市场获得的数据，预报雇佣市场的变化和浪费，并将预报送交以质量为导向的职业教育和高等教育各不同专业。该信息同时也由劳动部协调的“劳动力市场2025项目”提供，主要目的是预测2025年劳动力市场的发展和需求。这样，各级职业教育便可以制定相关计划，有目标地培养雇佣市场所需要的人才了。

在实现职业教育与技能需求的对接方面，芬兰规定，国家教育教学中心大纲针对所有教育机构，并具有法律效力，适用于所有授予能力资格证书的中职学校。大纲与能力资格的要求是：达到国际化、促进技术利用和信息技术发展、培养企业家和职业健康安全管理等。另外，还包括培训学习技能、解决问题的技能、互动与交流技能、合作技能、伦理道德和审美技能。由此可见，芬兰的职业教育目标是培养全面发展的青年和劳动者。

芬兰政府注重雇佣市场对技能发展的要求，采用跟踪、评价、预测和分析的方法对市场进行调查。2007年芬兰国家教育培训委员会成立，它的主要工作是为提高职业培训质量提出建议、检查教学大纲与资格要求、指出部门问题等。培训单位邀请劳动或政治组织成员参加，共同分析、评价和预测未来的雇佣市场对受雇者的要求。

芬兰完善的职业教育体制以职业教育与雇佣市场的需求为发展目标，使芬兰的职业教育具有国际高水准，学生掌握最先进的技术技能。成功的技术与职业教育对提高可雇用率发挥了重要作用。

第四节　芬兰技职教育的特点

进入21世纪，面对技术与职业教育发展的诸多挑战，芬兰政府积极采取相应措施，在普职融通、职业教育目标制定、政府资金支持以及技职教育社会地位提高等方面做出努力。在各方面的综合作用下，芬兰技职教育正朝着可持续发展的方向迈进[4]。

一、普职融通:搭建职业教育上升立交桥

技职教育学生具有进入高等教育学习的机会是芬兰区别于其他北欧国家(除瑞典以外)的典型特征。普通高中的学生同时具有进入职业资格学习与入学考试的选择权,两种形式都具有进一步在应用科技大学(技术学院)与综合大学学习的机会。成年人的教育与培训贯穿于任何阶段。

芬兰教育政策更多地关注于不同教育层级的过渡转换。不同层级的教育之间并不是死胡同,大约有14%的来自高中并持有职业资格的毕业生进入学制三年的应用技术大学接受高等教育,这种选择在女性中更典型,女性占15%,男性占12%。除此之外,父母的教育层次也是重要的影响因素之一,父母的教育层次越高,孩子进入应用技术大学继续学习的可能性就越大。社会结构层次在人们的教育选择中仍然扮演重要角色。从芬兰教育体系中可以看出,芬兰的技职教育并非断头教育,在芬兰技职教育中学习的学生也能进入高等教育阶段接受教育,技职教育与普通学术性教育一样有自己的本科甚至是研究生教育阶段,这为芬兰培养高层次的技术技能型人才提供了完善的制度体系保障。

职业教育与普通教育衔接紧密。芬兰各类教育互相沟通,不仅在纵向上,初级职业教育与多科技术学院和普通高等教育上下贯通;而且在横向上,普通高中与中等职业教育、普通高等教育与多科技术学院相互平等和沟通。这就赋予了普通教育和职业教育平等的地位,解决了两类教育学历互相承认的问题。

芬兰教育的一个基本原则是:所有人都拥有平等地接受教育和培训的机会。与此相应,教育体系的灵活性和渗透性被列入芬兰教育发展的国家重要议程中。在芬兰,从学前教育直至高等教育等各级教育的任务是确保终身学习目标的实现。从一种水平或形式的教育灵活转移到另一种水平或形式的教育是确保个体选择机会、促进终身学习、防止社会排斥的基本途径。芬兰教育体系具有高度渗透性,教育体系的渗透性是芬兰教育政策的基础。当芬兰在20世纪90年代和21世纪初进行职业教育体系改革时,继续学习的渗透性和平等机会作为一个基本原则被采纳。20世纪90年代末,芬兰中等职业教育被置于与普通高中教育同等的地位。在芬兰,学生从一个级别的教育过渡到下一个级别的教育受法律保护。涵盖多科技术学院和大学的高等教育法律保证了那些具备至少三年中等职业资格或相应资格的公民接受高等教育的一般资格条件。

二、引进工作场所学习,培养目标导向职业人才

芬兰职业教育法要求技职教育机构必须与工作场所合作,使职业教育培养的学生能更好更快地迎合工作场所的需求。芬兰职业教育最大的改变之一是将工作场所学习阶段作为所有职业资格的组成部分,这个新的与工作相关的学习体系被称为工作场所学习。芬兰工作场所学习既可以作为正规职业教育的组成

部分，也可以视为职业院校外非正规教育的一部分。职业资格的获得需要通过三年全日制的学习，所有的资格包括至少 20 周的工作场所学习，在这个新的工作学习体系中，要求学生至少职业资格的 1/6 要在职业院校以外的真实场所学习，学生们可以自己寻找工作场所，也可以借助职业院校的帮助。在工作场所学习阶段以前，由教师来评估工作场所的适合度，包括学生们学习相关技能的机会、获得指导的机会、职业所需要工具的供给情况以及产品与服务的一般需求量等情况。工作场所学习的评价讨论是由学生、教师以及工作场所培训者共同参与，以确保学生是否达到其在工作场所培训前所设置的目标。工作场所学习旨在帮助学生获得职业知识和技能，使他们能够便利地进入劳动力市场。

三、加大资金投入，保障职业教育办学质量

芬兰最新的教育计划是 2011 年底通过的 2011～2016 年教育研究发展计划，该计划主要关注减少贫穷、不公与排斥。该计划的目标是稳定经济增长，维持经济、雇佣以及竞争力的可持续发展；提高年轻人的教育水平，降低辍学率。相比较普通院校而言，职业院校要想培养出实践动手能力强的学生，必须要引进先进机械设备、引进企业优秀“师傅”，因此办学成本更高，政府的教育经费支持是职业教育办学质量高低的重要保障。芬兰政府不断加大对技职教育的经费投入，技职教育经费总体上呈增长趋势，且相对于其他教育类型，技职教育是芬兰政府资助的主要对象之一，仅次于基础教育与大学教育研究。

在芬兰，为了保证教育机会平等，各级教育的款项来源主要是公共税收。私人资金仅占芬兰教育体系所有资金来源的 2.6％。在中等职业教育以及高等教育领域，私人资金的比例稍高些，但是仍然低于 5％。芬兰技职教育主要由政府和地方当局拨款。政府拨款接近拨款总额的 40％。技职教育提供者具有独立的财政决定权。芬兰技职教育拨款体系的法定拨款部分基于单位成本、学生人数以及具体领域和特殊任务的费用而定。不同职业教育领域之间允许单位成本间的差异。其他需考虑的因素则是特殊教育需要。这种拨款方式的优点是分配公平，确保了所有年龄组的教育培训机会。2010 年在芬兰中等职业教育和培训领域，培养每个学生的工作成本在 5 766 欧元（学徒制）至 31 021 欧元（特殊需要职业教育）之间。

基于单位成本的法定拨款体系在保障公平性的同时，也暴露出其在提升质量方面的不足。芬兰于 2002 年把绩效本位拨款体系引入中等职业教育和培训领域进行试验。基于该体系的激励性效果，2006 年，芬兰绩效本位拨款体系拓宽，全面纳入基于单位成本的整个中等职业教育拨款体系。芬兰《教育和研究发展规划（2007～2012 年）》决定，自 2009 年起，芬兰继续职业教育和培训 CVET 拨款体系全面纳入绩效拨款机制。绩效本位拨款体系由基于绩效指标的成果本位拨款和质量奖两个基本部分构成，成果本位拨款占70%～90%，质量奖占10%～30%，二者形成相互补充的体系，以激励职业教育提供者不断提升办学质量和效率。公平与激励相结合的拨款体系为芬兰职业教育发展提供了保障条件，特别是绩效本位拨款体系的实施，较好地调动了芬兰职业教育提供者和职业教育机构的办学积极性，提升了其教育质量和效率。

四、技职教育地位不断提高，毕业生前景广阔

近几十年来，芬兰政府不断致力于提高技职教育的社会地位，以期使技职教育能够为国民所普遍接受。一方面，芬兰教育文化部及社会人士不断改善技职教育形象，所开展的技能竞赛如每年一度的芬兰国家职业竞赛“Taitaja”，也在一定程度上提高了技职教育的受欢迎度；另一方面，职业院校学生具有进入高等教育的资格是芬兰职业教育地位不断提高的重要影响因素。芬兰于20世纪90年代建立了多科技术学院（应用科技大学），给职业教育毕业生通往高等教育系统的路径，职业教育学习人数不断增加，逐渐呈现普职各占半壁江山的态势。

21世纪早期开始，技职教育与培训人口也不断增加，人们对技职教育的兴趣不断提高，学校本位的职业教育、职业教育与培训在芬兰的地位都得到了提高。职业院校社会地位的提高，除了政府及社会各界力量的作用之外，还与技职教育自身办学质量的提高息息相关，职业院校所培养的毕业生能够为劳动力市场所广泛接受，职业院校学生能够找到满意的工作无疑可以吸引更多优秀的学生就读职业院校，从而在根源上提高了技职教育的社会地位。多科技术学位毕业生的雇佣情况与普通大学的学术学位毕业生相比，雇佣率明显要高，与普通学术学位的硕士甚至是博士相媲美；中等职业教育与初级大学学士的雇佣情况大体相当，甚至还略高于初级大学，足见芬兰多科技术大学以及职业教育所培养的毕业生的质量与市场欢迎度。

五、充分体现终身学习理念

在芬兰，教育的根本价值是公平、宽容、性别平等、国际化和环境责任。终身学习的理念贯穿其中。芬兰终身学习的政策在该国每四年制定一次的《教育和研究发展规划》中有充分的体现。该规划是芬兰教育领域的一个综合性策略。芬兰《教育和研究发展规划（2011～2016年）》提出，终身学习是贯穿人的一生和生命旅程所有阶段的学习。实现终身学习，重要的是知识和技能得到充分重视，而不考虑在何时、何地、以何种方式获得这些知识和技能。当正确完成任务时，先前学习经历的鉴定和正式承认将促成运行良好的教育和资格体系，并激发个体在教育和工作生活中的积极性，推动其不断获得进步。芬兰《教育法》已经规定要对非正式学习经历给予承认。终身学习理念充分体现在芬兰职业教育体系的各个环节，如学习路径的灵活性与渗透性、拨款体系的公平性与激励性、质量管理体系的全面性、职业教育供给形式的多样性、职业资格的个性化和模块化等方面。终身学习理念也体现在芬兰技术与职业教育学生指导体系中。

在芬兰技术与职业教育相关领域，学生指导是学校工作的中心任务。芬兰终身学习指导的国家策略于2011年春被批准。该策略强调学生获得平等指导服务机会的重要性，以促进终身学习目标的实现。

六、全面的质量管理

提高质量是芬兰技职教育政策的中心。芬兰技职教育质量管理以欧洲职业教育和培训质量保障参考框架（EQARF）为基础，由教育政策指导体系、职业教育提供者质量保障体系以及外部评估体系三大体系构成，涵盖强制性机制和自愿性机制两大机制，从政府管理部门和职业教育提供者两个层面展开。

强制性机制是芬兰职业教育提供者和职业教育机构依法必须执行的质量管理机制，主要包括法律法规机制、绩效本位拨款机制、供需匹配预测机制、国家核心课程、技能展示体系、质量评估机制等；自愿性机制与芬兰职业教育的"客户导向性原则""信任性原则""透明性原则""以卓越为目标的原则"等质量管理原则的精神相吻合，主要包括建议性机制和技能竞赛机制，其中建议性机制突出体现在《职业教育和培训质量管理建议（2006）》以及芬兰教育文化部2011年3月公布的《职业教育和培训质量策略（2011～2020年）》中。在政府层面上，芬兰职业教育质量管理重点是设定目标并确保其实现，最重要的管理措施是通过职业教育法律来规定相关质量管理工作，包括《教育和研究发展规划》的颁布，政府预算、职业教育提供者的自主决策权、国家核心课程、资格要求、拨款管理原则、教师资格要求、国家教育行政部门的发展和信息指导等。在技职教育提供者层面上，芬兰技职教育法律保证了教育提供者在决定其教育供给、公共资金使用和质量管理的相关措施上具有较大的自由度；法律要求教育提供者对自己的教育及有效性进行评估并参与外部评估，这也意味着，教育提供者需要制定自己的质量管理工作体系。

芬兰教育发展重要目标之一是保证高质量的教育，培养有技能的劳动者。2008年教育部实行"职业教育质量管理推荐"制，以支持和鼓励职业教育单位高质量办学。该制度由国家教育委员会与职业教育单位、工厂或企业和学生代表一起完成推荐，目的是为职业教育提供质量管理发展框架，提高教育教学质量和人才培养质量。

七、多样的职教供给形式

芬兰从2008年开始实施的"职业院校策略"旨在加强职业教育和培训提供者间的联络网。为了增强职业教育提供者的服务能力，芬兰鼓励职业教育提供者合并成区域性或者其他强大的职业教育办学实体。这些职业院校涵盖所有职业教育和培训服务与发展工作。职业院校在与劳动力市场紧密合作中开展工作并完善自己的供给，同时也支持中小企业内部的能力发展。“职业院校策略”已经被视为确保和增强芬兰职业教育灵活性的必要手段。

因为，较大的实体可以提供充足的“模块”来确保学习者实现职业资格的个性化，并可灵活选择与变化中的学习需求相匹配的课程。职业院校可以根据其专业领域或区域特点自由组织其工作，决定其学校联系网和其他服务。芬兰政府从2007年起为职业教育提供者间的合并提供了每年高达500万～1 100万欧元的支持。自2006年以来，教育提供者的数量明显减少。2007年全国有212个职业教育提供者，至2011年初已降至173个。

另外在芬兰，职业特殊教育是为具有严重残疾或患慢性病的学生提供特殊需要设施和服务的职业教育类型。其教学以小组方式进行组织，主要重视实践而非理论，也为学生的学习及日常生活提供个别指导和支持。

八、个性化和模块化的职业资格

芬兰职业资格的典型特征是个性化和模块化，以中等职业教育和培训为例，获得相应职业资格的学习期限是三年（每个资格包括至少半年在工作场所的在职学习），学习范围是120学分的课程。全日制学习课程一年相当于40学分，包括职业课程和在职学习（依不同资格而异）以及核心学科（所有资格均相同）。中等职业教育的课程以个人学习计划为基础，包括必修和选修学习模块。芬兰职业教育模块化考虑到资格个性化的程度，学生可以把相关模块融入专家职业资格和高级职业资格以及多科技术学位的学习模块中。职业资格模块化增加了学生选择的机会。资格由许多“大模块”进行组织时，学生可以部分地选择这些模块，以最适合自己的方式来完成。因此，模块化资格结构增加了灵活性和选择余地，使学习者更容易从早期学习和能力中获得学分，也容易对资格进行补充。

九、注重国际交流，培养世界公民

在教育国际化的背景下，欧洲各国都不约而同地打出了职教国际化的牌子。芬兰国家职业教育的战略目标之一，就是在全球化背景下，提高学生终身学习的能力。衡量毕业生水平注重两个能力：就业能力和国际交往能力。另外，芬兰中等职业学校和多科技术学院的外国学生占在校生总数的10％左右。目前，芬兰约80％的职业培训单位都有国际活动。职业教育单位的教学策略和大纲也具有向国际化层面发展的计划，即使是规模较小的职业教育单位，也能通过网络关系参与国际活动。自2000年以来，芬兰着眼于职业培训单位和机构的国际网络关系的发展，网络关系合作能带来优秀的国外合作伙伴。芬兰教师和学生出国人数逐渐上升，他们到国外接受健康和社会服务、商务和行政管理、旅游等方面的职业培训。

参考文献

[1] Virolainen M H, Marja-Leena S. The History of Finnish Vocational Education and Training [J]. 2015.

[2] Aaltonen Katri. Practical Skills, Education and Development: Vocational Education and Training in Finland [M], HAAGA-HELIA University of Applied Sciences,. 2013.

[3] Virtanen A, Tynjala P. Students' Experiences of Workplace Learning in Finnish VET [J]. European Journal of Vocational Training, 2008, 44.

[4] Virtanen A, Tynjälä P, Collin K. Characteristics of Workplace Learning among Finnish Vocational Students [J]. Vocations & Learning, 2009(2).

第三章　芬兰中等职业教育

第一节　芬兰中等职业教育总体情况

芬兰1966年设立全国职业教育委员会(目前已并入全国教育委员会),负责芬兰的中等职业教育与培训。芬兰职业教育改革初期,大量开设中等职业学校,后来逐步将中等职业学校纳入正式的教育制度,并努力提升中等职业学校的地位,使中等职业学校成为与普通高中并肩的学校类型。芬兰教育部在改革初期,重整分散而琐碎的中等职业教育课程,划分成26个主要学门类别,后来在中等职业学校试行弹性的职业课程方案。经过一段时间的运行后,芬兰教育部门不断修正原有的课程体系,规划全国职业教育的核心课程纲要,并推行国家职业资格证书框架,以适应劳动力市场的需求[1]。

芬兰一方面改善与提升中等职业教育的地位,以构建公正、公平的理想教育体系;另一方面扩充中等职业教育的品质与内涵,满足经济社会对劳动力发展的需求,使中等职业教育发展成为受到学生青睐且入学率越来越高的优质教育。综合学校的毕业生,在升学普通高中与中等职业学校的比例上旗鼓相当,以2010年的综合学校毕业生为例,选择直接继续接受普通高中教育者占50.4%,选择接受中等职业教育和培训者则占40.7%,其他未继续升学者占8.6%,这表明,芬兰一直重视且秉持明确的职业教育原则与理念。

一、芬兰中等职业教育历史回顾

芬兰中等职业教育的历史可以追溯到几个世纪以前,当时芬兰出现了编织学校、纺织学校,还有各种类型的手工艺学校,这些都是芬兰今天中等职业学校的雏形。而芬兰中等职业教育的真正发展是从19世纪开始的。为了使中等职业教育更好地为国家建设和经济发展服务,芬兰于1869年成立了国家教育服务委员会,把中等职业教育的管理权从教会手中转移到了政府机构手中,从而将中等职业教育纳入国家管理轨道。1917年芬兰宣布独立。独立后的芬兰面临的主要任务是树立国际形象,培养公民的文化意识和教育信念。为此,芬兰大力普及义务教育,提高国民素质。1919年芬兰颁布的宪法要求国家必须制定法律来保障全民义务教育和实施免费的基础教育,同时政府必须提供普通教育、中等职业教育、应用文理科方面的第三级培训以及大学教育。芬兰的中等职业教育随之得到了长足的发展,其发展大致可分为以下四个时期:

(1) 1965 年以前。在这一时期,为了满足芬兰工业和商业的发展需要,中等职业教育强调的是有别于职业教育的职业培训。培训针对具体职业,由专门的职业培训机构负责,主要培养熟练劳动力。手工业商业部、农业林业部、运输部等部门为当时的中等职业教育提供了很大的帮助。

(2) 1965～1973 年。这一时期是实施强有力的中央集权化时期。在这一时期,芬兰的主导理念是平等和经济发展,教育与建设福利国家密切相连。为此,芬兰政府强化了教育的行政管理。在中等职业教育方面,芬兰在教育部之外又成立了国家职业教育委员会(NBVE),负责所有职业教育行政管理,具体职责是负责课程的内容和结构、教学方法评价、学生入学和升级、资源的利用等职业教育机构内部事务,还包括职业教育机构资金的分配。

(3) 1974～1988 年。这一时期是职业教育大改革时期。国家职业教育委员会由于其特殊的地位,直接推动中等职业教育的改革,使中等职业教育的体系结构与经济发展密切相连,并成为整个教育系统中不可缺少的一部分。由于经历 20 世纪 70 年代改革的准备阶段之后,20 世纪 80 年代的改革成效更加突出。在 20 世纪 80 年代改革中,中等职业学校是作为中等教育改革的一部分进行的。这一场中等职业教育改革是按 1978 年通过的《中等教育发展法》进行的,其主要目标是按社会和劳动市场的需要,不断扩展中等职业教育的内容并提供更多的受教育机会给基础教育和高中应届毕业生。这一次改革,在全国范围内推行了新课程,形成了一种新的职业教育机构体系,建立起了各级职业学校招生的全国性和地区性计划机制,还引入了一种指导体系,建造了新的校舍,出版了新的教材。中等职业教育和基础教育的融合工作有了更大的进展,综合学校的课程得到修改,这就使综合学校的毕业生能够继续接受普通高中教育或中等职业教育。这次改革意义深远,被称为职业教育最重要的一次改革。20 世纪 80 年代,中等职业教育的另一项重要改革是按照 1983 年颁布的法律对职业学校立法投资体系的改革。根据这部法律,国家和地方当局对中等职业学校的投资开始按比例进行,而且各个部门都要依法各守其职。此外,芬兰还对中等职业学校立法进行了整体改革。1987 年芬兰对中等职业教育的立法做了全面修改,把曾经对职业教育起过指导作用且经过修改的零散的规定和条文统一收集到职业机构大法中。同时,中等职业教育机构的机制、活动、管理机构实现了统一。改革后,中等职业学校的地位、教师的地位以及学生的地位都得以提高。中等职业学校除了向年轻人提供基础职业教育外,还承担了成年人的职业教育、劳动市场服务工作和残疾青年的特殊教育的任务。

(4) 20 世纪 90 年代以来。这一时期是对未来进行思考与讨论的时期,也是文化大转变的时期。芬兰的中等职业教育遇到了一些问题,如中等职业学校学生辍学很普遍;中等职业教育与普通高中教育、高等教育沟通不畅;中等职业教育对青年的吸引力不强;中等职业教育缺乏灵活性和开放性;中等职业教育培养的人才不能满足社会和工商业发展的需要等。由于这些问题的出现,芬兰又开始酝酿中等职业教育改革,以便中等职业教育能够适应社会的发展和科技的进步。

二、高级中学与中等职业教育

后义务教育阶段包含高级中学及中等职业学校,通常各需三年时间。学生若要申请进入高中或是中等职业学校,其门槛是完成基础教育的毕业证书,这个证书适用于高中及中等职业学校的教育联合申请系统。若是申请学生人数超过实际录取人数,则需要参考学生的学校报告书。

芬兰的普通高中就读年龄为 16～19 岁,有些普通高中设有体育系或艺术专门学科,芬兰也有专门高中,如体育、艺术或音乐学校;有些学校还要参与国际测验。高中或中等职业学校的进入大学或多科技术学院。在通过国家资格考试之后才有资格申请大学。普通高中实施无年级制度,教师教学不分年级,就读年限可能是 2 年、3 年或是 4 年,也没有规定师生的比例。教育提供者决定学生的入学标准及能力测验,主要选取的标准是基础教育证书的平均成绩,更确切的标准是由教育与文化部所决定,最重要的是,所有申请的学生是相同的选取标准。高中辍学率相当低[2]。

芬兰普通高中的教育目标被列于 1998 年所订定的《高中教育法》中,其目标为提供学生继续升学的通道,促进学生良好及均衡的身心发展,为学生提供研究及个人职业发展方面所需的知识和技能,并赋予学生终身学习的机会。普通高中教育采取免费教育,但学生必须支付材料费用。几乎所有完成高中学校课程的学生都要参加国家资格考试,以检验学生是否具备高中所需具备的知识和技能,以及达到高中应达成目标、水准和程度。学生就读中等职业学校也可以参加国家资格考试。根据芬兰统计局在 2010 年 6 月 11 日的统计,2009 年一共有 112 100 名学生获得普通高中资格,女性占 57%。芬兰共有 398 个高中及 43 个教育机构。

三、芬兰中等职业教育的现状

(一) 教育目标

根据芬兰的《职业教育法》和政府决议的内容,中等职业学校的教育目标是促进学生基本职业能力的发展并为学生提供广泛、多样且自由的学习机会,帮助中等职业学校学生获得某一职业资格证书所需要的专业能力和职业技术。学生在取得职业资格证书之后，能够顺利就业，并在职场中运用掌握的职业能力，促进个人的职业发展，保持继续学习的兴趣和动机。具体教育任务包含了如下七个方面。

(1) 国际素养：营造多元文化的环境，训练学生的管理能力，以及学习接受和使用不同语言，积极参与国际学生交换计划，最终获得跨国就业的能力。

(2) 持续发展能力：让学生了解经济、社会与文化方面的持续发展与促进的方法，让学生热爱自然，并关注可持续发展。

(3) 资讯科技应用能力：让所有学生具备基本的信息技术利用能力，并了解科技发展对其专业领域的影响，明白如何在职场中合理地应用。

(4) 企业家精神：培养学生成为一个具有前瞻性、诚实、自信和机智的人才，成为能珍视自己工作的管理人员。

(5) 高品质与顾客为主的服务能力：让学生熟悉其专业领域中的质量管理方法，知道如何站在顾客的角度和需求，提供满意的服务。

(6) 衡量消费者能力：引导学生关注消费者的权利，让学生明白作为一名消费者与工作者，应该对国家的经济有所贡献。

(7) 职业健康与安全管理：让学生熟悉并能遵从职业安全的规定与指导，培养学生能辨认工作中的危险与威胁健康的因素，懂得如何保护自己且加以预防。

(二) 修业方式与资格

芬兰的中等职业教育包含中等职业学校和继续职业教育与培训。取得初级职业资格，以在中等职业学校学习相关课程，完成课程规定为主；同时采取学徒训练的模式。合格与否，以通过能力本位的资格考试为标准[3]。

课程学习的方式是按照模块课程。让学生可以选择适合自己且符合个人需要的模块，以完成职业资格的学习。弹性、多样选择的措施让学生在学分选择上更加自由。学生不管是就读于普通高中还是中等职业学校，都可以同时选修职业资格证书或是准备大学入学考试的学术课程。通常，取得初级职业资格的中等职业学校学生，即具备申请高等教育的资格，可以直接申请入读多科技术学院或其他普通大学。

芬兰中等职业学校的这种弹性修课方式课受学生们欢迎，因此选择就读中等职业学校的学生逐年增加。自 2000 年开始，学生自综合学校毕业后，进入普通高中的学生人数，有逐年下降的趋势，而选择中等职业学校则逐年上升，从 2000 年的 159 884 人，逐年攀升到 2007 年的 266 479 人。由于芬兰高中阶段的修业时间弹性，许多学生并未按时三年毕业，再加上中等职业学校的吸引力不断提高，出现普通高中生通过大学入学考试之后转修职业高中的情形，所以形成中等职业学校的总在学学生数高出普通高中总在学学生数的状态。

（三）学校与企业间的合作

1. 实习训练

中等职业学校 20 学分的实习训练，目的在于为学生提供一个具体的职业生活环境与该职业所需的专业能力认识，加强中等职业学校与工作场所之间的联系，让教师和学生能够随着职场的需求不断更新职场的学习内容。实习训练多是从短期的见习开始，随着学生能力与知识的累积，逐渐延长实习的时间，以便让学生独立自主地了解职场信息，满足自己职业成长的需要。在欧盟的框架体制下，学生还可以申请到国外去进行工作实习。由于实习训练在芬兰被视为是连接中等职业教育与职场生活的最佳渠道，已经有许多小型和中型的企业（SMEs）陆续加入实习训练的合作，成为实习训练制度的伙伴。实习结果的评鉴，包含学生自我评鉴、教师的评鉴及职场指导者的评鉴。通常学生必须在雇主和员工面前演练新技术。按照学习课程的安排，学生约有 4～10 次的演练机会。

2. 学徒训练

由受训者（学生）与雇主间签订一份短期雇佣合约，作为学徒训练的依据与合法保障。学徒训练完成后，可接受能力本位测验，以证明所获取的职业技能。目前，芬兰中等职业教育采用学徒训练的模式并没有数量的规范。但根据统计，每年约有 9%的高职学生接受这类训练。全芬兰则约有 80 个学徒训练合作单位，大部分是地方政府设立的。学徒训练的时间约占所有学习时间的 70%～80%，采用为个别学徒量身打造的学习模式。展开学徒训练前，会先拟定个人学习计划，通常受训者（学生）过去的学习和工作经验都会纳入考虑。

（四）目前成效

2012 年的毕业生，在毕业一年之后取得职业资格证书者有 66.9%的学生已经就业，另外有 10.3%的学生则是一边工作一边进修学业，因此共计 77.2%的学生进入职场，由此可见芬兰中等职业教育的成效。此外，芬兰普通高中通过大学入学考试资格的毕业生也有高达 41.2%的学生属于就业状态。这表明弹性的普通高中与中等职业学校制度，成效良好，让普通高中的毕业生也有立即就业的职业能力。

四、芬兰中等职业教育的基本原则

一般而言，中等职业教育的一般性目标以及核心科目由芬兰政府负责；学习内容与范围的决策由教育与文化部负责。详细的职业教育课程内容与规定，则由国家教育委员会负责[4]。主要的基本发展原则如下：

（1）平等原则。芬兰中等职业教育的核心价值在人人平等，政府有责任为所有人提供一样好的教育以及终身学习的机会，而非少数人。

(2) 远见且持续发展的教育政策。芬兰境内的自然资源稀少,高素质人力是最重要的市场资源。中等职业教育在每五年一期的教育与研究发展计划指导下,强调持续培养高技术人力的教育理念。

(3) 广泛且专业的职业能力训练。根据相关法律法规,中等职业教育必须培养学生广泛且专门的职业能力与技术,如国际能力、持续发展的能力、运用科技与资讯科技的能力、企业家精神、销售技巧、职业健康与安全的管理,以应对实际工作场所的各种挑战。

(4) 注重个别差异,强调弹性与个体选择自由。芬兰中等职业教育的一项特质是相当注重个别差异。每个学生在三年的中等职业教育期间,必须规划一份个人专属的学习计划,并针对个人的兴趣与需求,安排适当的学习。职业资格考试就在个人学习计划与实践能力测验的基础上完成,让学生与教师可以在一个相对自由的环境中专注学习,而非考试。

(5) 面向社会、市场的需求。除了满足学生的个性化发展之外,中等职业教育的课程内容也满足企业界的需求,反映市场所需的劳动人才。在政府、雇主与员工(学生)三方的紧密沟通、协调下,理论与实践相结合,共同创造芬兰的经济实力。

(6) 欧盟化。取得中等职业教育的职业资格证书,等同于完成欧盟职业教育等级的第三级,也达到欧盟各国所签署同意的职业资格认可标准。

(7) 终身学习。属于正式教育制度一部分的中等职业教育,让学生既能为未来职业进行准备,也为继续升学做准备,实现终身学习。

(8) 促进地方经济发展。中等职业学校的主要经营与管理者是地方政府。因此,中等职业教育除了培养青少年的一技之长以外,更是希望这些具备专业技术的学生毕业后,能够投入地方的产业发展,促进地方的经济发展。

五、中等职业教育发展趋势与议题

目前在中等职业教育发展上的重要议题与趋势,主要有如下几个方面:

(1) 降低辍学率。为了降低中等职业学校学生的辍学率,2006 年芬兰教育部推动"找到工作—继续顶尖学习"的研究,试图找出并推广中等职业教育在降低辍学率方面的好方法。教育部以 14 所中辍率为 4%~8%(低于全国平均 10%~20%)的教育机构(学校)为对象,进行深入研究与调查,结果发现这些辍学率低的中等职业教育机构具有如下五个特点:管理团队的支持、有效率的课程安排、切实实践的计划、良好的实习制度、各种专业的教育引导。

(2) 培养与提高社交与沟通能力。2009 年,根据欧洲职业教育与训练的品质管理与品质保证架构,芬兰教育评鉴委员会针对中等职业教育的社交与沟通能力的教学进行评鉴,以便评估未来如何将"学习如何学习的能力"、"沟通能力”、“社交能力”和“企业家精神”等核心能力纳入新的中等职业教育资格中。评鉴结果发现，目前芬兰中等职业教育并不重视社交与沟通能力，有关“企业家精神”概念也缺乏明确的定义。评鉴结果建议，中等职业教育必须发展社交与沟通能力，并纳入职业资格的架构中。

（3）中等职业教育国际化。为适应欧盟共同体的教育体制，芬兰中等职业教育的国际化与欧盟化是相当重要的一部分。中等职业教育的国际化已经成为芬兰政府的重要议题。中等职业教育学生的交流和职业资格证书的跨国使用，迫使职业资格证书实现国际认可。目前这些已纳入中等职业教育课程课题，而未来芬兰中等职业教育的国际化将继续改进或发展：改善学校的执行能力，以确保计划与活动的落实与推行；提早在职业教师的师资训练中实施国际教育；建立网络系统以降低成本，短期的团体访学为更多的学生创造国际交流经验。

（4）中等职业教育的品质保证与品质改善。在经济生活的全球化进程中，教育机构也面临越来越多元化的挑战趋势。品质保证与品质改善也就成为目前芬兰中等职业教育最为迫切的改革。2009 年 2 月 27 日教育部开始着手职业教育品质制度的发展，设立专门的单位负责这项计划，致力于：① 发现每个专业领域的弹性化合作需求，以增加资格的选择性；② 评估每个领域，不管是职业资格、继续职业资格和专门职业资格以及所规定的技术、知识等，是否全都符合该领域的需求，若没有，考虑如何改变；③ 制定资格委员会的发展计划；④ 加大评鉴人员的招募。

第二节　芬兰中等职业教育课程体系

一、中等职业教育课程目标

芬兰政府颁布的《国家核心课程》要求所有中等职业教育的教学领域都要注重职业能力的培养。职业能力贯穿于所有的学习领域，目的是为学生提供专业学习所必备的基本职业要求和公民技能，主要强调基本能力、核心能力和公共基础能力三种能力的培养[5]。

基本能力。主要有以下几种技能：国际意识；可持续发展能力；科技和信息技术的应用能力；创业能力；平等意识；服务和客户协调能力；消费能力；职业安全和健康。语言交际能力和理解宽容是适应国际化趋势的重要条件。可持续发展理念和环保意识是维护生态、社会和文化和谐发展的一种外在要求，是有利于下一代良好生活的先决条件。信息和通讯技术的发展将改变工作的内容和结构，职业教育要帮助学生掌握并能灵活应用现代技术，跟上技术更新的步伐。

核心能力。这是一种为个人发展和事业成功提供保障的内化能力，它对于一个人的情感生活、个性发展和整体生活质量水平至关重要。核心能力注重以下技能培养：学会学习的能力；解决问题的能力；交流和合作的技能；情感智力和伦理技能。其中，学会学习能力涉及学生的学习和生活，是一种获取知识、构建知识、评价知识、应用知识改变生活的能力。

公共基础能力。芬兰中等职业教育学习还包括国家规定的必修的公共基础课程，例如母语（芬兰语、瑞典语和萨米语）、国内第二语言和外语、数学和自然科学、体育等学科。这些课程对学习专业课程是很有帮助的，也是获得职业技能的必备条件。

二、中等职业教育课程架构与内涵

由全国教育委员会邀集全国的企业组织、工会、教育工会和学生会，共同讨论而出的制定核心课程纲要，是中等职业教育课程的依据，也是初级职业资格证书、能力本位资格证书的发展依据。国家教育委员会并与国家教育与训练委员会合作，共同确保各类职业教育与训练的品质。

目前中等职业教育课程共划分成八个门类：① 人文与教育；② 文化；③ 社会科学、商业管理与经营；④ 自然科学；⑤ 科技、沟通与运输；⑥ 自然资源与环境；⑦ 社会福利、健康与运动；⑧ 旅游、餐饮与家政。根据统计，2011 年入学的新生（包含学徒训练），以科技与运输类科的学生最多，约占 41%；人文与教育的学生最少，约占 1.7%。

这八个门类再细分成 53 个职业资格证书与 119 个方向。毕业学分是 120 学分，包括核心课程 20 学分（必修 16 学分、选修 4 学分），职业教育课程 90 学分（包含至少 20 学分的职场实习、5 学分的企业精神、2 学分的期末计划），以及 10 学分的自由选修课程。以旅馆、餐厅与家政服务门类中的“旅馆、餐饮服务”职业资格课程为例，除了膳宿与餐点服务为共同必修（20 学分）外，课程再细分成三个方向：顾客服务（服务生工作）（40 学分）、旅馆接待服务（40 学分）、餐饮服务（40 学分）。学生从中自由择一作为个人专长领域，必修 40 学分。其余的 30 学分则从专业领域选修课程中，自行挑选与修课。至于剩下的自由选修 10 学分部分，非常有弹性，可以在原来的学校学习，也可以到其他的高中学校上课；可以是为了职业的发展而学习，也可以是学术导向的普通高中课程的充实学习，完全由学生个人的兴趣与需求决定[6]。

三、中等职业教育的几种课程设置形式

中等职业教育学习是以国家基本教学大纲为基础，学制为 3 年，采用学分制，学生需修满 120 个学分（1 个学分相当于一个学生平均 40 个小时花费的时间），实行职业资格证书认证评价。

中等职业教育课程体系由职业课程、公共基础课程和选修课程组成。职业课程有 90 个学分，实行模块化学习，具体包括：专业基础课程；专业课程；在岗培训课程。学生这一阶段的学习是在车间进行的，学生学习一些必备的职业实践技能才能获得职业证书，这样可以帮助学习，有 20 学分。公共基础课程是必修的，有 20 个学分，其目的是为学生提供作为公民在工作和继续接受教育学习中所必备的知识和技能，具体课程有：母语、国内第二语言、外语、数学、物理、化学、社会学、体育、健康教育、职业与生活指导、艺术以及文化活动等。选修课程是 10 个学分，学生可以选修职业课程、公共基础课程或普通高中的学习内容。此外，课程体系还包括至少 2 个学分的专业设计项目。

学生在学习职业教育课程的同时，也可以选修普通高中的课程。他们至少可以参加大学录取考试中 4 个科目的考试，也可以完成普通高中教学大纲的所有内容，取得 2 个毕业证书。中等职业教育课程学习为学生进入工作领域从事不同的职业提供了综合的基本技能以及从事某一领域的专业技能。

1. 在岗培训课程

在岗培训学习是一种具有导向性的和目标定位的学习，应用的是工作本位的学习模式。在岗培训学习是在车间进行的，由企业指导教师对学生进行指导、管理和监督，时间至少为 6 个月，学生要学习职业资格证书所要求的一些必备的职业实践技能。在岗培训课程学习的基本目标是：加强中等职业教育和工作生活的紧密联系；使用人单位很容易招聘熟练工人；让学生掌握实际工作状况和规章制度；加强学生个人的职业技能；便于青年学生就业，增加就业知识；增强职业教育的吸引力。

2. 技能演示课程

技能演示原是成人职业教育的一项学习内容，教育部最终把技能演示引入中等职业教育的学习中，使之成为国家核心课程和学生评价的一部分，这是芬兰中等职业教育改革中最具影响力的一项举措。

技能演示课程的目标和评价标准是根据芬兰国家教育委员会颁布的核心课程制定的。其具体实施方案和要求是：技能展示的测验由商业界、工业界和其他的雇佣单位联合设计和实施，教育提供者指定专门团体机构进行计划和测验，学生要在测验中展示他们所学到的技能，测验要在实际环境中进行；考试人员也必须由教育提供者指定。根据技能演示的具体要求，芬兰中等职业学校的技能演示活动将有组织地在工作车间举行，由授课老师和企业代表共同设计演示方案并评估结果。学生通过完成一项具体的工作，来展示职业教育的效果及其职业技能等。如果学生完成技能演示并达到标准，将取得一个相应的证书，它也是职业资格证书的一部分。

技能演示的目的是评定学生是否已达到课程学习所要求的标准，即评价学生所获得的劳动市场所需要的能力达到什么样的程度。职业技能演示从4个方面提高了职业教育质量:真实环境中的演练将提高培训的针对性,增加了职业教育与产业运行的一致性;帮助学生实现从学习到工作实践的过渡;使对学生实践能力的评估更加规范;为职业教育的效果、课程设置、教学安排、课后指导等提供评估与反馈的具体数据。技能演示列入职业学校的必修课中,大大缩小了教学与实践之间的距离,对劳动市场、企业单位和雇员都产生了积极影响。

3. 创业教育课程

芬兰政府颁布的“53个国家核心课程”和“能力资格证书要求”都对中等职业教育的学生提出了要具备创业能力的要求,提出根据不同专业领域对职业技能的要求,学生要具有相应的内部和外部的创业能力。培养创业能力的目的是引导学生成为一个活跃的、有自信心和责任心并能灵活应变的技工,一个能够自主就业的人和能自主创业的企业家,并意识到工作的价值。2004年管理创业教育的部门把创业教育学习模块命名为创业与商业,为20学分,作为所有中等职业教育职业资格证书的基本课程。创业教育学习模块应用的领域主要是文化、美发、健康与社会服务、商业与行政、旅游、餐饮和家政等。

(1) 内部创业能力课程。中等职业学校针对内部创业能力的要求开设了相应的课程。如质量管理和顾客服务活动课程,其目的是让学生掌握一般职业领域基本的质量管理方法,懂得如何探求顾客的期望和个体的需求,学会处理在经营管理和顾客服务中存在的问题;消费技能课程,其目的是让学生掌握顾客的法律权利,并尊重顾客的权利、责任和义务;咨询指导课程,其目的是确保学生能够得到产业界的信息、创业信息和有关此职业的信息。创业能力课程还要求学生熟悉商业活动,掌握企业家创业的基本程序。课程还要求学生能意识顾客和工人在国家发展中的价值和作用,以便提升国家经济。

创业能力教育课程要求在在岗培训学习期间,学生应很好地理解企业的经营理念,熟悉企业的各项商业活动,端正工作态度,提升自己的实际操作能力。芬兰政府制订的中等职业资格证书的核心课程还包括社会、商业和劳动市场等科目。这一课程学习模块旨在让学生知道作为一个社会成员以及欧盟成员所应发挥的作用。

(2) 外部创业能力课程。外部创业能力学习课程是选修课程,主要内容有商业理念和产品的开发、开办企业、顾客服务、销售、产品的市场推广和策划企业活动等。

四、普通高中的职业指导课程

进入21世纪以来,芬兰为应对社会各个领域更加重视知识与技能的发展潮流，构筑了“学校教育与职业指导咨询体系”，在普通高中开设教育与职业指导课程。其目标在于引导学生进行教育计划、职业选择、人生规划，帮助学生完成好高中学习、生活以及毕业后进一步深造和就业等[7]。

（1）课程目标。教给学生各种学习方法、技能和要求，帮助学生适应高中的学习生活；为了培养学生的独立意识与责任意识，让学生设计个人学习计划，发现学习上的问题，并能通过他人帮助来解决这些问题；给学生提供关于工作、经济生活和工商企业活动的信息；让学生学会独立获取信息和掌握信息与通信技术所提供的各种机会；培养学生规划和管理自己人生的意识与能力；帮助学生设计个人课程计划，了解毕业后将面临的各种教育与培训机会，学会使用不同的途径搜索相关信息，并从中获益；让学生树立终身学习的理念，鼓励学生对自己的学习能力充满信心并制订好继续教育计划，引导学生确立自己在社会与职业生涯的地位。

（2）课程内容。学习的构成和个人学习技能的发展；自我认识；认识自己的学习方式及自己的长处；大学的申请步骤；大学入学考试；事业方向和继续教育；向工作的过渡；对工作的知识。

（3）课程结构。芬兰普通高中教育与职业指导课程包括必修与选修部分。必修课程是必须为学生提供的，涉及选择本学校和其他学校提供的各类选修课、学习技能、自我认知以及有关职业选择的问题；选修课程是与必修课程直接关联的进一步学习的课程，涉及更高层次的终身教育和终身学习，以及职业指导方面的问题。

（4）课程实施。芬兰普通高中教育与职业指导课程具有必修课程与选修课程，两门课程都有 38 个学时，修一学年，平均每个星期两个小时以上。受过专业培训的个体学校咨询员负责指导学校内的教师，团体指导员负责指导各自指定的不同学生团体。每个教师都有责任在学习技能、个人、课程计划方面指导所教的学生，指导形式有个别指导、小组指导以及班级指导。

五、职业教育课程体系的特点

芬兰的职业教育课程体系是由国家核心课程和培训机构自主设立的课程构成。国家课程体系规定了统一的职业技能标准和要求，各培训机构可以此作为基本框架独立设计自己具体的课程。

1. 多方合力制定教学大纲

为了保证教学大纲的严肃性和实用性，教学大纲由国家教育委员会与雇主组织、商会、教育商会和学生会拟定，经国家教育委员会通过批审。该委员会决定每一门职业课程的主要大纲、学习内容、学习目的和评价标准等。大纲注重的是学习结果，规定终身学习的关键能力的培养，目的是将职业基本技能和专业技能结合起来。专业划分也很细化,如物流专业分为交通服务和仓储服务两个项目,因而也就有各自的资格名称:驾驶员和仓储运作员。

2. 核心课程体系富有特色

芬兰职业教育主要受国家核心课程所控制。国家的各类教育政策通过核心课程来体现,并依据其形成全国统一的职业能力标准。核心课程的制定使国家有科学、统一的标准对各类职教机构进行测评,同样有利于对学生的评价。核心课程由全国教育协会根据新教育法制定。国家核心课程由教育部审批,课程开发由不同行业的雇主和雇员代表、工商界的代表与专家以及教师和学生共同参与。国家课程体系规定了统一的职业技能标准和要求,各培训机构可以此作为基本框架独立设计自己具体的课程。

3. 课程注重基本能力

基本能力包括核心能力及公共基础能力的培养,其中基本能力包括国际意识、平等意识、服务和客户协调能力、职业安全和健康能力;核心能力注重培养学生学习的能力、解决问题的能力、沟通和合作的技能、情感智力和伦理技能;公共基础能力培养是指基础课程的学习,例如母语、国内第二语言和外语、数学和自然科学、人文和社会学、体育、健康与卫生以及手工和艺术等学科。

另外,职业课程设置必须和相关培训规则的要求相一致,都要依据国家制定的相关指南来进行,宏观上围绕政府的相关政策和走向,微观上结合当地和学校自身的情况制定适合自身的有特色的课程方案,注重基本知识和基本技能的培养培训,开发学生的潜能,为学生打好基础工程,从而使其具有不断发展的生命力。

第三节　芬兰中等职业教育的教与学方式

一、基本学习方式

芬兰中等职业教育坚持以学生为本的教育理念,这使得中等职业学校学生的学习方式十分灵活。在专业理论课学习方面,除了传统的课堂学习之外,学生还可以通过电脑进行远程学习和以学徒制的方式学习。有时理论课和实践课是在车间、实验室、教学餐馆等教学场所同时进行的。学生一边学习理论,一边进行实践操作,使理论课和实践课融为一体。在学习中,学生还常常通过完成项目工程、撰写报告、团队任务、学习日志以及论文写作等方式学习,这种学习方式有助于培养学生的自学能力。

学生有机会选择自己的学习内容,也可以选修其他学校的课程,例如普通高中、其他职业教育机构或成人职业教育中心的课程,并且学生以前所获得的技能也能得到认可，这样可以缩减学习的时间，学生可以在更深、更宽泛的专业领域学习。

为了学生能够更有效地完成学习任务，芬兰中等职业学校有专门的指导咨询教师帮助和指导学生制订个人学习计划。在制订学习计划的过程中，学生有部分决定权，他们可以根据自己的需要和安排，决定学习时间、学习方式和学习顺序。这其实是一种不分年级的学习方式，意味着学生可以根据自己的需要进行有选择性的学习[8]。

二、个性化学习计划

作者曾经在坦佩雷成人教育中心（TAKK）担任兼职研究员，了解了职业教育学生的个性化学习计划。

例如 TAKK 的课程超多，每个课程肯定有自己的总的学习计划大纲。TAKK 学生差异很大，单单年龄就可能差很多，TAKK 为每个学生都设计了一个学习计划。TAKK 有一些针对移民的课程，移民来芬兰原因各有不同，各个年龄段都有。芬兰人进修或者学习的时候，有些可能是暂时没有工作或者找不到工作，有些在工作的同时进修，想要获取职业资格证书，有些可能想换职业，有些可能是对某项技能感兴趣，等等。

课程开始老师会跟学生谈话，制定个性化的学习计划。根据学生的需求及个人情况不同，计划也不同。比如对于用芬兰语学习的课程，芬兰语基础一般的学生就会相对吃力，TAKK 就有可能为这些学生安排芬兰语的附加学习。有些进修人士，有自己的工作，学习时间就会相对少一些。有些人以达到某职业的职业要求为目标，有些为取得该职业文凭为目标，那么他们学习的内容就会相对不同。

学习期间，老师也会在一定学习阶段后，要求学生对前一段的学习进行总结，与学生谈话，并且为下一阶段制定阶段目标。总结的时候，老师会充分考虑到目标有没有实现，实现的时候有什么困难，根据实际情况如何调整目标等，为下阶段目标的制定提供参考。毕竟目标是为了实现的，不是为了憧憬的，谈话的务实性很强。所以与其说老师为学生制订学习计划，不如说是学生跟老师一起制订学习计划，且以学生的实际情况为依托。

在芬兰很强调个性化，从幼儿园开始，就会为孩子制定个人成长计划（VASU），上学了更是这样。对于是否是统一的格式，这就要看不同的人对于格式的理解了。计划是口头制定，老师自己记录的。通过谈话，老师自行记录，学生在 TAKK 自己的网络平台 elgg 上把学习计划写入博客，随时更新，老师会进行评论。

量身定做还表现在创业教育。在芬兰，职业教育学生在校期间就根据自己专业所学进行创业教育。学生在校根据自己专业所学、能力所向，创业老师和学生一起制订创业计划，然后在校开办为期一年的“公司”。2013 年 8 月 19 日至 9 月 8 日，在上海教师赴芬兰学习先进职业教育经验的活动中，在 Harju 校区 Julin 先生给上海老师们详细介绍了学生对创业教育的热情。他说如今职业教育学生有自己创业的趋势，在 AO 组织下的几家职业学校，学生的创业公司从以前的 4 个发展到如今的 98 个。随后，他带大家参观了商贸学生创立的糕点零售商店，小商店里 3 个学生正微笑着礼貌地迎接客人，让大家惊奇的是周围的居民尽然络绎不绝前来购买[9]。

三、注重网络化教学

芬兰中等职业教育非常注重网络化学习。例如开展小组化学习，每 2～3 人一组配备一台 IPAD，利用思维导图进行项目化教学。比如一个以“茶”为主题的项目活动，把泡茶、品茶的内容做成一个项目，演示拍照、收集图片、配以文字做成思维导图，上传到 facebook，给所有人分享，学生可以自评，教师予以点评。学生把网址、名片等通过软件制作成二维码，通过扫描快速读取网址或名片信息，进入页面学习。学生使用 IMOVIE 软件进行后期制作，加上文字、背景音乐，完成后直接使用 IPAD 终端在大屏幕上播放，大家一起点评。使用 IPAD 或智能手机等移动终端移动学习，大量使用二维码来读取信息，移动终端的使用很受学生的欢迎。

四、发展创新的职业场所学习方式

在职业场所的学习方式使学校与企业建立了伙伴与合作办学机制，达到了学校、企业、学生三赢。对企业而言，在保持自己核心商业行为的同时输出教育，向学生说明所需的技能，因而加强了相应教育的价值；对于学校，伙伴关系意味着保持与最新技术和工作组织模式同步的机会；对于学生个人来说，工作中学习意味着他们通过早期职业生涯获得了经历一种商业氛围熏陶的机会。

五、以引进工程项目为导向的学生问题解决能力培养

从技能型人才的工作特点来看，主要任务是解决工程中技术性、工艺性的实际问题。芬兰教学活动以小组为单位，在完成项目的过程中，不是靠单纯的知识积累，而是靠在实践中解决和处理问题的能力，这种能力的培养要求教学内容和教学方法更具创新性，强调知识的实用性和课程的综合化，学生的沟通能力和协作精神也得到了锻炼和培养。在教学中引入工程项目，使学生通过项目学习提高解决实际问题的能力[10]。

六、教学中注重能力培养

1. 基本能力

基本能力主要反映以下技能：国际意识；可持续发展能力；科技、信息掌握能力;创业精神;平等意识;服务和客户协调能力;职业安全和健康能力。语言技能和包容性正成为适应国际化要求的重要方面。树立可持续性发展和环境保护意识旨在维持一种生态的、社会的和文化的可持续性,这是确保后代人的优质生活所必需的先决条件。在生产和服务领域,可持续性发展正在成为一个质量和竞争力的标志。信息和通讯技术的发展将改变工作的内容、组织形式和工作场所的性质,职业教育和培训就是要帮助学生掌握并灵活地应用现代科技,跟上技术更新的步伐。

2. 核心能力

核心能力是一种为个人发展和事业成功提供保障的内化能力,它对于一个人的情感生活、个性发展和整体生活质量水平至关重要。核心能力注重以下技能培养:学会学习的能力;解决问题的能力;沟通和合作的技能;情感智力和伦理技能。

3. 公共基础能力

公共基础能力的培养主要依靠基础课程的学习。初级职业教育中包括的基础课程学习有:母语、国内第二语言和外语、数学和自然科学、人文学和社会学、体育、健康与卫生,以及手工和艺术等学科,基础知识的学习不仅是对专业课程的有益补充,也是获得职业技能的一个必备条件。课程考核评价重视元认知技能开发,主要以自我评价为主。自我评价已成为职业学校学生考核的一项基本内容,目的是培养学生成为思维严谨的专业人员。

实证案例:上海教师赴芬兰学习先进职业教育经验

2013年8月19日至9月8日,上海职教老师赴芬兰学习。在Haiju校区,据JEC于韦斯屈莱学院的Reija Kivela介绍,芬兰职业教育主要采用16～20人的小班化小组参与式教学,学习形式多样,如on-the-job learning(工作中学,初级职业学校)、Apprenticeships(学徒制,成人培训)以及Practical training courses(实训,初级职业学校)等实践模式。70%～80%的职业教育是在workplace完成的。随后Pekka Risku先生带大家参观了机电部的工业电气自动化实训场地,也就是on-the-job learning的案例。在木制的小房子里,2个学生在用铅笔规划图纸,另外2个学生正在排装线路。上海老师们还参观了科技物流部的木工实训,看到学生自己做的精致的木制凳子、洗衣板,大家都惊诧不已。这些实训场地论硬件设施不如上海,但给上海老师们留下最深的印象就是:芬兰实训实用、简约。总结中,同济大学职业教育学院的王书记认为芬兰职业教育的专业设置各个都很实用,都契合地方经济发展,本着为地方经济服务的理念。譬如和他们发达的森林产业相关的林业、园艺、木工、机电等,和他们服务业、旅游业相关的商贸旅游专业、餐饮服务专业及福利专业等。上海市闵行区教育局职教科隋明科长、上海商业会计学校魏强老师等认为芬兰职业学校联盟下的各个校区专业群建设集中，特色明显。像 Primus Campus 就是基于能力本位的文科商贸专业，Viitaniemi Campus 就是机电、工业电气化等基于能力的理工专业。

对于上海老师提出的芬兰职业教育为何用多样的学习形式，于韦斯屈莱应用科技大学师资学院的 Eila Burns 老师用美国缅因州国家训练实验室提出的学习金字塔(Learning Pyramid)解释了原因，同时深刻地阐述了教师必须从“教”转变到学生的“学”。她说“学习金字塔”是美国缅因州的国家训练实验室研究成果，它用数字形式形象地显示了：采用不同的学习方式，学习者在两周以后还能记住多少内容(平均学习保持率)。它是一种现代学习方式的理论。最早它是由美国学者、著名的学习专家爱德加·戴尔 1946 年首先发现并提出的。第一种学习方式：“听讲”，也就是老师在上面说，学生在下面听。这种大家最熟悉、最常用的方式，其学习效果却是最低的，两周以后学习的内容只能留下 5%。第二种，通过“阅读”方式学到的内容，可以保留 10%。第三种，用“声音、图片”的方式学习，可以达到 20%。第四种，是示范或演示，采用这种学习方式，可以记住 30%。第五种，“小组讨论”，可以记住 50%的内容。第六种，“做中学”或“实际演练”，可以记住 75%；“教别人”或者“马上应用”，可以记住 90%的学习内容。爱德加·戴尔提出，学习效果在 30%以下的几种传统学习方式，都是个人学习或被动学习；而学习效果在 50%以上的，都是团队学习、主动学习和参与式学习。为了让上海老师听得更加明白，Eila Burns 举了一个简单明了的例子：学生做错了事情。如果你批评他十句话：两周后，他记得 0.5 句；如果你跟他讨论研究问题出在什么地方并写成反思日记，那么效果好 10 倍；如果在他懂得了之后，再把这事情的处理办法教给他身边的同学，那么恭喜你，你的学生会非常了不起。上海老师们听到这些都觉得很受益，因为这些对于上海职业教育的教学法、教育管理等都有实际的运用价值。

第四节　芬兰加强中等职业教育的学生指导

在 2010 年 11 月召开的欧洲技能协会(Euro Skills)大会上，芬兰国家教育委员会主任 Timo Lankinen 强调，芬兰要把加强学生指导、拓宽学生了解职业教育和工作生活信息的渠道继续作为增强职业教育吸引力的重要措施。芬兰加强职业教育学生指导的改革经验对我国具有启示意义。

一、芬兰加强中等职业教育学生指导的改革背景

2001～2002 年芬兰对全国范围内的评估发现，芬兰对综合学校、职业学校、

普通高中学生的指导服务存在严重问题:学生指导机会不足;综合学校(基础教育)学生中,关于工作领域与职业的知识以及引导学生如何进入工作生活等方面的指导均需加强;从基础教育过渡到中等教育(包括普通高中教育和中等职业教育)时,许多学生在学习路径的选择上得不到相应支持;学生指导服务缺乏跟进体系。另外,学校社会工作者和心理专家的指导服务也存在严重问题。自这次评估以来,芬兰教育文化部和芬兰国家教育委员会把加强学生指导列为教育工作重点[11]。

在芬兰中等职业教育领域,学生指导服务的质量直接影响到职业教育的辍学率和办学质量,最终影响到职业教育的声誉和吸引力,因此成为芬兰职业教育政策制定的重点。芬兰《2003～2008年教育和研究发展规划》指出,随着日益增多的个性化选择和教育需求,学生指导问题得到了更多重视,要加强学生指导,特别是在学习早期。指导顾问的培养、教师的在职培养以及与指导相关的专业继续培训将增多。芬兰《2007～2012年教育和研究发展规划》明确要求,学生从基础教育过渡到中等职业教育将得到支持;学习申请和教育路径选择程序、指导和交流将得到加强;预备性训练计划必须增多,以保证学生进行成功的教育路径选择;学习注册电子申请和信息服务系统将进行改进并扩大其范围;将采取措施加强职业教育领域的职业指导与预备性训练;2008～2012年间,增加特殊教育教师和指导顾问的培养人数(至少达到650人),以进一步加强学生指导工作。2012年,芬兰教育文化部颁布《2011～2016年教育和研究发展规划》。该规划提出,2014年秋季,在芬兰基础教育、普通高中教育和职业教育领域,将明确界定“学生指导”的标准;在中等职业教育领域,该标准将同“质量战略”(2011年3月4日由芬兰教育文化部颁布)一起实施;将开展指导顾问的初始教育,以应对日益增长的学生指导需求；考虑充分利用不同管理部门的能力和专业技能，采取措施实施所有指导服务的“一站式原则”；经济发展、交通和环境中心在加强区域性学生指导合作方面将发挥更大功能；在中等职业教育领域，要构建“学生指导”的实践和行动模式，为学生提供各种以工作为中心的学习环境和机会。

二、芬兰加强中等职业教育学生指导的改革经验

（一）明确学生指导服务的核心地位

在芬兰，“学生指导”被认为是提升教育和培训质量、提高学生留存率、减少社会排斥、实现教育公平的重要手段。因此，学生指导服务在芬兰教育和学校工作中处于核心地位。芬兰学生指导服务工作的指导思想是：学生指导不应仅是指导顾问的工作，每个教师都应能够指导和支持各类学习者；学生指导服务应是一个连续体（与教育体系的灵活性和开放性相对应），需涵盖教育和培训的所有阶段——从学生选择到学生发展以及发展道路上的各种选择，包括向继续教育或工作生活过渡等都要使学生获得平等、充分的指导支持服务[12]。

在芬兰，“学生指导”旨在支持、帮助和指导学生在教育、职业上做出正确、合适的选择；帮助学生提升职业选择、工作生活和继续教育所需的能力；帮助、指导学生在学习过程表现卓越并提高自我效能感。在中等职业教育领域，芬兰国家教育委员会批准的国家核心课程中规定了“学生指导”的具体目标，即确保学生在接受教育前、接受教育期间均能充分获得教育培训的相关信息；获得工作领域、创业和各类职业的信息与体验；获得国际交往、学习和工作的机会；获得学习、生活、职业规划和就业等相关问题的个别支持并制订个人学习计划；获得职业资格类型、学习内容以及其他教育机构学习课程选择等信息。

在芬兰中等职业教育领域，“学生指导”的最重要原则可以归纳为两点：第一，根据职业教育和培训法律，学生有权接受教育培训以及获得与课程一致的指导，表现为提供信息、团体指导、个别指导等多种方式；第二，职业教育机构的所有教职员工均需参加学生指导工作。这些指导原则在初始职业资格的核心课程中有明确规定。如何拟定个人学习计划、如何承认先前学习以及如何转换学分等方面的指导，职业学校地方课程提供了更详细的指南。

（二）分阶段进行学生指导，关注学生心理问题

有研究表明，芬兰的中等职业学校学生比普通高中学生更容易辍学，主要原因是选择了不感兴趣的专业，其次是学习力不从心或自我效能感不足，对职业前景缺乏信心。结合芬兰在2001～2002年对“学生指导”所开展的全国性评估中发现的问题，围绕“学生指导”的目标，当前芬兰中等职业教育学生指导一般按申请职业教育前、职业教育学习中以及向工作生活或继续教育过渡等三个阶段展开。在不同阶段，学生指导内容既有共同点也有不同点。第一阶段（申请职业教

育前）在承担基础教育任务的综合学校展开，学生指导内容主要是关于工作领域和职业的知识（7～9 年级）、职业规划以及在全国共同申请系统中选择继续学习的路径（9 年级）等；第二阶段（职业教育学习中）在职业学校或学徒制培训机构进行，指导内容主要是工作生活的知识、创业教育、个人学习计划、职业规划、工作体验、其他教育机构的课程信息、职业技能、职业前景、如何提升自我效能感等；第三阶段（向工作生活或继续学习的过渡）在职业学校或学徒制培训机构展开，指导咨询内容主要是创业教育、就业岗位信息、高等教育相关信息以及向工作生活或继续学习过渡的其他准备等。此外，以上三阶段也共同关注学生心理问题以及与工作生活的融合。

（三）配套实施多项"国家项目"，推动学生指导政策

近年来，芬兰广泛实施"国家项目"来推动"学生指导"的政策与实践，关注点在于：增加指导服务的全面供给，其中过渡阶段的指导得到特别强调；为跨部门合作相关区域指导项目提供支持；训练学生辅导员，实施新课程指导原则；学校教职员工与市政官员合作，共同发掘、收集学生指导相关的新方法、新资源。"国家项目"实施的典型例子有"学生指导国家发展项目"、"职业教育预备性训练和指导"等。芬兰"学生指导国家发展项目"由芬兰国家教育委员会负责总协调，于 2004～2007 年间实施。该项目由 48 个"地区项目"组成。所有"地区项目"均获得芬兰国家教育委员会拨款。"指导和咨询国家发展项目"的总目标是确保基础教育、普通高中教育、职业教育和博雅成人教育等层级的教育能为相应学生群体提供充分的、高质量的指导服务。"地区项目"的开展以"国家项目"的目标为依据，追求学生指导服务的可持续性，增加了学生获得指导的机会，提升了指导质量。"学生指导国家发展项目"是芬兰就业政策计划的重要组成部分，由 300 个市政当局实施，就业行政部门也参与其中，影响面较广（超过 35 万的芬兰中小学生从中受益），不但促进了教育领域与工作生活的融合，也提升了职业教育的声誉和吸引力[13]。

芬兰实施"职业教育预备性训练和指导"项目是为了降低教育和培训的门槛，减少辍学率，帮助学生广泛了解教育、职业和工作的各种领域，为未来的职业教育学习打好基础，并做好职业选择和规划。该项目的实施在基础教育和中等职业教育之间进行，持续时间为 6 个月至 1 年。其训练的基本原则是个性化、灵活性、实践性、基于活动的课程以及职业定向等。该项目于 2006～2008 年开始试验，自 2010 年 8 月起，成为芬兰教育体系的恒久性组成部分。预备性训练和指导的其他形式包括家政训练、移民职前准备教育以及残疾学生康复训练与指导。家政训练旨在改善学生管理日常生活与个人健康的实践技能以及增加继续教育的机会，特别是在旅游餐饮与社会服务和医疗保健领域；移民职前准备教育

是为了改善移民的语言以及提升学习中等职业课程所需的其他技能；残疾学生康复训练与指导的目的在于帮助残疾学生增强参加中等职业教育、工作生活以及独立生活的能力，帮助他们理清未来的计划，也支持成年残疾学生的再训练，促进其重返工作生活或教育。

（四）注重法律监管，设置指导顾问

芬兰职业教育国家核心课程规定，职业教育所有教学大纲至少包含1.5学分的“学生指导”课程，各职业教育机构在实践中可自主决定实施方案。虽然芬兰教育行政部门和劳动行政部门均参与学生指导，但前者负主要责任，而后者所提供的职业指导服务则起补充作用。芬兰职业教育学生指导依据法律进行管理监控。这些法律有《中等学校法》《中等学校法令》《职业教育法》《职业教育法令》。劳动行政部门内部的职业指导依据《公共劳动力服务法》进行管理。在芬兰，职业学校所有教职员工都参与学生指导服务，但主要责任由指导顾问承担。所有提供正式教育和培训的机构都有指导顾问，指导顾问必须具备职业教育教师资格，同时具有至少1年的（在从事“学生指导”职业前）教学经验。符合普通教育指导顾问资格要求者也有资格在职业学校担任指导顾问的工作。指导顾问的培养课程由职业教师教育机构进行组织，共60学分。指导顾问教育传授学员熟悉学生指导所涉及的基本社会因素以及指导方法。其他培训主题有学生指导的司法与伦理问题、不同层级教育指导的特殊性、“学生指导”的课程开发、地方和地区多学科的专业合作以及实践训练等。指导顾问在职培训主要由大学、多科技术学院、地方和地区当局、芬兰国家教育委员会、教育专业发展国家中心以及私立教育机构等提供。其他参与学生指导的重要专业人员还有职业顾问和职业心理学家。

（五）搭建网络平台，提供教育和就业资源

为实现学生指导的公平性、开放性和广泛性，保障学生能及时、持续获得指导资源，除学校所提供的资源外，芬兰还构建了众多网络平台。网络平台构建的主体除芬兰教育行政管理部门外，就业与经济部及其他劳动行政部门、地方就业办事处、私立指导机构（包括劳动力市场组织、指导顾问协会以及学生会等）、雇主组织资助的经济信息办事处等均参与其中。这些平台提供教育和就业相关信息的许多在线资源，力求为个体进行适当的教育选择或为求职提供支持。芬兰国家教育委员会建立“芬兰教育”门户网站，提供教育在线网页服务。该网站属非学术性质的教育和培训门户网站，按教育和培训系统的不同级别、领域和主题，搜集各种服务信息并分门别类呈现。芬兰或国外其他相关主体也通过该网站提供各种信息服务。“教育在线”为教育和培训申请者提供各级教育、各种学习领域教育机会的最新信息。同时“教育在线”常与其他网页服务如"学习试验"等相结合。芬兰国家教育委员会每年也出版一册《教育指南》,为学生选择中等职业教育和高等教育提供相关的实用信息(如学习领域、各种学习计划等)。

总体来说,芬兰在职业教育领域构建了一个全面、系统的学生指导体系,降低了职业学校学生的辍学率,促进了职业教育吸引力的提升。当然,关于信息提供以及指导的效率、不同指导主体间的合作(特别是基础教育与职业教育的合作)、学生指导的监督与评估、全国性综合统计数据的收集等方面也面临挑战。

三、启示

20世纪90年代以来,芬兰基于职业教育存在的问题和发展目标进行了一系列改革,已经在职业教育领域建立了一个多主体参与的学生指导服务体系,对提升职业教育吸引力起到了积极的推动作用。与经济合作和发展组织的其他许多成员国相比,芬兰职业学校学生的辍学率较低,其综合学校毕业生申请就读中等职业教育的人数逐年上升。借鉴芬兰的经验,我国应逐步构建学生职业教育指导体系,加强学生指导工作。建议把学生指导纳入普通教育和职业教育工作的重要议程中,把学生指导服务的质量作为普通学校和职业学校绩效考核的一项重要指标。在构建学生指导服务体系时,必须考虑指导思想、指导目标、指导原则、指导阶段及内容、师资队伍培养、项目实施、资源平台构建、评估考核与追踪、法律保障等一系列议题。值得一提的是,在学生指导服务体系的构建中,芬兰重视残疾学生职业教育的职前训练和指导,对我国残疾学生职业教育模式的探索具有启示意义。

第五节　芬兰职业技能展示体系

芬兰职业教育理论学习与实践相结合的主要途径是开展工作本位学习与进行技能展示,相关行业和企业紧密参与职业教育的战略规划和战术实施,参与职业技能展示的开展与评估。在多方的配合下,职业技能展示系统的推行经历了试验、扩展、实施与评估等阶段。

一、职业技能展示的引入和扩展

(一)芬兰职业教育培训中的工作与学习

芬兰传统上的中职教育(也称为初级职业资格证书学习)以学校为中心。1999年,"工作中学习"作为一种强制性教学和训练方法引入所有中职教育。在芬兰,要获得初级职业资格证书(相当于中职教育的文凭),至少要修满120学分,相当于学习三年,每年学习30周,一共90周的学习时间中,必须有20周是在工作中学习。

（二）职业技能展示的试点和试验

1999 年，职业技能展示在芬兰中职教育中开始进行实验，以多方面和多层面项目的方式试点，目的是改进中职教育质量，加强中职教育与实践领域的联系，使中职教育能提供毕业生工作生活需要的专门知识和技能。1999 年到 2006 年为试验阶段，试点项目特别重视职业技能展示的规划和课程开发。

在项目试点中，芬兰教育部专家起草了进行技能展示的文件条款，该条款适用于所有职业资格。文件条款使各地方规划和实施职业技能展示，同时保证学生获得相对一致的评价。芬兰国家教育委员会审查职业技能展示文件条款并修改，目的是建立国家技能展示正式文件。地方层面试点项目主要关注：如何使用国家技能展示文件；发展学生评估和建立评估文档；在地方层面产生学习成果，测试基于职业技能展示的学习成果评价模型；根据职业技能展示的反馈进行自我评价和改进[14]。

在职业技能展示的宏观试点项目中，测试了职业技能展示实施的不同替代途径，明确了参与职业技能展示各方的任务、职责划分和涉及费用。试点中，教师和行业界代表参与培训、规划、实施和评估，全方位了解职业技能展示。与职业资格相关联的试点项目还测试了职业技能展示和基于能力资格的能力测试之间如何更好地关联，目的是找出职业技能展示和能力测试之间的相似点，如何互相借鉴。学习结果评价的试点项目还测试了一个系统，这个系统汇集来自职业技能展示的学习成果评价信息，目的是测试评价模型的功能，并产生学习成果的信息，建立质量保证体系以获得可靠的评价信息，并建立一个反馈信息系统，收集评价信息，然后把评价信息用于教育机构自我评估和发展。不同层次的试点项目使教育主管部门起草的职业技能展示文件条款为更多的人获知，通过组织培训活动和提供具体到每个教育机构的各方面指导，支持职业技能展示的开展。

（三）职业技能展示的扩展

2005 年芬兰教育部起草制定了技能展示正式文件，作为培训材料用于参加技能展示实施的全体成员，最重要的是学生和行业代表。文件要求在学生的学习开始时，要向学生介绍技能展示并纳入学生个人学习计划。从 2006 年 8 月 1 日起，芬兰所有的职业资格（职业学习模块）都包含技能展示，在这里他们必须展示他们的技能才能毕业，也就是获得初级资格证书。学生从一个资格证书转到另一个资格证书，或从普通高中学校转移到职业高中（初级职业教育机构）接受教育和培训，都可以通过技能展示实现。

2006 年芬兰教育部还颁发《教育可持续发展》文件，制定了推动中职教育“可持续发展”的措施：通过技能展示体系跟踪教育“可持续发展”理念在工作领域的渗透程度。

二、职业技能展示体系的实施、内容和过程

（一）执行芬兰教育部和芬兰国家教育委员会文件

当相关人员设计和实施具体资格证书的职业技能展示计划时，要运用芬兰教育部和国家教育委员会出台的职业技能展示文件，按照文件要求实施。这些职业技能展示文件是在课程的基础上制定，在当前有效的技能展示等级基础知识上制定。文件不是一个标准，而是一种支持性材料。这种文件是完全公开的，可以在芬兰教育部网站下载。

（二）成立职业技能展示地方委员会

职业技能展示由学校与商业、工业和其他雇主共同合作设计与实施，展示的内容可以是一个工作情境或工作过程。职业技能展示与在职学习相结合，展示也可以安排在其他工作场所和机构。学生通过实际任务来展示技能掌握的程度，行业组织积极推动采纳技能展示系统。为了职业技能展示的成功实施，芬兰地方部门联合成立专门机构——职业技能展示地方委员会，其成员来自教育提供者、教师、学生和行业专家代表。地方展示委员会负责技能展示的评价及相应合格证书的授予等。这些委员会也可以是几个职业教育提供者组成的“联合委员会”。职业技能展示地方委员会批准技能展示的实施与评估计划，对技能展示活动进行监督并决定评估人员[15]。

（三）职业技能展示相关方之间的合作

职业技能展示的规划、实施和评价涉及教育行政机构、职业技能展示地方委员会、教师、学生或行业专家。相关方经常就涉及中观层面的问题，通过技能展示系统进行互动与合作。

（1）教育行政机构运用文件条款，规划和实施职业技能展示；提供关于职业技能展示的报告；培训已任命的展示委员会人员、行业领域代表、职场导师和技能展示代表成员。

（2）地方展示委员会利用文件条款，批准展示实施计划，使之作为教育机构课程的一部分；监督职业技能展示活动，监督展示原则的实施；处理关于技能展示评价的投诉。

（3）教师利用文件条款，与行业代表和学生一起，进行职业技能展示实践层面的规划和实施；教师和实践领域代表一起，对参与展示过程的学生进行评估，观察学生的表现，提供必要的指导；参与评估的讨论；在职业技能展示评估中做出决定。

（4）必要时，行业企业的专家代表可以利用文件条款，启动自己的职业技能展示目标；与学生和教师一起参与职业技能展示规划；确保学生在职学习期间有

机会获得技能展示所需的能力;引导学生关注工作方式、工作场所、工具和设备,以及关于安全工作的说明。观察学生的表现,鼓励学生和提供必要指导;参与评估的讨论;在职业技能展示评估中做出自己的决定。

(5) 学生使用文件条款,启动自己的职业技能展示目标;规划技能展示活动,与教师和行业代表一起实施;评估自己的技能。

(四) 科学地评价学生的表现

学生是在一个实际、真实的工作情境中展示他(她)对核心课程中职业能力目标所达到的程度。要针对预先确定的目标对学生进行评估,对学生技能展示中的能力与预定的评价目标和评价标准进行比较;要找出学生潜在的学习困难和技能展示过程的其他障碍,这是老师的责任。教师参与设计职业技能展示计划,让学生展示他们的实际能力。工作场所的代表不一定总是能参加在学校进行的所有职业技能展示;教师也不一定总是能参加工作场所的所有职业技能展示。评估等级应该标明技能展示如何被评估,由哪一方负责指导、监督和评估。

学生工作过程中,知识基础不一定能被准确地反馈,要在工作会议或评估讨论期间,通过更加详细的问题来核实。技能展示之后的评估讨论,通常是老师、工作生活的代表和学生参加。评估的讨论建立在经验基础上,这些经验通过在职学习的监督和评价会议积累。在某些情况下,评估的探讨可以以一些形式进行,如电子论坛。当然,学生的自我评价是评价展示的重要组成部分[16]。

(五) 明确评价目标和准确执行评价标准

根据技能展示文件的定义,学生技能核心能力是工作过程和工作生活中所对应的具体任务。技能展示文件还建议在哪种类型的条件、环境或工作社区中进行职业技能演示。技能展示文件还明确了学生展示自己的能力和评估人员评估学生能力的时候,什么类型的材料、工具和设备是必填的,技能展示文件定义了具体等级的评价目标以及评价标准。评价目标引导评价者把重点放在所必需的评估领域。评价标准帮助评估者来确定与预定目标相比较的学生的能力水平。在芬兰教育部门的文件里,评价尺度是统一的,这些评价尺度是所有学生评估的通用尺度。

(六) 做好后续数据存储工作

展示结束后,要存储每个学习模块和学习对象的评价内容。这些评价内容是形成评价结论等级的基础,评价等级由教师和工作生活的专家代表一起或单独决定。每一个学习模块的技能展示等级和相关论证(争论)必须存储并标注在技能展示证书里。学校网络系统设有独立空间专门储存有关技能展示数据。对评价数据和结论如有疑问,学生可以申诉。当一个技能演示用于演示两个或更多的学习模块(联合示范)技能的时候,评价的对象必须分开,并存储在每个学习模块。老师通常是负责评估数据的存储。

三、职业技能展示体系的典型案例

（一）“残疾人护理”职业技能展示案例

1.“残疾人护理”职业技能展示的内容

学生要填写职业技能展示评估表，根据展示的计划写出下列问题：姓名，学院，学习计划和小组代码；展示名称、展示地点和职场导师；日期、轮班工作记录和日程安排；如何协助和指导顾客日常生活；根据标准描述技能的目标；写出在哪种情形下如何展示评价表里提到的技能。通过标准（描述能力水平）评价表格的每一个区域。每一个等级对应于评估每一个能力。学生如果要通过职业技能展示评价，评价的所有方面都必须至少完成令人满意的水平。技能展示的整体结果体现在评价汇总表里。如果学生在一些评价区域没有获得令人满意的水平，重新展示的过程也要体现在评价汇总表里。

2.“残疾人护理”职业技能展示的说明

残障人护理的职业技能展示过程，学生从熟悉顾客开始，结束于最后的评估。学生首先了解客户，然后选择残疾人护理公司一起进行职业技能展示。学生要展示他们如何协助和指导残疾人的日常生活。根据最终评价的标准，学生还要描述行动的目标。根据规划，在实习期结束后的第 5 个工作日，学生进入技能展示程序。学生还要协助和指导一组顾客作为模拟工作团队的一员，学生们评估模拟顾客的计划和行动，必要时修改计划。

3.“残疾人护理”职业技能展示的展示环境

该职业技能展示在对残疾人士进行协助的日常生活环境下实施。残疾人客户们有不同的年龄和不同的生活状态，可能的技能展示场所有家庭监护病房、残疾人养老院、康复中心、神经病房、残疾人工作车间、特殊学校等。学生作为工作团队成员与职场导师一起工作，并尽可能地独立工作。学生应该积极工作并寻求反馈。学生通过与职场导师和辅导老师的讨论来自评自己的能力，学生要写下关于评价形式的讨论笔记。学生要遵循工作岗位所规定的保密要求。

4.“残疾人护理”职业技能展示的评价项目

（1）工作流程：评估残疾人客户残疾等级的能力；护理的规划、实施和评估，残疾人客户的指导和康复；学生自己的工作规划、评估和发展。

（2）工作技能：沟通；合作；协助和指导顾客日常生活的能力；开展医疗服务和药物管理；尊重残疾人的自主权；适当使用所需的设备。

（3）理论知识：掌握不同群体残疾人的残疾原因和并发症；有开展残疾人护理（引导/康复）的理论基础；掌握用药知识，了解药物的作用和副作用；掌握残疾人的营养和饮食知识。

(4) 工作中的健康和安全说明，在工作位置根据安全指示和规定开展工作。

(5) 核心技能：合作技能和道德技能。

(二) 基于“社会和卫生保健职业资格”的职业技能展示案例

这个技能展示属于Omnia职业学院的通用课程的一部分，属于Espoo地区联合教育管理局职业委员会发布的特殊核心课程的一部分。本技能展示由以下部分组成：展示描述、展示环境的描述、展示的任务、展示的评估。

1. 展示描述和展示环境的描述

本技能展示与护士实践学习的基本资格相关，包括完成与学习和工作相关的医疗保健技能展示。这些技能是学生应该掌握的日常工作技能。学生在老师的指导下熟悉各种保健展示技能，同时获取进行自我评价的知识。“社会和卫生保健职业资格”的每个学习模块包含一个或多个技能演示，一个技能演示通常是指从开始到结束的一个工作单元，鼓励学生在规则下进行技能展示，鼓励讨论评价展示中的开放互动。技能展示也是学习情境，技能展示支持保健职业技能的进一步获取，展示是促进学生的保健技能进步和职业发展的手段。

2. 展示计划的组成和评估

对于本专业的所有学生，通用学习模块的职业技能展示是强制的、必须要参加的。通用的职业技能展示要求是完成50学分，其中包括：“成长的支持和指导”课程要求16学分，“护理和照顾”课程要求22学分，“康复”课程要求12学分。

对选择不同学习方向的学生，不同方向的职业技能展示要完成40学分，学生要从以下项目中选择：康复项目、心理健康和福利事业项目、护理和照顾项目、照顾残疾人项目、照顾老人项目。

3. 职业技能展示的评价

在评价探讨的时候，每个评估者应表达自己的观点及其背后的原因。这些评估和反馈可能从客户和其他同事获得，用于形成对学生技能的共同看法。老师针对预先确定的目标对学生进行评估，对学生技能展示中的能力与预定的评价目标和评价标准进行比较。

四、职业技能展示体系特点

1. 作为学习的一部分

在职业技能展示体系中，评估是学习的一部分，其目的是引导和激励学生学习，让他们掌握自我评估的技巧。其中最重要的组成部分之一是评估的讨论，每次职业技能展示后反复讨论来提升学习效果。建构主义思想强调培养学生的元认知思维、自主能力、学会学习的过程、互动，并愿意合作。职业技能展示的学习模式效果是建设性的，强调背景和经验学习的建设性观点，这符合建构主义的思想。

2. 反思、反省

职业技能展示和在职学习期间的反思和反省，不仅出现在学生中，也出现在职场导师和教师中。职场导师发现监督管理学生促使他们反思他们自己的行为方式和工作方法及其教学方法。教师认为职业技能展示的实施开阔了他们的视野，并帮助他们跟上行业的最新发展。要开展职业技能展示，还需要教师认真处理教学模式或职业资格中的基本问题。拓宽学生、教师、职场导师的视野，使基本的问题得到解决[6]。

3. 自我评价和反馈

学生、教师和职场导师之间的讨论评估是自我评价的基础。自我评价为学生提供一个机会，来辨别他们个人能力的优势和不足，并认识到他们自己的发展方向。尽管教师认为，现在的学生相对过去来说有较好的自我评估能力，但学生发现自我评估很难，尤其是他们学习的早期阶段。在评估讨论中，老师要检查学生在职业技能展示中的表现。老师和职场导师给学生反馈，对学生的发展提供指导，并解释为什么他们建议给学生一个特定的等级。评估讨论还为学生提供了一个机会，来提出自己的反馈意见，并分享他们对职业技能展示和评估情况的想法。学生有机会确定他们的个人职业发展方向。

4. 联合评估（三方）原则

由学生、教师和职场导师进行的三方评估是芬兰职业技能展示的原则。在评估讨论中，教师的作用是评估专家，教师承担评估实施的主要责任。职场导师的价值体现在具有专业领域和工作现场所需的专门知识技能。教师和职场导师必须曾经参加过评估培训，因为恰当的训练能够帮助理解评估标准，提高可靠性。学生最重要的任务是展示他们的技能，学生要准备一份书面展示计划。职业技能展示使合作三方（教师、学生、职场导师）更加关注他们自己的义务，促使他们增强自己的职业技能。学生们认为参加职业技能展示能更好地促进他们的就业。教师和职场导师全面地考虑他们自己的工作，并找到改善他们工作的创新方法。

5. 评估内容的可靠性、真实性

教师和职场导师认为，职业技能展示的真实性和可靠性是至关重要的。对他们来说，一个真实的工作现场最有利于展示学生的职业技能，因为它是真实性工作，并且经过评估具有实际价值。尽管老师们喜欢在实际工作生活中实施职业技能展示，但在技术和交通部门也应用模拟技术。

五、职业技能展示的发展

1. 职业技能展示存在的问题

教育机构和工作场所之间的合作主要限于涉及目标和评估的讨论，目前的做法使个体之间合作的空间较小。此外，在工作生活环境中，教师觉得自己的专长没有得到充分发挥。这些问题与有限的资源有关。技能展示把劳动力市场的需求直接导入职业教育的发展和计划中，但这种发展需要通过积极的质量保障系统进行协调，应该考虑到学生个体的需求。从社会学的观点来看，在反映职业教育系统目标的同时要确保教育的一致性，但职业教育举办者之间的重大差异是个问题，这对学生来说是不公平的。

作为学生评价的方法，技能展示意味着不同的老师有不同的观点，一些老师没有放弃老的评估方法，因为他们质疑评估的可靠性。在进行技能展示的时候，支撑的教学资源要求发生重大变化，单元、学习领域和资格方面的合作很少，较少互相借鉴。

2. 职业技能展示在实践层面实现的变革

芬兰职业技能组织技能展示变革的重点是体系更加规范，职教资源得到合理利用，官方决策层面、技术实施层面和教学管理方面更加科学。其中，教学管理是一个关键问题。教师的工作在改变，要实现教学方式、教学模式和教师职业的范式转变。

规划技能展示是老师的责任，教师不能总是参与展示的评估，在职学习期间要突出职场导师的责任，对学生的技能展示提供指导。技能展示对学生的技能给予认可并信任方面在不足。随着展示的改革，展示活动更多是在教育机构举行，而不是在工作场所，这取决于学习领域和资格领域、区域产业结构、个别工作场所组织展示活动的可能性、学生的个人问题、学生学业的完成和老师的看法。

3.职业技能展示的发展

通过在职学习和技能演示，职业教育已经成为并将继续变得越来越依赖于工作领域的需要。学习环境变得越来越面向工作生活。职业技能展示已经为职业教育带来显著改变，这些变化涉及管理、职业教育和培训机构、教育单位、工作的世界和各种专业团体。职业技能展示被同时引入各个学习和资格领域。在这方面，该方法实现得相当成功。职业教育举办者根据芬兰教育部设定的原则进行职业技能展示。

职业技能展示显著提高了学生工作与生活的取向，学生受益于这样的取向，因为它为教育机构和工作领域之间的协作和互动搭建了桥梁，同时也确保教师掌握和了解相关行业的最新发展。职业技能展示需要考虑不同领域和职业的特点，系统必须简化。在旧的基础上创新是一个挑战，它需要更多的时间和资源。职业技能展示的发展必须结合教学改革，因此变化的重点必须从技术执行转向到教学管理。

第六节　20世纪90年代以来芬兰中等职业教育改革

长期以来，芬兰中等职业教育是以学校本位为主的培养模式，在教学内容上采取全国统一的核心课程模式，各地则在此模式的基础上制订适合本校的教学课程，课程虽然有实践教学部分，但基本上都是在学校进行的。因此，以学校本位为主的教学内容和学习方式与实际的职业实践及需要相差甚远。为提高学生的职业技能，促进学校教育与企业实践的真正结合，教育部在“欧洲科学基金会”的经费支持下专门设立一个改革委员会，从1996～2001年开展名为“构建职业教育通往就业世界的桥梁”的典型实验。2001年初，芬兰教育部在总结典型实验的基础上进行了中等职业教育改革[17]。这次改革目标确定为提高学生的职业能力，满足经济发展和劳动市场的需要，主要内容是鼓励更多的青年（尤其是辍学青年学生）接受以培养技术工人为主的中等职业教育。为了达到改革目标，芬兰政府从提升中等职业教育的地位、加强其灵活性、增强吸引力等方面制定改革措施，以达到改革的目的。

一、改革的背景

20世纪90年代以来，芬兰对中等职业教育进行了强有力的改革，其改革的因素是多方面的，下面将从外部因素和内部因素两个方面探讨。

（一）外部因素

1. 经济因素

20世纪80年代芬兰经济稳步增长，而在90年代初期，整个国家经济陷入困境。芬兰政府在 20 世纪 90 年代后半期试图降低青年失业率，使其接近欧盟的标准，但这是一个棘手的问题。与国际标准相比，芬兰人认为教育是失败的，尤其是中等职业教育。大量失业的劳动力没有职业资格证书，而芬兰的雇佣单位一般要求应聘者拥有职业资格证书。于是芬兰政府决定改革中等职业教育，以适应社会的发展。

2. 政治因素

(1) 新的职业教育体制的建立。20 世纪 70 年代到 80 年代，芬兰经济稳步增长，为芬兰政府发展公共服务打下经济基础，并进一步促使芬兰建立了社会关爱、健康服务和教育等一系列公共服务体制和基金会。新的职业教育体制也是在此期间开发和建立的。新体制优先发展中等职业教育，使中等职业教育对青年人更具吸引力，以均衡日益大众化的普通教育。由于参加职业教育人数的增加，国家、各州市和市政联盟建立了许多新的中等职业教育机构，而私营中等职业教育机构占的比例很小。新体制在资金拨款方面注重各个地区之间的平等。

(2) 政府重视中等职业教育。自 20 世纪 70 年代以来，芬兰颁布了一系列加强中等职业教育的政策，其中颁布了一个重要的政策：《临时职业教育项目》，它旨在推动中等职业教育发展，增加中等职业教育机构，这一项目得到政府的大力资助。

(3) 各执政党关注中等职业教育。从 20 世纪 70 年代到 1987 年，芬兰的社会民主党和中间党共同执掌国家政权。1987 年芬兰的政治形势有所改变，第三大党联合党组建内阁，但关于教育的主要路线、方针和政策还是为各党派所认同，因此以前的教育政策仍得到继续实施。1989 年芬兰出现了经济衰退的现象。1991 年大选后，中间党获得执政权，组建起了新的政府。上台后的新政府面临一系列问题：公共收入急剧下滑、失业人数增加、货币贬值等。新政府于 1992 年出台了一个项目方案，缩减各方面的开支，但中等职业教育还是有所发展。例如 1994 年失业人数出现高峰后，在普通高中、中等职业学校和大学增加了 10 万多学生。1995 年大选后，新政府的主要目标是降低失业人数，缩减政府的债务。在职业教育政策方面，政府决定开办新的高等职业教育，增加中等职业教育的学生接受高等教育的机会。每届政府对中等职业教育的态度都是积极的、支持的，很重视中等职业教育的发展。他们在中等职业教育发展的主要路线、方针、政策和中等职业教育对未来社会与经济发展的重要性方面达成共识。

(4) 加入欧盟。芬兰中等职业教育变化的重要原因是 1995 年芬兰加入了欧盟。欧盟成员国的身份给芬兰提供了一个加入欧盟各种计划项目和基金会的机会，这给芬兰的中等职业教育注入新的元素。1998 年芬兰加入了欧洲货币联盟，使中等职业教育发展空间进一步得到拓展。随着欧盟一体化进展和世界经济发展的全球化的形成，芬兰地方当局与国外在教育领域的合作日益加强并得到进一步发展。这种合作得到芬兰政府的支持和欧盟各种教育项目的资助[18]。

3. 理论因素

新自由主义的经济理论和控制论为芬兰政府制定教育改革政策提供了坚实的理论基础。新自由主义的经济理论主张经济体制只有由市场竞争决定时才能最有效地发挥其作用，强调市场机制能促使资源的有效配置，主张政府应尽量减少干预经济生活，让地方教育当局和学校有更多的管理权，以应付日益复杂的环境，并且所有教育决策的制定需要政府与合作者共同努力。理论规范下的政府与学校的关系不再是控制与被控制的关系，而是自主与责任的新型关系。在这种理论的影响下，芬兰政府进一步重视中等职业教育的发展，制定了以市场为导向的教育政策，改革中央集权的教育行政管理，使教育尽可能满足个人的教育需求。

（二）内部因素

芬兰中等职业教育内部存在很多问题亟需解决。由于长期受历史文化传统的影响，芬兰人心目中的学术教育地位高于职业教育，这一根深蒂固的思想严重阻碍了中等职业教育的发展，使中等职业教育缺乏吸引力。尽管在 20 世纪 80 年代的改革中芬兰职教和普教在相互沟通方面有了一定的进展，但还没有得到真正的沟通和融合，实现两者的实质性融合是芬兰中等职业教育改革中面临的重大问题。

在行政管理方面，芬兰中等职业教育存在级别繁杂、隶属关系多极化等问题，这既不利于管理的完善，也不利于教学质量和学生积极性的提高。因此，中央政府、市政府和教育提供者之间的权力和责任需要进一步发展和改革。

人才培养模式方面，以学校本位为主的中等职业学校与企业联系不紧密，中职学生缺乏真正的实践操作，这就致使培养的人才不能很好地适应产业的发展需要。国际化问题越来越成为芬兰中等职业教育中比较突出的问题。与其他类型的教育相比，中等职业教育处于劣势，面对这一形势，促进中等职业教育的国际化显得十分重要。除此之外，芬兰中等职业教育在立法与调整教育的标准方面也需要进行发展和改革。

二、提升中等职业教育的地位

（一）提高中等职业教育的质量

提升中等职业教育地位最重要的方法是进一步发展和提高中等职业教育的质量。芬兰把职业资格证书引入中等职业教育当中，实行职业资格证书认证评价。芬兰政府对中等职业教育进行改革的基本原则是加强中等职业教育和工作生活需求的一致性。改革增加了职业资格证书的种类，把在岗培训学习项目引入中等职业教育的课程和职业资格证书认证当中。

引入技能演示学习项目是提高中等职业教育的重要措施之一。教育部、国家教育委员会和其他社会合作伙伴共同调查研究技能演示的模式，并于2006年把技能演示学习项目引入中等职业教育课程和职业资格证书认证当中，以证实职业教育学习所取得的成绩。技能演示项目由工商业和其他产业部门代表联合提出计划并组织实施[19]。

（二）开展中等职业教育国际合作项目

早在20世纪80年代芬兰就确立了中等职业教育国际化的发展目标，并把它作为一项重要的国家教育政策确立下来。之后芬兰社会和经济日益呈现出国际化和多元化的发展趋势，并且在欧洲一体化进程中，更需要加强整个教育系统的国际活动。为此，中等职业教育注重了语言、交际技巧、宽容、国际文化知识和通识教育等方面的教学。芬兰政府专门投资并开发一些项目加强外国文化知识的学习，并拓展和加强选择多种语言的学习。中等职业学校积极地为国际学生和本国学生提供以英语为教学语言的课程项目，以便一些在岗培训学习和技能演示能够在国外顺利进行。在师资培养和培训方面，芬兰积极与国外合作，联合培养职业教育师资或在国外开展教师在职培训工作。芬兰中等职业教育国际化最重要的项目是国际交换项目（主要是欧盟成员国之间的国际活动），其主要内容是与国外中等职业学校进行教师互换培养以及学生互换学习。中等职业教育的国际化加强了芬兰与欧盟其他成员国之间的职业教育信息交流和职业指导。

开展中等职业教育国际化合作的目的是提高中等职业教育的质量，增强中等职业教育的吸引力，从而提高中等职业教育的地位。开展国际合作还确保了已经取得职业资格证书的学生能获得日益国际化的劳动市场和多元化社会所需要的知识和技能。

三、增强中等职业教育的吸引力

增强中等职业教育的吸引力是芬兰教育政策的一个长期目标，芬兰政府采取了以下措施。

（一）加强学生对中等职业教育的认识

为了加强学生对中等职业教育的认识，芬兰劳动管理部门提供宽泛的职业培训和职业信息服务，目的是鼓励学生选择中等职业教育并指导他们在不同领域就业。同时，就业服务办公室也为学生提供职业咨询指导。芬兰还于2000年颁发了《“利用你的时间”运动》，目的是加强学生对中等职业教育的认识，从而增加中等职业教育的吸引力。

（二）增加中等职业学校学生接受高等教育的机会

1991年芬兰颁布了《中等和高等职业教育法》，决定在全国范围内建立高等职业院校，发展高等职业教育。随之芬兰政府通过合并中等职业教育机构和重新规划等形式建立了27所试验性多科技术学院。多科技术学院的建立使中等职业教育发展成了一个可进入高等教育的轨道，目的是为中等职业学校的学生提供接受高等教育的机会。为了使中等职业学校的学生能升入普通大学接受高等教育，芬兰教育部采取措施，鼓励中职学生选修普通高中的内容，参加大学录取考试，进入普通大学接受教育。

（三）推行工作本位学习模式

增加中等职业教育吸引力的另一项重要措施就是改革以前的学校本位学习模式，推行工作本位学习模式。工作本位学习模式提升了学校和产业界之间的合作和交流，在岗培训学习是其产物。在岗培训是一种需要指导和评定的课程学习，是在企业指导教师的指导下，在工作车间进行的实际操作，实践性很强。2002年大约4.5万学生参加了这种工作本位学习。在岗培训学习加强了中等职业教育与产业界的沟通和联系，有助于提高学生的职业技能和增强中等职业教育的吸引力。

（四）降低学生辍学率，防止边缘化

据统计资料显示，芬兰中等职业教育的辍学现象是非常普遍的，2001～2002年，中等职业学校的学生辍学率为12.3%，而普通高中则为4.1%。根据2002年的研究，学生辍学的原因主要有以下几个方面：学习课程的变化使部分学生难以适应；部分学生认为中等职业教育实施的课程对他们职业能力的提高帮助不大；课程内容与学生将来的职业选择不匹配；中等职业学校不是学生的第一选择；部分学生认为在中等职业学校学习是浪费时间。为了大力发展中等职业教育，降低学生的辍学率，防止社会排斥，芬兰政府采取了一些措施：

(1) 支持在岗培训学习。改革后的中等职业教育课程增加了在岗培训学习内容，使中等职业教育和企业的生产实践密切联系，从而提升了学生的职业能力，增强了中等职业教育的吸引力。为了支持和鼓励在岗培训学习课程项目，政府出台了支持在岗培训学习的计划项目，开发在岗培训学习的内容和程序，并计划在5年内培养1万名中等职业教育教师和2万名在岗培训学习指导教师。这一计划项目每年还得到“欧洲科学基金会”大约2500万欧元的资助。

(2) 降低辍学率计划。此计划项目提供咨询与指导，旨在减少中等职业学校辍学人数。计划项目要求学校在实施教育过程中制定灵活的解决问题的方案，为学生提供多方面的帮助。参加降低辍学率计划的职业学校将做以下几个方面的工作：开发满足不同学生需要的教学模式；增加咨询与指导及支持帮助服务；加强学校和社会工作者之间的交流与合作；关注学生的生理和心理健康。该计划项目的长期目标是探索传统职业教育之外的另一种教学模式，这种模式能为不同的学生提供灵活多样的学习方式，以便使尽可能多的学生完成学业并取得工作本位的职业资格证书。

(3) 激活青年接受中等职业教育计划。2002 年夏天,芬兰政府颁布了 36 个欧洲科学基金会计划项目,提升中等职业教育,使其具有活力。参与这些计划项目的学生每年达 700 人左右。该计划的目的是鼓励青年接受中等职业教育,并为其提供帮助,以便能顺利完成学业。该计划要求当地的综合中学与中等职业学校有良好的合作,计划项目专门为以下四种情况的学生提供指导和帮助:综合中学 9 年级快毕业时经常不上学的学生;不能保证继续接受高中阶段教育的学生;没有被自己选择的学校录取的学生;在中等职业教育初期没有学习动力的学生。由于工作生活经验对青年的职业选择有很大的影响,因此该计划项目尽量为他们提供机会,以便获得职业教育与工作生活两种知识信息。此外,为了使更多的综合中学毕业生能继续接受中等职业教育,该计划将在过渡阶段内为他们提供咨询指导,帮助他们选择中等职业教育。

(五) 生涯教育和升学服务计划

此计划是鼓励中等职业学校开展生涯教育和升学服务活动,以便增加学生就业或继续接受高等教育的机会。其服务对象是即将取得职业资格证书的中等职业学校学生。在此之前的中等职业学校的学生咨询与指导工作也牵涉到学生的指导、毕业生的就业和对就业的监测。而该计划项目的生涯教育和升学服务是学生指导与咨询的一部分,是从就业的角度给学生提供就业咨询指导服务,它的目标不是停留在学校和工作的界面上,而是涉及学生一生的学习和成长。此计划中对中职学生的指导包括有关专业选择方面的咨询指导,学习期间对工作定位的指导以及学生未来发展计划和发展目标等方面的咨询指导。生涯教育和升学服务的主要目标是:加强中等职业学校、教育提供者及就业办公室之间的合作;了解和监测学生是否在寻求就业或准备接受高等教育;在退学学生方面,做好地方或区域性专门指导工作和学生的后续责任工作;为学生提供适当、快捷的个性化指导;为学生提供升学方面的咨询指导;为学生提供专业选择的咨询和指导,并帮助学生解决如何完成学业、未来工作定向、学生未来发展计划和发展目标等问题。生涯教育和升学服务项目的目的是为学生提供个性化的咨询指导和生涯规划服务,促成职业教育机构和当地行政管理部门的合作。

四、加强中等职业教育的灵活性

(一) 扩大地方的管理权

芬兰的教育一直在根据社会的变化和需求不断进行改革。自从 20 世纪 90 年代以来,芬兰教育的中央集权开始减弱,相反地方当局的权力有所增加。现在的中等职业教育提供者和教育机构越来越能独立地决定和开展自己的教学活动。例如学校在课程设置方面有 1/3 的自主权,即有 1/3 的课程可以由学校根据当地的需要自行开设；并且学校在教育的供给应该集中在哪些方面、教育资源如何利用等方面也有很大的自主权。加强学校自主权的目的是使学校有意识地适应并满足产业界环境，使学校教学与产业界环境一致。国家赋予学校的自主权，其实也是一种责任，让其根据企业和社会变化进行人才培养，旨在提高人才质量。中央政府在下放权力的同时还要对教育机构进行定期评估，而不是完全放任不管。这使得教育评价的地位和重要性进一步得到加强，教育机构的自我评价也变得越来越重要。

（二）加强教育提供者之间的合作

芬兰曾出台《1991～1999 年的青年规划》，通过该计划，建立了地方和地区合作网络。通过这种合作网络，当地的中等职业教育机构和普通高中联合起来，共同组织一些指导活动。芬兰于 1999 年颁布法律规定所有的教育提供者都须与当地其他教育提供者合作，中等职业学校所开设的课程必须满足学生个体选择的需要，并要充分利用其他教育机构提供的教育指导。

（三）提升学生学习的空间

芬兰当今的教育发展趋势是尽可能地为每个学生提供个体发展和进步的机会。芬兰的中等职业教育认可学生以前学习的知识和技能，目的是缩短教育时间，避免不必要的教育重复。

（四）鼓励教育提供者联合开发课程

为个体的学习进步创造机会和条件是职业教育改革的长期目标。现在芬兰教育部鼓励教育提供者在国家核心课程基础上设置本校课程，目的是让中等职业教育提供者和其他教育机构联合开发、设计课程，以便学生能学到其他专业知识和普通高中的内容。

（五）实行模块化课程

课程的模块化加强了学生学习的灵活性和选择性。中等职业教育课程由许多学习模块组成，学生可以自行选择并完成适合自己的学习模块。在学生学习过程中，教师还要帮助他们拟定个人学习计划，并给予指导。

五、成效分析

就目前的实施情况来看，改革后的芬兰中等职业教育取得了相当大的成就，促进了国家经济的腾飞。

（一）成功之处

（1）实现了职业教育和普通教育的融合。改革后的芬兰中等职业教育实现了职业教育和普通教育的融合，各类教育相互沟通，衔接紧密。在纵向上，中等职业教育与高等职业教育、普通大学教育上下贯通；在横向上，中等职业教育与普通高中相互平等和沟通。这就赋予了中等职业教育和普通高中平等的地位，实现了两种学历之间的相互承认。

(2) 政府对中职教育的管理体系更加规范化和法制化。改革前，芬兰的中等职业教育主要由芬兰国家政府、市政或市政联盟和民间组织三级管理，级别复杂，隶属关系多极化，不利于对中等职业教育的管理。改革后，芬兰政府把管理权下放到地方当局和学校。政府和地方当局共同出资支持中职教育，采取契约制的管理方式，与中等职业教育机构签订协议，规定教育的目标、核心课程、生源、教育活动管理和其他教育项目等。这种管理方式明确了中等职业教育机构的责任，便于评价、管理中职教育和中等职业教育质量的提高。除此之外，芬兰政府颁布了一些有针对性的法律和法令，制定了相关的教育政策，共同推动中等职业教育的发展。

(3) 树立了以学生为本的教育理念。中等职业教育改革中，芬兰提出了以学生为本的教育理念，改革单向的、以教师为中心的传统教学模式。中等职业学校强调学生的差异性，尊重学生不同的个性，还有针对性地帮助学生制订个人学习计划，并提供专门的咨询指导，以便学生能顺利完成学业，取得职业资格证书。学校还鼓励学生扩大学习范围，拓宽知识面，并且注重培养学生自学的能力。学生的学习方式是灵活多样的，学生可根据自己的学习计划，选择学习内容。学生以前所获得的知识和技能也得到认可，学生可以在更宽、更深的专业领域学习。

(4) 开发出了宽泛、灵活的课程体系。芬兰中等职业学校根据国家的核心课程开发适合地方经济发展和学生需要的课程。课程采用学分制，实行模块化学习方式。课程非常灵活且宽泛，在为学生提供专业知识和技能学习的同时拓宽了学生的知识面。

(5) 加强了职业学校与产业界的密切合作。改革后的中等职业教育加强了中等职业学校同产业界的密切合作，企业可以参与到学校的各个方面。例如课程的开发、学校的管理、学校的教学等。课程体系还引入了在岗培训学习和技能演示项目，这两个学习项目是在企业的工作车间完成的，由学校和企业代表共同设计和做出评价，这样加强了学校和企业的联系和沟通，保证职业教育与产业界的合作质量，缩小了教学和实践的差距，提高了学生的职业能力。学校还从产业界获得了反馈信息，产业界代表认为新的产业工人普遍需要基本技能，但也缺乏对顾客的熟悉了解和团队合作精神；学生局限于某一专业领域，导致学习太狭窄，并且职业教育机构思想保守，观点过时。产业界主张职业教育机构应注重基本技能、良好的职业态度以及创业能力的培养等。中等职业学校通过从产业界获得的这些反馈信息，进一步调整教学，使教学和企业实践紧密相连。

(6) 规范了中等职业教育师资培养和培训模式。芬兰中等职业教育师资培养有一套规范的准入程序和严格的选拔标准，以学位和专业工作经历为最基本的条件，向双师型方向培养。培养出来的中等职业教育师资既是合格的教师，又是某领域的专业技术人员。在师资培训方面，芬兰为教师提供了更多的机会参加在职培训，加强了中等职业教育教师和产业界的紧密联系，并且职业课程教师还要定期到企业参加实践和培训，更新知识和技能。

(7) 增加了中等职业教育的吸引力。芬兰政府在中等职业教育改革中采取的在岗培训学习、加强学生咨询指导、提供接受高等教育的机会等措施增加了中等职业教育的吸引力，降低了中等职业教育学生的辍学率。芬兰的中等职业教育在学生就业和升学方面取得了相当大的成功。

(二) 不足之处

20 世纪 90 年代以来芬兰的中等职业教育改革是相当成功的，但由于种种原因，也有其不足之处。芬兰在教育改革中花了很大的力气提高中等职业教育的地位，尽管其地位有了明显的提高，但还是低于普通教育。芬兰教育界认为，单独的教育改革很难扭转大众对中等职业教育的偏见，要真正赋予中等职业教育和普通教育同等的地位，需要社会的全面改革。中等职业教育和普通高中教育的合作进展不是很理想，没有达到预期的目标，还有待于进一步提高其合作水平，实现中等职业教育和普通高中教育的实质性融合。此外，中等职业教育还缺乏大量的合格教师，师资队伍建设有待于进一步加强。

参考文献

[1] Ministry of Education and Culture. Education and Research 2011-2016：A Development Plan[R]. Helsinki：Ministry of Education and Culture，2012.

[2] Ministry of Education. Education and Research 2003-2008：Development Plan[R]. Helsinki：Ministry of Education and Culture，2004.

[3] Ministry of Education. Education and Research 2007-2012：Development Plan[R]. Helsinki：Ministry of Education and Culture，2008.

[4] Timo Lankinen. Finish Experience in Organizing Skills Competitions-benefits [EB/OL].

http://www.innove.ee. 2010-11-10.

[5] Finnish National Board of Education. VET Policy Report Finland 2008. Progress in the Policy Priority Area for Vocational Education and Training [R]. Helsinki：Finnish National Board of Education，2008.

[6] 刘其晴. 近十年来芬兰增强中等职业教育吸引力的改革研究[D]. 重庆：西南大学硕士论文，2011.

[7] Cedefop Referent Finland. Finland：VET in Europe-Country Report 2009 [R]. Thessaloniki：Cedefop，2009.

[8] Cedefop Referent Finland. Finland：VET in Europe-Country Report 2010 [R]. Thessaloniki：Cedefop，2010.

[9] Centre for International Mobility CIMO. Finland in Focus-Towards 2020 in Vocational Education and Training. Leonardo da Vinci Promoting Cooperation and Development[R]. Helsinki：Centre for International Mobility CIMO，2010.

[10] Norton Grub). Equity in Education，Thematic Review，Finland Country Note[R]. Paris：OECD，2005.

[11] Cedefop Referent Finland. Finland. VET in Europe-Country Report 2012 [R]. Thessaloniki：Cedefop，2012.

[12] Referent Finland. Finland：Overview of the Vocational Education and Training System [R]. Helsinki：Finnish National Board of Education，2008.

[13] Pasi Sahlberg. A Short History of Education Reform in Finland [EB/OL]. 2009-08-31.

[14] Minna Bálint. Development of vocational skills demonstrations through projects [EB/OL]. http://www. edu. fi/aineistot. 2005(3).

[15] Nyyssölä. Midterm Report on pilot projects during the year 2003[R]. National Board of Education. 2005(6).

[16] Marja-Leena Stenström. Connecting Work and Learning in Finnish VET：A Case of Vocational Skills Demonstrations [M]. Paper Presentation for the Symposium of Vocational Education and Training Network. Geneva，Switzerland. 2006(9).

[17] Study programme in care for people with disabilities/Vocational skills demonstration[EB/OL]. http://www. fai. fi/muuta. 2006.

[18] Vocational qualification in social and health care vocational skills demonstration. Vocation Committee of the Joint Authority of Education in Espoo Region. 2006. 7. 9.

[19] Anu Räisänen. The practical realization of vocational skills demonstrations in Vocational education and training in Finland[R]. Finnish National Board of Education，Finland. Paper presented at the EES 2010 conference. Prague. 2010，10.

第四章　芬兰职业资格认证体系和学徒制

第一节　芬兰职业资格认证体系

一、芬兰的职业资格认证体系概述

芬兰的职业教育与培训体系在 1994 年引入“基于能力的资格系统”为基础的。该系统与传统的“学历资格系统”并行，但与后者不同的是，“基于能力的资格系统”需要申请者在“能力测试”中展示特定职业领域“资格要求”所规定的一系列职业技能，达到要求的申请者方可获得相应的职业资格。基于能力的资格系统注重“能力产出”，而对能力的获得途径不做任何硬性要求。在芬兰，接受正规的学校教育并非获得职业资格的必要条件，申请者既可以通过接受正规的学校教育(如职业高级中学、多科技术学院等)，也可以通过学徒制培训、单位组织的在职培训班、网络课程等其他多种途径，获得特定领域的职业资格。有些申请者甚至可以不参与任何培训而仅以其工作经验来获取职业资格。据统计，芬兰每年约有 3.6 万份职业资格申请获批，其中约有 6 670 份是通过这种“基于能力的资格系统”获得的资格认证，且这类申请者中约有 5%并未在参加“能力测试”之前接受任何培训[1]。

二、芬兰职业资格认证方式

1. 通过中等职业学校获取初级职业资格

该方式主要面向以中等职业学校为基础的认证，共涉及人类与教育、文化、社会科学与商务管理、自然科学、技术与交通运输、自然资源与环境、社会服务与健康运动、旅游与家庭经济等 8 个大类共 53 项职业资格包括 119 个选修课程。初级职业资格认证是指在完成基础教育大纲要求的三年职业课程学习后所获得的一种认证资格。普通高中学生完成了两年到两年半学习后亦可取得此类认证资格。三年的课程必须包括至少半年的实习期，共 20 学分(1 学分相当于一周的在校学习)。学生必须修满 120 学分，包括 90 学分的职业课程、20 学分的基础课程和 10 学分的选修课程，其中至少要包括 20 学分的工作场所实习。基础课程(核心课程)包括母语、国内第二语言、外语、数学、物理、化学、社会学、职业与生活指导、体育、卫生与健康、艺术和文化活动。

初级职业资格认证使获得者具备了处理其专业领域各种问题的基本能力，并具备了适应职业生涯需要和更高层次的资格认证所需要的特殊职业技能。取得认证也就意味着具备了申请高等学校的资格，初级职业资格持有者可以直接申请入读多科技术学院和其他普通大学。为了保证职业教育的质量，2001 年芬兰初级职业资格认证的技能考试开始实行由教育机构会同工商企业或其他行业的代表合作设计。

2. 获取高级和专业职业教育培训资格

高级和专业职业教育培训资格主要面向成人以职业技能为基础的考试，不强制考生参加培训，通过能力测试证明自身职业技能。由专家和雇主组成的考试委员会实施考试。

3. 参加学徒培训

参加学徒培训是另外一种可以通向各种职业资格认证的途径。学徒培训是指教育实施者、被雇佣者和雇佣者共同签订定期就业协议后的培训。参加学徒培训也是取得初级职业认证资格的一种方式，通过这种途径取得认证资格的人数正在逐年增加。每年全国大约有 45000 名学生接受以在校学习为主的初级职业教育，另有 6000 名学生选择学徒培训教育。2000 年初芬兰全国共有 226 所初级职业认证资格培训机构，其中 51 所为市属，68 所为省属(市政联邦)，其余 107 所为私立。国家拨款占全部培训机构运营成本的 57%[2]。

三、芬兰职业资格体系的特点

芬兰能力本位的职业资格体系建立于 1994 年。芬兰教育部负责制定职业资格证书的结构，而芬兰国家教育委员会则负责制定职业资格证书的标准和建立职业资格证书委员会。建立这一委员会的目的是为了保证证书制度的公平、公正和公开。该委员会由雇员、雇主、教师及独立机构或个人的代表组成，任务是监督职业能力考试的实施并颁发职业资格证书。1999～2000 年，芬兰国家教育委员会对这一自 1994 年以来实施的制度进行了一次全国范围的评估。评估的重点是该职业资格证书制度的实施效率、核心成分和目标结果，并以 1999 年的执行情况对该职业资格证书制度在促进成人职业教育的作用方面进行了具体分析。这表明，芬兰职业资格证书制度实现了下述目标。

1. 职业资格的获取灵活多样

芬兰参加职业资格认证的人数比例有逐年增加的趋势。芬兰为在职人员提供能力认证，让已有多年工作经验者，取得基本认证，再依序取得高级职业认证和专门职业认证。认证课程大约要三年，加强能力的大约一至两年。来上课的在职人员居多，除了失业人士及新移民，大部分不是全时的学生，而是半工半读或是夜间来上课的。他们的教师最重要的是都要有工作经验，也有教师是由成功的中小企业界而來，再至技术学院补修一些教学方法的课程，教师不见得有很高的学历，也有的是因经营中小企业成功，再把其经验传授给学员。培训完成后可以接受能力本位测验，以证明所获取的相关职业技能。而从业人员也可接受这种测验，以获取特殊职业证照及继续职业资格。他们的学生差异有可能很大，单单年龄就可能差很多，而如何照顾好他们，取决于为他们设计的课程。

2. 职业资格证书制度的实施提升了能力本位教育思想的社会地位

芬兰的就业准入制度相当细致、严格，例如理发师、缝纫师都需要有职业资格证书才能入行就业。严格的就业准入制度是为了提高劳动力素质，建立一个涵盖整个职业教育领域的资格认证体系，职业学校必须根据职业资格认证的要求来设置专业与课程，以适应就业准入和劳动力市场的需要。

这一证书制度的建立为成年人提供了测试自己职业知识和技能水平并获得相关资格证书的机会，而无须事先提供自己的学历证明。这意味着职业资格证书的获得与教育途径无关，只与个人能力有关。芬兰在实施这一职业资格证书制度的过程中，积累了许多有益的经验，取得了瞩目的成绩。

3. 职业资格证书制度的实施促进了需求驱动的职教改革发展

在职业资格证书制度实施的过程中，劳动市场的需求成为人们报考职业资格证书和参加相关培训的“晴雨表”和“方向盘”，特别是由于构成劳动市场要素的用人单位、职业教育办学者及受益者，都有代表参加职业资格证书委员会并参加对这一证书制度的评估，形成了市场机制与利益机制的良性互动。尤其是那些在参加职业能力考试的人群中，一些已获得一级职业资格证书的青年人占有相当大的比例。

总的来说，虽然职业能力考试所涉及的职业知识和技能的内容基本符合相应职业的要求，但有些考试内容却与实际要求相去甚远，这与职业资格证书委员会的工作不够深入有关，为此，芬兰国家教育委员会采取以下措施以求解决这一问题：

一是对职业资格证书制度的管理和教学人员进行培训。这些人员包括职业资格证书委员会的成员和职业能力考试培训班的教师，其目的是通过培训使他们逐步成为职业资格证书制度实施或职业能力考试培训的专家。

二是对职业资格证书制度的教学和考试机构进行认证。凡是已经或打算开展职业资格证书培训以及已经或准备实施职业资格证书考试的机构，都要向芬兰国家教育委员会提出申请，由其对这些机构的资质和职业水准进行评估和认证。

4. 职业资格证书认证是一种动态的教学评价

根据学校开设的课程，在学生参加完真实的在岗培训后，学校和产业界代表通过现场实践对学生进行考核，重点测验学生是否达到课程所确定的职业能力目标，然后根据学生的实际能力出具相关的证书。这种证书是贯穿整个3年的学习过程的。职业资格证书是根据劳动力市场需求反应设计的，目的是让学生获得工作生活所必需的职业技能。职业资格证书为学生提供了申请去普通大学和多科技术学院接受高等教育的基本资格条件。职业资格证书的基本条件是完成基础教育大纲所要求的内容。职业资格证书是以工作生活的职业要求和能力需求为基础的，以前培训所学的知识和技能可计算在资格证书当中。职业资格证书使学生在学习中个人进步的机会得到增强。职业资格证书为学生进入工作领域从事不同的职业提供了综合的技能以及进入某一领域的专业技能。由于企业和用人单位直接参加到证书的制定与评价中，提高了证书的可信度和可靠性，表明了职业教育中职业实践的含量，因而受到职业学校和企业界的普遍欢迎；学生通过对自己在真实职业情境中培训效果的评价，对自己的学习成果与不足有较全面的了解，激发了主动学习的动机，明确了提高和开发自己职业能力的方向。为保证证书的顺利实施，芬兰还采取了确保在岗培训学习的安全、促进在岗培训学习的国际合作及开展全国范围的在岗培训学习评估等措施[3]。

四、引入企业本位的能力评价证书

长期以来，芬兰的职业教育是学校本位的。在教学内容方面采取全国统一的核心课程模式，各地在核心内容的基础上依据本地具体情况制定适合学校的校本教学计划。课程内容虽然也有实践教学部分，但基本上都是在学校里进行的。因此，学校本位的教学内容和学习方式与实际的职业实践及需要相去甚远。为提高毕业生的职业能力，促进学校教育与企业实践的结合，芬兰教育部在"欧洲社会基金会"的经费支持下专门设立了一个改革委员会，从1996年到2001年开展名为"构建职业教育通往就业世界的桥梁"的典型实验。2001年初，芬兰教育部在总结典型实验的基础上开始进行职业教育改革。

这次改革的主要内容是鼓励更多的青年接受以培养技术工人为主的职业教育；规定正规的职业教育，即职前教育的学制统一为三年；保证学生要参加至少6个月与专业有关的职业劳动岗位培训，同时引入企业本位的职业能力评价证书。

由于这次改革的目标定位于提高学生的职业能力，满足经济发展和劳动市场的需要，为此强化岗位培训就成为改革重点。芬兰教育部狠抓了职业学校教育与企业实训岗位之间的相互协调、学校专业教师与企业实训教师之间的相互合作、职业学校与培训企业之间的信息交流以及职业能力考核标准的确定等方面的工作。

职业能力评价证书制度由职业学校负责组织，但在培训企业里进行。其具体做法是：根据学校所开设的课程内容，在学生参加与课程有关的劳动岗位培训后，由学校及培训企业的实践现场共同对学生进行考核，重点测试学生是否已达到课程所确定的职业能力目标，然后根据学生的实际能力出具相关的能力评价证书。这种职业能力评价证书的签发贯穿整个三年的学习过程，老师和学生在每次岗位培训后都由企业实训教师和人力资源专家对学生所获得的职业能力按照企业的实际要求进行全面测试，这也是对学生学习成果的动态评价。

已有的试点成果表明，采取职业能力评价证书的优点是：第一，由于企业和用人单位直接参加职业能力评价证书的制定与评价，提高了证书的可信度和可靠性，表明了职业教育中职业实践的含量，因而受到职业学校和企业界的普遍欢迎。第二，学生通过对自己在真实职业情境中培训效果的评价，对自己的学习成果与不足有较全面的了解，激发了主动学习的动机，也明确了提高和开发自己职业能力的方向。为保证证书的顺利实施，芬兰还采取了确保岗位培训的安全、促进岗位培训的国际合作及开展全国范围的岗位培训评估等措施。

第二节　芬兰学徒制培训

作为职业教育和培训的一种形式，芬兰的学徒制培训具有悠久的历史。早在1923年芬兰政府颁布的《学徒制培训法》中，学徒制培训就已确立了自己的法律地位。20世纪90年代，经济不景气、就业困难等因素促使芬兰政府重新认识并推动学徒制培训发展，立法上的持续支持强化了学徒制培训的地位与作用。芬兰学徒制培训的特色主要表现为：实施由政府直接拨款和企业间接拨款构成的财政拨款机制[4]。

一、芬兰学徒制培训的发展背景

作为职业教育的形式之一，学徒制培训在实现产教结合等方面具有传统学校职业教育无可比拟的优势。因此，芬兰的学徒制培训在20世纪90年代后期有了极大的发展。根据芬兰教育部的统计，1993年学徒制培训的学生总数为6 900名，1997年则增至22 509名。

20世纪90年代的经济低迷导致芬兰的失业率居高不下，1992年失业率曾一度达到18%。为缓解就业压力，也为解决经济问题，芬兰在采取一系列的经济调控手段之余，大力发展多科技术学院。这一举措不仅推迟了一部分学生的就业时间，使劳动力市场的压力得到缓解，还使多科技术学院培养出来的学生能够很好地适应劳动力市场不断变化的需求。在这种情形下，学徒制培训因其在缓解就业压力方面得天独厚的优势逐渐在芬兰的职业教育和培训体系中占有一席之地。

芬兰政府在历年的职业教育和培训立法中对学徒制培训均有提及，并且分别于1923年、1967年和1992年专门颁布了《学徒制培训法》。其中1992年的《学徒制培训法》规定了学徒制培训的实施过程（包括学徒合同、培训期限、资格证书等），为学生提供了坚实的法律保障。1994年5月正式实施的《职业资格证书法》规定，通过学徒制培训可获得初级职业资格证书、高级职业资格证书和专门职业资格证书。这一规定使得学徒制培训可与传统的学校职业教育平起平坐，从而大大增强了吸引力[5]。

二、芬兰学徒制培训的基本特征

（一）概念及形式

（1）学徒制培训是通过学徒合同将企业实践操作和学校理论学习相结合的一种职业教育形式。学徒制培训是一种组织化、系统化的社会行为，国家、学校除了给予学徒制培训以道义上的支持外，还要给予制度、法律上的保障，系统的管理体制已取代过去约定俗成的“规矩”成为调整师徒关系的基本准则。学徒制培训实行交替式培训和学习，学生约2/3的时间在企业接受培训，约1/3的时间在校学习理论。

（2）学徒制培训是指教育实施者、被雇佣者和雇佣者共同签订定期就业协议后的培训，需给学徒制订个人学习方案。国家核心课程和相关基于能力的职业证书指南是制订学徒个人学习方案的基础。个人学习方案详细说明了学生需要获得的职业证书等级、学习内容的范围、主要任务、理论教学、实践教学、课时安排、教师的责任以及其他与职业证书授予相关的问题。学习方案的制订需要考虑学生先前的教育经历和工作经验，由学生、雇主和地方行政当局协作拟定并附加在学徒合同上。根据定期的学徒和雇主之间所签订的书面就业合同开展学徒制培训，重点强调在职学习，注重实践操作与理论教学的结合。评估由雇主和理论教师共同完成，将对车间培训和理论教学的评价融为一体，共同用于职业证书的认证。

(3) 学徒制培训中大约70%～80%的时间都在车间进行实习操作，由一名在职教师负责，作为补充内容的理论学习则可以在职业教育机构、职业成人教育中心或者其他教育机构进行。为了获得参与学徒制培训的资格，企业必须广泛开展生产和服务活动，制备开展学徒制培训所需要的硬件设施，并安排必要的人员担任学徒教师。年满15周岁、完成义务教育的学生方可签约，雇主根据集体劳动协议支付学徒工资。不同学习领域的工资不同，雇主只需支付学生在车间培训操作工时的薪酬。

(4) 学徒制培训注重在岗培训。学徒制培训具有独特之处，即注重在岗培训，主要强调通过工作进行学习，结合理论和实践学习。在岗培训由企业中的培训指导者在工作环境下进行，理论学习主要由职业教育机构来负责。芬兰规定，18岁以下的学生学徒工资为国家最低工资标准的50%～70%，18～24岁的学生为70%～90%。通过学徒制培训学生获得了经济上的补偿和独立，提高了职业教育的吸引力。通过工作进行学习。这种做法使得芬兰的学徒所学习的主要知识和内容都是为了实际工作而准备的，并且边工作边学习，可以使得学徒能够直接从工作中汲取经验，获得必备的技能知识，更可以使学徒学习到取之于社会当中的知识文化。这样就避免了学校教育的过于理论性的知识与实际工作当中过于实践性的内容相脱离的情况。

(5) 针对成人的学徒制职业培训，平均年龄30岁，由政府学徒制培训指导中心参与，学徒与雇主签订雇佣合同，合同期限覆盖整个学习过程。学徒有工资，学习之前对学徒的已有工作经验进行评估，已经掌握的技能可不再学习，学徒需要到职业学校学习理论知识，学习时间最长为3年，一般为1～1.5年，学习结束以后经过考试和技能演示合格，获得职业资格。技能演示考核由雇主和学校在学习的最后6周内以现场观摩的形式完成。政府对招收学徒制的雇主给予奖励，对于那些招收失业人员学徒的雇主给予更高奖励，以减少失业。

（二）实施过程

由于芬兰政府制定了多部学徒制培训相关法规，因此学徒制培训的开展和实施显得相当规范。由于学徒制培训既是一种培训形式，也是一种用工形式，因此芬兰政府规定受训者的年龄不能低于15岁。在培训开始之前，受训者必须与雇主或企业签订一份学徒合同。学徒合同实际上是一种将受训者和雇主相结合的雇佣合同，它规定了培训内容（由雇主与受训者协商而定）、培训期限（4个月至4年不等）、学徒工资（在其他学徒制国家一般为熟练工的50%；在芬兰则高达 80%～90%，但在理论学习期间没有学徒工资）、工作时间（在芬兰，一天工作不得超过 8 小时，一周不得超过 40 小时）、双方的权利和义务（受训者必须有能力胜任该工作，而雇主也必须为受训者提供合适的任务并指派一名师傅指导和监督其学习）等内容，受训者通过可获得等级或资格证书的考试后，学徒合同就自然终止。

学徒制培训的实施则以培训单位和 15 岁以上学员之间签订的一份固定期限的“学徒雇佣合同”为基础。在签订合同时，学员、培训单位和培训提供方还要基于学员自身需要以及全国教育委员会制定的国家核心课程或该领域“基于能力的资格”的“资格要求”，制定一份个性化的学徒培训计划，申明学员通过此次培训所要获得的职业资格类型、核心培训任务、理论学习内容、培训时间、实习导师职责等。在实际的生产、服务情景中进行技能训练；补充性的理论教学则在中等职业学校、职业成人教育中心、民间中学等机构中完成。相应地，学员最终的培训成绩也分为实践培训成绩和理论学习成绩两部分，分别由培训单位和职业教育机构评定，且均将呈现于学员最终获得的职业资格证书之中。在实践培训阶段，培训机构需向学员支付实习工资，工资水平大致等同于同一领域熟练技工工资的 80%，但培训单位可以从培训提供方处获得一定的财政补助以补偿其培训成本；在理论培训阶段，培训单位不支付实习工资，但实习生可通过社会福利获得生活补贴。

芬兰各地都设有学徒办公室，大部分学徒办公室属市政当局或联邦所有，虽然它们的名称不尽相同——有些地方称为学徒中心，比如库奥皮奥学徒中心，有些地方称为学徒制培训中心，如凯米·托尔尼奥学徒制培训中心，但它们的职责和作用都是管理和监督学徒制培训的实施，当然也包括协调和指导雇主和受训者签订合同。学徒制培训以技能学习为主，约占总培训时间的 70%～90%。由于芬兰各个地方的经济特色以及风俗习惯不同，培训内容也明显带有地区性色彩[6]。

受训者在培训结束后要接受理论和操作技能两项考试。受训者一般可获得两种资格证书：一种是按照学生在企业和学校中的成绩分成的等级：非常好、好、满意，另一种是初级职业资格证书，而能否获得高级职业资格证书和专门职业资格证书要视受训者的成绩而定。

（三）经费来源与拨款方式

芬兰是一个具有福利传统的国家，比如免费的公立教育系统，其教育支出占 GDP 的 7%。学徒制培训也从中获益匪浅，其经费来源可分为两种。

1. 直接经费

直接经费包括州（教育部门和劳动部门共同拨付）和市政当局的拨款、学生学费、欧盟社会基金会 的资助。其中州政府的拨款约占56%，是主要经费来源。

2. 间接经费

间接经费主要指企业付给受训者的学徒工资。为规范经费使用，芬兰政府为高级职业培训和专门职业培训经费预算规定了一个最高额度，以防止由政府和企业共同出的经费被企业用于培训自己的员工，初级职业培训则没有这一规定。

芬兰学徒制培训的拨款方式在1999年发生了一个显著的变化。1999年之前，预算经费由州教育部直接拨给当地学徒制办公室，再由其进行分配；而1999年之后，预算经费直接拨给了地方学徒制办公室的负责机构——市政当局，再由其进行分配。这种变化在规范拨款机制的同时，无疑对市政当局的责任感、判断力提出了极高的要求。

三、中国上海对芬兰学徒制的学习和借鉴

在芬兰，学徒培训制度规定年轻人必须是15岁以上同时接受完基础教育才可以参加学徒培训这种方式，不过一般成人参加的比较多，所有参加的人员经过一定的考核都可以获得职业资格。学徒制培训围绕国家核心课程和相关职业资格所需技能而展开，培训项目由学生、雇主以及地方管理当局以合作的方式共同推进。学徒制培训注重在岗培训，主要强调通过工作进行学习，结合理论和实践学习，近70%～80%的时间用于培训场所的学习，培训由企业中的培训指导者在工作环境下进行，理论学习主要由职业院校负责，可以是职业成人教育机构也

可以是其他职业教育机构[7]。

作为发展职业技能的一个关键策略，学徒训练是由政府立法，规定雇主和学徒的权利和义务，制定培训规则、培训框架、培训要求、培训内容等。这种学徒制的培训方式可以说是一种行动导向的培训方式，注重实践性，把学员学到的理论知识与实际操作相结合，使学员能够深刻理解理论知识，加强实践技能，真正了解企业的运作方式，真正体验职业的要求，而且一旦学员经过这种培训通过相关的考核后即可获取职业资格证，这进一步促进公民参与学徒训练这种方式。

2013年8月19日～9月8日，在上海市教委的统一领导下，由教育部国际合作与交流司、同济大学职业技术教育学院组织开展上海教师赴芬兰先进职业教育经验学习。学员们发现，芬兰非常崇尚技艺。在社会地位和经济收入上，熟练的技术工人与白领没有明显差距。一个好的技术工人每小时工时费为13～20欧元，相当于99～153元人民币。在芬兰，典型的学徒制培训包括如下内容：交替式培训和学习，约2/3的时间在企业培训，约1/3的时间在学校学习理论知识；学徒工与企业雇主签订学徒合同；企业指派一名师傅指导和监督学徒工，在企业接受生产技能的培训；学徒工在学徒期间享受学徒工资；企业主、职校老师、学生等为学徒量身定做学习实训计划、共同制定实训内容和培训合同；培训结束后，经"展示"合格授予国家承认的职业资格。这一制度，不但使得大部分学员能够被原企业录取，且学员在培训后具有极强的实践操作能力。上海老师们在vi-itaniemi校区的餐饮部参观了现代学徒制培训。Kirsi Kovonen女士给大家介绍了学校餐饮部的几个学徒工，让大家圆桌式询问学徒制。负责培训的Anna Korpi介绍了学徒制培训的优势：首先是学徒制能为学生量身定做实训计划，培训同就业有着更密切的联系，学徒工的就业前景比较明朗，大部分学徒工结业后能被原企业录用。例如，于韦斯屈莱学徒工毕业后的录用率达到90%～100%。其次是实训内容由社会合伙人共同制定，适应企业的需要，突出对学徒工实践操作能力的培养。最后，学徒工在企业接受培训不但不缴纳学费，而且还享受学徒工资，一般拿熟练技术工人工资的80%～90%，以后按比例逐年增长，大大提高了学徒工的经济独立性，这也是学徒制培训具有吸引力的其中一个原因。

为培养具有国际视野的高素质技能型师资队伍，2014年6～11月，上海进行了中芬职业教育教师培训试点项目。首批学员为60名闵行中职教师，他们接受了芬兰职业教育教师的培训，包括数控专业、楼宇智能化设备安装与运行等3个专业。芬兰在沪有逾200家的企业与合作伙伴。中职教师王谦说："芬兰专家带我们参观考察了几家机械加工类企业，我们见到了以前没有见过的、甚至只在书本上提到的机械设备，开阔了眼界；亲眼看到工人们的工作环境时，体会到他们工作的艰辛和劳累。"

2014 年 12 月 10 日，上海在群益职业技术学校成立首个中等职业教育国际合作中心——中芬职业教育卓越中心。该中心与跨国企业试点现代学徒制，借鉴芬兰现代学徒制的经验和成果，进行招生与招工一体化尝试。中芬职业教育卓越中心主要承担职业教师国际交流和培训、国际职业资格认证、教师学生交流互访、国际课程引进、实训中心合作等功能。未来该中心将引进国际课程，同时还将探索借助国际优质教育资源，帮助学生打通中高/本贯通的国际路径。该中心今后将成为职业教育杰出人才的孵化基地，上海的职业教育教师能经该基地走出国门，获得国际证书后再回来推动我国职业教育的发展。

第三节　芬兰学徒制培训的质量管理策略

为帮助培训的组织者建立一套完善、高质量的培训体系，也为激励培训参与者的团结协作，更为促进培训质量，芬兰国家教育委员会于 2003 年起草了《学徒制培训的质量管理》。该报告在概述学徒制质量管理的基础上提出了质量管理的策略，采用“芬兰质量奖”和“欧洲质量奖”为标准的质量管理机制，为评估培训质量提供了初步的标准[8]。

一、优质培训的前提条件

只有具备充足的物质资源、人才资源、勇于承担责任的管理者和职工、团结的合作者以及一套运作流畅的体系，培训质量才能有所保证。

(1) 管理。管理这一因素贯穿于培训的全过程，是实现培训目标的前提条件。《学徒制培训的质量管理》规定，优质的管理至少应达到以下标准：明确负责管理的人选；确保必要的物质资源以达到预定目标；培训目标应与国家目标、原则相一致；将培训机构的价值观、目标传递给职工、受训者及相关组织；促进持续学习，与他人共享信息；提高职工福利。

(2) 职工。评价学徒制培训机构职工的标准有：积极主动、善于与他人合作和沟通；能够发觉手头上哪些事情比较重要；能依据自己认定的原则调节自己的行为；能认清目标，判断出主要受训者及应该为其提供什么样的服务。为提高职工的积极性，培训机构应制订合适的将学徒制培训特点融入其中的策略，并制订一套鼓励和奖励机制。

(3) 物质资源。这一因素包括经济环境、工作环境等，比如设施、设备、器械、原料。物质资源是培训开展的基础，物资的缺乏必将使培训活动陷入泥潭。越是具备先进的设备、器械和安全舒适的工作环境，培训的质量就越容易达到一个新的高度；从管理的角度看，购买经济实惠的设备比一味追求豪华奢侈更有利于培训活动的良性循环。

(4) 信息和数据系统。《学徒制培训的质量管理》指出，信息和数据是培训能够持续的先决条件，因此培训机构应该努力开发一个基于网络的数据系统，将培训过程中的各种资料存入数据库中，并设置相应的访问权限，以便不同的人获得不同级别的数据。

(5) 合作者。学徒制培训开展过程中的人员包括组织者、职工以及相关组织(对培训感兴趣并参与其中的组织)。培训质量很大程度上取决于培训领导机构的竞争力水平，比如雇主、培训组织者、技能测试者的能力和素质。从长远看，培训质量也受职工以及合作者对培训的共同目标、原则的认同度的影响。因此，组织者不仅要在培训开始之前选择合适的合作者，更要在培训过程中及时协调好与合作者之间的关系，确保相互之间在共同目标、共同原则上达成一致。

二、质量管理系统与控制方法

质量管理系统在系统指导、管理等方面为培训组织者提供支持。1998 年公共服务质量计划提议，采用“芬兰质量奖”的标准来管理和评价公共服务的质量。芬兰还成立了“欧洲质量奖”标准。这些质量奖模式的实质大同小异，并且都可以应用于学徒制培训质量管理中[9]。

质量管理控制方法是指在质量管理中为达到所需目标而运用的工具，包括图表、数据等。恰当使用这些工具能确保培训的服务质量，满足受训者的各种不同需求，芬兰较为常用的质量控制方法有以下几种。

(1) 对称记分卡。这是用于策略管理和评价中的一种方法。它从以下 4 个方面来评价培训组织：经济状况、培训对象、过程、学习，其出发点是将培训组织的前景、策略转化为现实目标。

(2) 排名。排名的出发点是促进培训机构在培训过程中的知识和经验交流，通过排名的方法促进其改善管理、改进培训质量。

(3) 员工审查。它是有关员工医疗、福利等情况的一个年度报告，也能作为评估培训机构的一个工具。

(4) 质量审查。它主要用于评估培训机构的运作以及培训结果是否达到既定目标。

(5) 质量指南。它是指用来描述整个培训组织的运作概况的手册或小册子，其内容包括培训机构的活动开展、基本原则、培训对象、新员工介绍等。

(6) 技能测试。技能测试指创造一种与工作相似的环境来测试学生在核心技能上的实际职业竞争力或水平。该测试由企业里的师傅和教育专家共同负责，其目标为确定培训和学习的效果。

(7) 学习承诺。学习承诺的首要任务是帮助学生学习，以满足既定目标，学生的个人学习计划也可看作学习承诺的一种形式，学习承诺在职业培训中颇为流行。

（8）服务承诺。服务承诺即培训组织者向受训者所保证的培训质量、培训方式。

参考文献

[1] Background Report：Polytechnic Education in Finland[EB/OL]. http://www. oecd. org.

[2] latti Kyr. Vocational Education and Training in Finland Short Description. Luxembourg：Office for Official Publications of the European Communities，2006.

[3] National Board of Education. Vocational Education and Training in Finland：Vocational Competence，Knowledge and Skills for Working Life and Further Studies[EB/OL]. http://www. opetushallitus. fi，2014-1-2.

[4] Statistics Finland. Current Expenditure on Regular Education System by Type of Expenditure1995-2011[EB/OL]. http://www. stat. fi，2014-1-13.

[5] National Board of Education. Performance Indicator for Initial Vocational Education and Training in Finland 2011[R]. Finnish National Board of Education Publications，2011：1，6.

[6] 张平. 芬兰职业教育管窥及启示——以 Helsinki City College of Technology 为例[J]. 中国校外教育，2014(15).

[7] 朱荣玉. 芬兰职业教育之印象[J]. 上海教育，2014(6).

[8] 雷建龙，冯雪姣. 瑞典、芬兰职业教育改革及启示[J]. 职业技术教育，2006(4).

[9] 姜大源. 职业资格、经费投入和能力评价——芬兰职业教育的改革现状[J]. 职教论坛，2002(21).

第五章　芬兰多科技术学院

芬兰的高等教育几乎每年都被每一届世界经济论坛评为最佳。芬兰的高等教育体系包括两个互补的部分:大学和多科技术学院,前者的任务是进行科学研究,以及开展本科和研究生教育;后者的任务是培养适应市场需要的应用型技术人才,促进地方经济发展。多科技术学院已经获得了芬兰社会的广泛认可乃至高度评价。芬兰多科技术学院的成功,很大程度上得益于其明显有别于传统研究型大学的办学定位,即致力于面向社会需求的应用型人才培养。

第一节　芬兰高等教育简介

一、芬兰的大学

虽然芬兰至 1917 年才宣布独立,但其高等教育体系在瑞典统治下已开始发展,于 1640 年设立第一所大学。目前芬兰共有 16 所大学,大学享有相当高的自主和研究自由,所有的大学都是公立的,政府透过核心经费、表现本位经费和项目经费等三种不同的拨款方式给予大学经费,其中核心经费主要是用以进行教学和研究,而表现本位经费和项目经费则与大学的表现及竞争发展有关,大学每年从政府获得的经费补助学占其预算的 64%。[1]

芬兰大学综合大学本硕连读学制为 4.5 至 6 年,修满 270 个欧盟学分,颁发硕士学位。攻读硕士学位需 2 年,硕士攻读博士学位则需 5 年时间。本硕连读多为芬兰语授课专业,学士攻读硕士开放英语授课的国际课程专业。芬兰大学的课程很自由,学生可以个人爱好自由选择选修课程。在芬兰大学有两种学习方式,一种方式是去教室听老师讲课,然后参加考试;一种方式是学生不用去课堂听课,有些学科的课程可以只看课本,不用听老师授课,到时直接参加考试。后者多用于选择芬兰语授课专业的国际学生。

二、高等教育的管理

就高等教育的行政而言,教育文化部是芬兰政府中的主要决策及规划单位。教育文化部负责制定高等教育相关政策和法律、法规,经由芬兰国会通过后实施。教育文化部内设有高等教育和科学处负责推动高等教育的相关政策。高等教育机构的研究由教育文化部和芬兰科学院推动，教育文化部下设科学政策处发展和提升研究的政策，芬兰科学院则负责人才的培训、重要科学计划的实施和卓越研究中心的推动等政策。[2]

芬兰政府设有国际交流中心负责推动高等教育的国际交流和合作，并设有芬兰高等教育评鉴委员会专门负责高等教育的品质保证推动。政府对于高等教育的主要政策方针和发展目标主要体现在制定了《教育和研究发展计划》，这是一个由政府依据教育和研究的政策目标来拟订的六年发展计划。政府在计划实施过程中每隔两年即会进行评估。以 2007 至 2012 年的《教育和研究发展计划》为例，高等教育的发展被列为这个阶段的优先事项，发展的重点包括大学结构的发展、财务和行政的自主以及增加顶尖国际专家和建立更有效能的高等教育单位等。

1999 年芬兰签署加入博洛尼亚历程，配合博洛尼亚历程的推动，2001 年芬兰教育部设立了一个工作小组以提升芬兰的国际化程度并提出发展策略。由于芬兰多科技术学院的课程设计强调的是结合工作生活和区域发展并重视应用科技的能力，希望培育学生未来职业发展的潜能，以往多科技术学院并未授予硕士学位，仅提供学士学位课程，面对博洛尼亚历程中多数参与国家的二阶段学位制度设计并考虑多科技术学院学生的进修需求。从 2002 年 1 月 1 日至 2005 年 7 月 31 日展开硕士学位课程先导实验阶段，由一些多科技术学院尝试进行授课。在《2003～2008 年教育和研究发展计划》中，芬兰政府提出立法使研究所学位课程成为多科技术学院的固定体制，并在不同领域和不同技术学院提供这个学位。除了多科技术学院学位的改变，1999 年后开始强调学生的国际交流、高等教育品质保证政策的国际合作。博洛尼亚进程不仅意味着区域合作和迎接全球化的挑战，更在于将芬兰建构成为欧洲教育和研究领域中具影响力的角色。

芬兰高等教育的政策改变深受国家经济和区域发展的影响，政府具有重要的主导力量，其做法是透过实验寻求解决问题的共识，探讨可行的策略，之后再计划性地推动，高等教育机构的经费主要来自政府的补助。重视高等教育对经济和区域发展的影响并强调均等的概念，包含入学机会的均等与机构的一致性，多科技术学院和大学之间也被认为是差异却均等的关系。

三、芬兰高等教育的双轨制发展

1640 年至 1990 年，芬兰高等教育经历不同的变革而逐步发展出现今双轨制的高等教育制度。2000 年，芬兰的二元高等教育系统已完全确立。芬兰政府参照德国的二元高等教育体系，即高等教育分为独立的大学教育部门和技职教育部门，同时也受到荷兰高等教育机构合并的影响以及挪威发展地区性高等院校的启发，逐渐在已有的大学教育体系外，建立起新的高等教育部门——多科技术学院。在芬兰接受过高中教育的学生同中国的学生一样有两个选择:去大学深造成为学术型人才或去技术院校成为技术型人才。与中国不同的是这两条道路在芬兰已经无缝对接:3～4 年的技术教育培训后可获得学士或硕士学位,甚至到研究型大学继续深造;而研究型大学中的学生也可以选择到技术院校接受技术培训,这就是芬兰高等教育的双轨制,其中与众不同的"一轨"便是多科技术学院(应用科技大学)[3]。

这种灵活的双轨制诞生于 20 世纪 90 年代的高等教育改革。20 世纪 80 年代以前,芬兰为工业部门培养技术人员的职责一直由分布在各地的 200 多所职业技术学校承担。然而到了 80 年代末,这种职业教育系统已经难以提供足够的高级职业技术人员。因此,芬兰在 20 世纪 90 年代进行了高等教育改革,其中的重要举措便是设立多科技术学院,负责为劳动力市场以及地区发展所需领域培养输送大量专业人才。这不仅为更多高中毕业生提供了深造机会,更重要的是保证了劳动力市场的供需平衡。这些院校很快发展成为芬兰研究型大学互为补充的独特部门,形成了双轨制的芬兰高等教育体制。

第二节　芬兰多科技术学院产生与发展

芬兰多科技术学院教育能取得如此成就的原因,除了芬兰政府的高度重视之外,最重要的是 20 世纪 90 年代以来芬兰高等职业技术教育的改革。多科技术学院(AMK)的建立形成了与普通大学共同发展、相互补充的双元格局。

一、多科技术学院产生的背景

1. 高等教育大众化思潮的影响

20 世纪 90 年代以前,芬兰的学制结构由分别实施基础教育、中级教育和高等教育的学校构成。基础教育由综合学校完成,学制 9 年,为义务免费教育,学生入学年龄 7 岁,所学课程全国统一。中级教育由普通高中和职业学校完成,普通高中的学制为 3 年,主要是为进入大学深造的学生所设;职业学校学制为 2～3 年不等,由学生所学专业而定。芬兰的高等教育主要是由大学完成。大学的基本使命是进行科研以及提供教学,其基本原则是研究自由与大学自治。由于大学的数量较少,申请进入大学的竞争相当激烈。大学的教育是以研究为导向,对职业教育重视不够;大学培养的职业人才在数量上和质量上都不能满足社会职业领域的需要。随着 80 年代末芬兰社会民主化运动的开展,高等教育大众化的呼声越来越高。提高高等教育入学率,使适龄人口能够接受高等教育,以及在国际市场取得成功,成为芬兰的基本国策。为了满足国民对高等教育大众化的需求,芬兰政府建立了非大学的高等教育机构一多科技术学院。[4]

2. 国内经济、社会环境和劳动力市场的变化

1981 年经济合作与发展组织(OECD)发表的有关芬兰教育政策报告中提议芬兰建立大学的另一层次——多科技术学院,以满足国家教育的需要。但当时芬兰政府认为这项建议是不可行的,因为它背离了国家未来教育体系的发展方向。然而芬兰经济从 1990 年下半年起出现严重衰退。90 年代初,芬兰的高学历者也面临着失业的危机,在 80 年代中期的芬兰,那些没有大专学历的就业者面临失业的概率是有大专学历就业者的 8 倍;在 1991 年具有大专学历的就业者成功就业的可能性只是一般就业者的 4 倍。芬兰已经逐渐步入老龄化社会,老年人数量持续增加,但出生率却不断下降,年轻人越来越少,某些工业领域,例如生物工程,急需年轻的高素质人才;并且人的寿命越来越长,需要更多的服务人员从事社会福利和保健工作;在教育部的支持下,芬兰高等教育的信息专业发展迅速,但缺乏有资格的教师与研究者。

当时的教育培训体系不能适应劳动力市场不断变化的需求以及变化的国际环境,特别是在职业教育领域。芬兰职业教育的结构相当僵化,职业教育被分成几个不同的领域,每个领域都有自己的学校和研究所。这些学校和研究所从规模上来说非常小,而且它们之间没有合作。中等后职业教育在整个职业教育中的地位更是无法定义,严重影响了芬兰教育与其他欧盟国家的可比性。职业教育的现状和劳动力市场对综合性人才的需求迫使芬兰政府重新定位产业发展的方向,并大力发展高等职业教育一多科技术学院,以满足知识经济社会对高级技术人员的大量需求。

3. 高等教育入学率走低及劳动力市场的需求变化

由于原有的高等教育体系比较单一,20 世纪 90 年代以前芬兰的高等教育入学率一直处于比较低的水平。20 世纪 90 年代以前,芬兰有 20 所大学,由于大学数目较少,入学竞争相当激烈,所有申请者必须参加大学组织的入学考试,每年只有 1/3 申请者能被录取。此外,这时大学的教育是以学术教育为导向的,这也严重阻碍了高等教育入学率的实现。自 20 世纪 80 年代开始,芬兰大学培养的职业人才在数量上和质量上都不能满足职业领域的需要。当时芬兰的教育培训体系已经不能适应劳动力市场不断变化的需求,那时教育培训体系分成几个不同的领域,每个领域都有自己的学校和研究所,这些学校和研究所从规模上来说非常小,而且它们之间没有合作。劳动力市场对综合性人才的需求迫使芬兰政府重新定位产业发展的方向,并大力发展多科技术学院,以满足知识经济社会对高级技术人员的需求。

4. 提升高等教育国际竞争力的需求

尽管全民免费、高质量的高等教育使得芬兰在欧盟组织的教育地位较高,但

由于其原有的高等教育体系结构较单一，且大学授课大多采用瑞典语和芬兰语，不利于吸引留学生和国外的研究者，因此芬兰的高等教育地位从全球来说是偏低的。90年代初期，芬兰国际交流生的比例很低，阻碍了芬兰高等教育的国际竞争力。多科技术学院的建立则扩大了高等教育的入学率，提高了职业教育与培训水平。芬兰大学和多科技术学院通过开设多种多样的课程，可以满足不同学生的需要；各高等教育机构采取措施加大用英语或者其他外语教学的比重，使外国交流学生来芬兰留学成为可能。政府通过保证高等教育的教学质量和提高毕业生的就业率以吸引留学生和研究者能够留在芬兰工作，在一定程度上也解决了芬兰劳动力不足的问题。随着国际交换生数量的增加，芬兰高等教育的国际地位有所提高，其国际竞争力也逐步上升。[5]

5. 欧盟的高等教育国际化政策

20世纪90年代后，由于经济全球化引发的世界高等教育领域的问题日益突出，欧洲各国试图将欧洲一体化以及欧洲范围的高等教育国际化，旨在建立一个以知识为基础的联盟。随着欧洲一体化进程的逐步推进，欧盟高等教育的政策和研究都围绕着国际化问题展开。1999年6月19日，欧洲29国的教育部长在《索邦宣言》总原则的基础上通过了著名的《博洛尼亚宣言》，芬兰也是《宣言》的签署国之一。《博洛尼亚宣言》是欧洲高等教育实现一体化的纲领性文件，其参加国承诺在2010年以前形成欧洲统一高等教育空间的目标。2003年9月的《柏林公告》则要求所有公告签署国到2005年为止建立质量保证程序和结构的目标，于2010年前实施学士、硕士学位结构，并与博士学位一起构成三级学位体制。

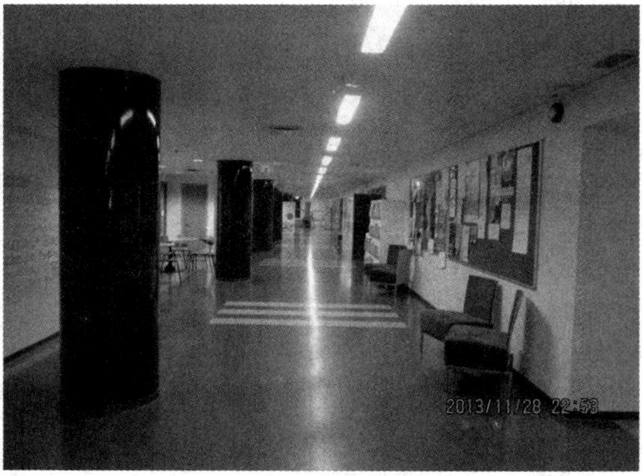

20世纪80年代以来，保持芬兰高等教育系统的开放性就一直是芬兰教育

政策的中心议题。随后芬兰组建了国际教育交流中心具体负责与其他国家在高等教育方面的交流和合作。1995 年欧盟的加入以及 1999 年《波洛尼亚宣言》的签署，极大地加快了芬兰高等教育国际化的进程。因此，20 世纪 90 年代，芬兰政府开始的多科技术学院改革正是顺应了这一国际化发展的进程。

二、芬兰多科技术学院从试验到正式成立

在芬兰职业教育改革中，有七个重要团体发挥着重要的作用：政治家、社会伙伴、市政联盟、出版社和作者、校长和教师、大众媒体以及居普通高中教育之首的名校。这些社会团体认为所谓高等教育就是大学，而大学的主要目的就是科研与教学，他们也怀疑国家是否有能力创建以职业为导向的高等教育机构。因此政府提议多科技术学院的改革首先以试验的形式开始。随着 1991 芬兰《中等和高等职业教育法》的颁布，共有 22 实验性的高等职业学院开始成立。由于这些学院大部分是多学科的，所以称之为多科技术学院。此次试验改革的目的是为了让多科技术学院在实际运作过程中获得一些经验，以便更好地发展并成为正式性的机构；与此同时，许多研究项目也纷纷启动，对多科技术学院的改革进行阶段性监测。

每一所多科技术学院在正式成立之前，都要经过试验阶段和发展阶段。多科技术学院能够获得正式成立的前提是它们必须在试验阶段能够保证其教学的高质量，并具备良好、持续性发展的条件。每所多科技术学院可以向芬兰高等教育委员会提出申请，高等教育评估委员会评估其申请，并提出改进意见。多科技术学院只有在评估委员会评估通过后，才能由评估委员会向教育部提出申请得以正式成立。因此，多科技术学院在申请正式成立前，其自身必须经过相当完善的发展。正是中等后职业教育在数量和质量上的优势，以试验方式进行的多科技术学院改革十分顺利。结合在试验期间多科技术学院改革取得的一些好的经验和国际评论，1995 年芬兰议会通过立法确立了多科技术学院的地位。1996 年第一批多科技术学院被政府批准正式成立。此后的每年，新的多科技术学院陆续被政府批准成立。到 2000 年，芬兰所有试验性的多科技术学院全部成为正式的机构。

在多科技术学院从试验到正式成立的过程中，1994 年经济合作与发展组织发表了芬兰高等教育政策回顾及评论。该评论不仅促进了多科技术学院从试验到正式成立的进程，还提出了多科技术学院体系应该在五年内逐步建立和完善的建议。在此期间，芬兰政府应该制定特别的支持措施，比如说制定多科技术学院的质量标准体系。1995 年政府通过的有关多科技术学院改革的立法中还提到了多科技术学院的教学和科研任务。根据立法规定，到 2000 年在大部分中等后职业教育机构升级为多科技术学院后，教学和科研成为多科技术学院的主要

任务之一，这与大学的主要功能一致。2003 年芬兰议会通过了修订后的《多科技术学院法》，明确提出多科技术学院与大学均为芬兰的高等教育，是并行的双轨制。这标志着芬兰高等教育双轨制正式确立。

芬兰多科技术学院分布在芬兰 25 个城市，这些多科技术学院主要开设应用型导向的课程，如科技运输、商贸、卫生与社会服务、文化、旅游餐饮、机构管理、自然资源与人文教育等。多科技术学院致力于发展面向地方的应用型科学研究。这些有别于传统大学的办学特色，保障了多科技术学院的独特地位。[6]

三、多科技术学院的改革

芬兰多科技术学院的改革目标是适应企业对专业技能的新要求，提高教学质量和标准，加强国际竞争力。芬兰高等教育政策符合去中心化的国际发展趋势，其基本理论是将决策权分散给高等教育机构，以便它们能够成功地应对外部变化。芬兰多科技术学院及其主办者——包括市政府、城市联盟、有限公司、基金会被赋予了如何开展教育的决策权，目的是让多科技术学院可以更好地适应劳动力市场和地方发展需求。政府还鼓励大学形成各自的模式和发展战略。

除了结构改革和管理改革外，多科技术学院的改革还包括了全面的学位制度、课程和教学改革。提高教育和教学质量的重要途径是提高教职员工的资格要求、改善教学方法、增加教育和就业的互动。院长和教职员工的任职要求由政府学位管理法规规定。院长和首席讲师需要拥有博士学位或相应的资格，而讲师至少需要获得硕士学位。首席讲师和讲师需要具有在本领域至少三年的工作经历。院长不仅需要熟悉多科技术学院的教育和专业领域的业务，也要具备行政管理经验。这些要求对研究型大学也构成了一种挑战，特别是对于同地区的传统大学。多科技术学院对教师任职提出的更高学位要求使得对传统大学博士和硕士课程的需求量大增。政府提供特殊经费，对需要满足学术资格要求的多科技术学院教师进行培训。这些教师培训为将来的机构合作打下了基础。

多科技术学院对教学方法及与劳动力市场的互动也进行了改革，即将教学重点放在独立工作和完成项目上，而不是课堂教学上；规定将实习与论文相结合列入多科技术学院的学位管理要求。多科技术学院现有的学位包括学士学位或与之相当的学位，课程包括基础课、专业课、选修课、实习和论文。多科技术学院的学位制度源自欧洲的博洛尼亚框架。由于其职业和专业内容以及可直接满足就业需求，多科技术学院颁发的学士和硕士学位与传统大学颁发的学术性学位不再雷同。在多科技术学院体系建立过程中，出发点是首先邀请研究型大学工作组就教育和教育政策问题完成展望报告，研究者起草了芬兰未来高等职业教育的蓝图。展望报告为政策探讨提供了广泛的基础。芬兰还邀请部分欧洲国家的专家对他们国家现有的经验进行评估。

政府要求以现有的中等专业院校为基础建立地区性职业教育网络，邀请社会各界就如何在新的多科高等教育机构之下组织和管理新的职业和专业教育项目提出计划。新的办学者必须属于地方，它们须向政府提交办学计划。办学主体可以多元化，一些是市政府，一些是基金会，也有的属于公司模式。根据对办学计划的评估结果，政府向最有前景的办学主体颁发实习运营执照。多次立法改革的目标是明确芬兰多科技术学院在高等教育体系中的地位和任务，并加强多科技术学院内部事务管理的自主性。

2013 年芬兰政府又开始了一项综合改革(包括管理和经费制度)。这次改革分两个阶段进行：第一阶段，改革运营执照和核心经费的拨款标准，取消国家对学位课程的决策权；第二阶段，将多科技术学院的核心经费拨款责任归于中央政府，不再实施中央政府和市政府的双重拨款系统。在取消以往多元化的执照持有人制度之后，多科技术学院将成为有限公司性质的独立法人。

多科技术学院的建立，完善了教育系统的衔接机制，打通了中等职业教育通向高等职业教育的路径。目前多科技术学院在芬兰成为富有吸引力的高等职业教育机构。多科技术学院与大学在地位上是平等的，多科技术学院与传统大学的在读学生总数相当，成为大学以外的重要高等教育机构。多科技术学院为更多学生提供接受高等教育的机会，课程设置多样化与地区经济联系紧密，增强了学生的就业能力。

四、多科技术学院存在问题

芬兰多科技术学院存在一些问题。多科技术学院硕士招生入学资格限制多。因为技术学院硕士课程只招收拥有技术学院学士学位的在职生，欲申请硕士课程者需要有三年以上全职相关工作经验。多科技术学院撰写论文与课程产学交流局限多。学生需在工作场所中完成论文研究，假设学生在就学期间更换工作，那势必会影响学生、教师与企业三者之间的论文计划。职业导向的硕士课程只限于区域产业结合，学生因为家庭因素、工作因素或地理因素等，对于国家其他地方产学合作交流甚少。多科技术学院欠缺足够的研究设备与师资并且缺乏研究发展的传统。因为芬兰多科技术学院硕士体系较晚成型导致多科技术学院硕士课程内容一直遭到大学团体的抨击并质疑其技术学位硕士学历是否能和一般大学硕士学位相比拟，也因此至今芬兰多科技术学院尚未开设博士课程。

多科技术学院的研究生教育专业设置主要集中在技术、商业和管理、健康保健和社会服务。多科技术学院的研究生教育的设置不仅是为了满足个人和职业界的期望，也是为了缓解大学的压力。但多科技术学院的硕士学位教育在国家学位系统中还没有明确的定位。这不仅是一个国家的问题而且也是一个国际性的问题。到目前为止，芬兰高等教育政策的目的是把高等教育中的大学教育和多科技术学院教育完全地分开。大学和多科技术学院之间的合作初具规模，对于建立切实可行的地方教育合作形成了一种潜在的可能。但目前还没有明确的国家政策，例如在高等教育体系中的学习和学位的重视程度。多科技术学院和大学间的流动到目前为止还是有限的。在目前的体系中，多科技术学院提供的硕士学位教育与大学相比，不具备竞争性。存在多科技术学院的基础学位教育努力接近大学学士教育的危险，另一个危险就是如果大学接受大量多科技术学院的学生可能使大学的硕士学位教育过于以专业性为坐标。由于不同地区有不同的需求，很难在全国范围内指定一种大学和多科技术学院合作的唯一模式。人口逐步老龄化，使得社会和教育发展趋势出现新的变化，传统职业技能缺乏在年轻人中更为突出，从而导致失业增加，工业和服务业需求的不断改变，新技术及其在工作中实践的转换，以及跨国公司对于生产地点的选择，使得就业类型发生很大的变化。这些变化都对多科技术学院的教育提出了更高的要求。

第三节　芬兰多科技术学院结构体系

一、多科技术学院的分布及特征

芬兰多科技术学院从分布上来看呈网络状，27 所学院分布在全国各地。呈网络状分布是为了促进地方经济的发展，以满足地方对高等教育的需求。从结构上来看，多科技术学院呈现出区域性和多学科性的特点，一所多科技术学院可能横跨多个地区，或一个地区有几所多科技术学院，这与它的改革目标一致（提高地方经济发展，满足地方对高等教育的需求）。多科技术学院是由 215 所中等后职业学校或研究院合并而成，学科体系繁多。如何保持多科技术学院内部各机构的融合性和合作性，是评估多科技术学院是否能正式成立的标准之一。合作性可以从多科技术学院开设综合课程的比例高低或学生是否容易选择除本专业以外其他课程的学习来体现。为了保证其内部的融合性，多科技术学院创立了“研究单元”。所谓研究单元，就是打破不同专业的教学和培训的界限，将各专业的教学和培训融合。作为多科技术学院主要任务之一的“研究和发展”，由于教育部认为只有在那些有能力开设多学科的大型的研究机构中才能较好地完成“研究和发展”工作，为了保证更多有实力的多科技术学院，教育部一直致力于发展多科技术学院之间的合作，加强它们之间的凝聚力。为了保证其运作的高效性，各所多科技术学院可以根据自身的需要，来设置各自的发展目标、教学和实习培训的课程比例、合作意向等。[7]

芬兰全国共有 25 所技术学院，隶属于教育与文化部，若包含奥兰群岛自治省的奥兰技术学院和隶属于内政部的警察学院，一共有 27 所技术学院。

27 所多科技术学院如下：

(1) Arcada Polytechnic 阿卡达技术学院

(2) Central Ostrobothnia Polytechnic 中博腾技术学院

(3) Diaconia Polytechnic 迪亚科尼亚技术学院

(4) HAAGA-HELIA Polytechnic 哈格哈里亚技术学院

(5) Humanities Polytechnic 人文技术学院

(6) Häme Polytechnic 海门技术学院

(7) Jyväskylä Polytechnic 于韦斯屈莱技术学院

(8) Kajaani Polytechnic 卡亚尼技术学院

(9) Kemi-Tornio Polytechnic 凯米-托尔尼奥技术学院

(10) Kymenlaakso Polytechnic 屈米拉克索技术学院

(11) Lahti Polytechnic 拉赫蒂技术学院

(12) Laurea Polytechnic 罗约阿技术学院

(13) Metropolia Polytechnic 城市技术学院

(14) Mikkeli Polytechnic 米凯利技术学院

(15) North Karelia Polytechnic 北卡累利阿技术学院

(16) Novia Polytechnic 诺维阿技术学院

(17) Oulu Polytechnic 奥卢技术学院

(18) Rovaniemi Polytechnic 罗瓦涅米技术学院

(19) Saimaa Polytechnic 塞马技术学院

(20) Satakunta Polytechnic 萨塔昆塔技术学院

(21) Savonia Polytechnic 萨沃尼亚技术学院

(22) Seinäjoki Polytechnic 塞纳技术学院

(23) Tampere Polytechnic 坦佩雷技术学院

(24) Turku Polytechnic 图尔库技术学院

(25) Vaasa Polytechnic 瓦萨技术学院

(26) Åland University of Applied Sciences Åland 技术学院

(27) Police Polytechnic 警察技术学院。

近几年，芬兰的一些技术学院将自己的英文名称改为“×××× University of Applied Science”，并用在自己的网站以及对外招生宣传中，但是其芬兰语名称不变，教学内容也没有变，芬兰教育部网站关于这类院校的名称也仍使用“×× Polytechnic”。

芬兰 27 所多科技术学院分布在 25 个城市。根据地区经济发展和劳动力市场需求状况多科技术学院主要提供七个方面的教育：通信技术，商业管理，旅游、餐饮和机构管理，健康保健和社会服务，文化，人文和教育，自然资源。最热门的专业是商业、行政管理、技术与通信、保健以及社会服务。从建立之日起，进入多科技术学院接受高等职业技术教育的学生人数不断攀升，多科技术学院发展速度超过了大学学术教育的发展速度。多科技术学院教育得到了社会的肯定，不仅吸引了大批学生入学，而且提高了青年人的就业率。多科技术学院有 6 000 位教师。超过 80%的老师教授职业课程，剩下的老师则是担任核心课程的专家、特别需求教师和咨询指导教师。多科技术学院的教师主要有两类：讲座教师，需要获得硕士学位而且必须有至少 3 年的工作经验；主讲教师，需要获得副博士或者博士学位及至少 3 年的工作经验。2002 年，芬兰开始实验性地推出多科技术研究生学位。研究生学位属于第二阶段高等教育的课程学位，可以利用全日制工作的业余时间来完成，学生需要在指定的学科领域修满适应工作实践需要的 40～60 学分。其入学要求是获得多科技术学士学位，或其他对应的高等教育学位加上三年的相关工作经验。

二、多科技术学院的学制、学位、学生和科研

（一）学制和学位

芬兰多科技术学院主要提供学士学位教育、硕士学位教育、成人教育、师资培训。其中，学位教育包括核心专业课学习、选修课程学习、期末专题报告撰写，而且所有的学位教育都要包括实用性的在职学习。学位教育需要学生修满 210～240 个学分（即 3.5～4 年的全日制学习）才能毕业。根据 2014 年的调查，芬兰多科技术学院的学生获得学士学位的平均时间是 4 年。其中健康、福利和运动类专业的学生获得学士学位所需要的时间最短，为 3.5 年；技术和交通类专业的学生获得学士学位所需要的时间最长，为 5 年。为了提高自身竞争力，多科技术学院也提供成人教育。成人教育的教学安排比较灵活，学生可以一边工作一边学习。2014 年芬兰多科技术学院有 20%的学生是成年人。[8]

（二）学生数量

芬兰统计局于 2014 年 12 月发布的统计数据显示，2014 年芬兰多科技术学院共有 138 700 名学生。其中大一新生为 38 600 名，比 2013 年增加了 1 000 余名；本科生为 129 500 名，比 2013 年减少了 800 余名；硕士研究生为 9 200 名，比 2013 年增加了 600 余名。在芬兰所有的多科技术学院中，学生数量最多的是赫尔辛基城市多科技术学院，该校共有 16 200 名学生；学生数量排在第二位的是哈格哈里亚技术学院，该校共有 10 200 名学生；学生数量最少的学校是芬兰警察学院，该校只有 160 名左右的学生。在芬兰的多科技术学院中，学生数量最多的是技术和交通类专业，此类专业的学生占全部学生数量的 30%，且 85%的学生是男生。学生数量排在第二位的是健康、福利和运动类专业，此类专业的学生

数量占到了全部学生的28%。学生数量排在第三位的是社会科学、商业和管理类专业，此类专业的学生数量占到了全部学生的20%。

（三）获得学位人数

芬兰统计局按性别统计了2006～2014年获得学位的学生数量。总体而言，2006～2014年芬兰多科技术学院获得学位的学生人数逐年增加。在2006～2014年获得学位的学生中，女性占到了总人数的60%以上。33%的学生获得了健康、福利和运动类专业学位，其中88%是女性；获得学位人数排在第二位的是技术和交通类专业，占到了总数的23%，其中80%是男性；获得学位人数排在第三位的是社会科学、商业和管理类专业，占总数的21%。在2006～2014年获得硕士学位的学生中，36%获得健康、福利和运动类专业学位，排在第二位的是社会科学、商业和管理类专业。在获得硕士学位的学生中，女性占了68%。2014年芬兰共有2.5万名学生在多科技术学院获得了学位，比2013年增加了1%。其中22 900名学生获得了学士学位，其中有18 700名全日制学生，4 200名成人学生；2 100名学生获得了硕士学位，比2013年增加了9%。在芬兰所有的多科技术学院中，获得学位的学生数量最多的是赫尔辛基城市多科技术学院，为2 660名；最少的是芬兰警察学院，为35名。[9]

（四）科研功能

芬兰多科技术学院建立初期进行的科研活动主要是以满足工业、商业的发展为导向，与当地的经济发展密切相关。科研活动的主要目的是开发新产品、新服务、新机器、新设备，以满足当地经济发展的需要。近年来，芬兰多科技术学院的科研活动不再局限于为当地经济发展服务，而是将教学与科研紧密结合，以培养学生的科研创新能力，并且强调科研领域的合作。例如，阿卡达技术学院于2014年9月参与了一个关于能源利用效率与再利用的战略合作研究项目，该项目为期4年，主要研究环保材料及其生产过程。该科研项目的参与者众多，包括相关领域的18家公司及11个科研机构。阿卡达技术学院的任务是利用在塑料实验室中的实验数据研究塑料材料，该校的学生也积极参与到该科研项目中。

（五）国际化进程

为了更好地促进芬兰高等教育的国际化，芬兰教育部于2009年出台了《芬兰高等教育机构国际化策略（2009～2015年）》，对芬兰高等教育国际化做出了宏观规划。芬兰多科技术学院根据该规划的要求，不断推进国际化进程。例如，阿卡达技术学院拥有来自全球40多个国家的近300名留学生。该校还与全球90余个高等教育机构建立了合作关系，其学生可以在多个国家学习或参加科研项目。为吸引外国学生，阿卡达技术学院在国际贸易、护理、材料加工技术这3个专业提供英语教学。此外，留学生在求学过程中还可以得到芬兰政府的财政资助，获得学位后可以直接就业。在某些具有优势的专业，多科技术学院还提供一些特殊的专业技术知识学习，增加留学生人数，提升芬兰的国际影响力。

（六）实践性的教学理念

为培养学生的实践操作能力，芬兰多科技术学院为学生营造具有实践性的学习环境。以迪亚科尼亚技术学院为例，该校为学生提供实训机会，使学生将在学校学到的知识和技能运用到实际工作中。为保证实训的成效，该校对实训做了严格规定。第一，对各专业实训最低学分数做了规定：护士专业最低实训学分为 90 分，公共健康护理专业最低实训学分为 100 分，社会服务专业最低实训学分为 45 分，文化艺术专业最低实训学分为 30 分。第二，将学生的实训成绩进行细致划分，成绩不合格的学生不能进入下一阶段的实训。第三，对实训指导教师也提出了相应要求。指导教师要给学生正确有效的指导，及时发现学生实训中的问题并给予指导，帮助学生顺利通过实训。

三、多科技术学院提供的教育

基于更高级专业人才的需求，多科技术学院从 2002～2004 年开始进行硕士等级课程实验教学。多科技术学院提供硕士课程，但只招收拥有多科技术学院学士学位的在职生，申请硕士课程需要有三年以上全职相关工作经验方能申请。虽然多科技术学院硕士学位等同于一般大学硕士学位学历，但是毕业证书上不能同大学使用 Masterin Tutkinto，须用 Ylempi Amk-Tutkinto，意思是更高阶技术学士，但英文毕业证书均可使用 Master。技术学院与一般大学皆可授予学、硕士学位。但是技术学院至今还是未能授予博士学位，且技术学院硕士学历无法申请一般大学准博士和博士班课程。

1. 入学申请

申请进入多科技术学院的学生一般必须具备下列条件之一：完成高中教育（普通高中或职业学校），至少 3 年的中级职业教育培训，相应的国外学习经历。每所多科技术学院可自行决定本学院的招生并安排入学测试。学院在招生时着重申请者在学校期间取得的成就、工作经历和入学测试成绩。为了不浪费高等教育的教学资源，芬兰政府设立了“一个学生一个学习名额”的原则，每个学生在多科技术学院或大学的每一个学年内只能占用一个学生名额，即学生只能在多科技术学院和大学二者之间选择一所学院入学。为了提高国际竞争力，芬兰大多数多科技术学院与欧洲的各大学院保持较为紧密的联系，彼此之间也签署了交换生协议。多科技术学院也向国外的留学生提供了不同年限的国际学习计划，包括用英语教学的学位计划。如果留学生有意向在芬兰的多科技术学院求学，他们可以提前一年直接向学院提出申请，申请日期一般在每年的一月至六月，并参加学院的入学测试。

申请技术学院参考条件除了有无初级职业资格证书外，各学系入学方式有：① 智力测验笔试；② 职业性向（各类群有不同评估方式）。最常见的方式是考生通过分组讨论，监考人员考评学生的人际互动关系与社交能力。

2. 专业设置

从专业上来看，多科技术学院提供的教育覆盖七大领域：人文教育、自然资源、技术交通、商业管理、旅游餐饮机构管理、卫生保健与社会服务和文化。调查研究表明技术通讯专业的招生人数最多，占全部专业招生人数的三分之一，其次是商业管理专业（27%），第三是健康社会服务专业，剩下的四个专业招生人数仅占总人数的 19%。这些数据也反映出各个职业领域在劳动力市场的地位。

3. 教学与课程

芬兰多科技术学院的教学强调与当地工商业、服务行业的紧密联系。教学目标是为了满足不断变化和发展的人才需求，培养高素质、高层次的职业人才。

（1）教学语言。芬兰是个多民族的国家，官方语言是瑞典语和芬兰语，大部分的多科技术学院的教学是用芬兰语传授，另有 4 所用瑞典语教学，还有部分是用芬兰和瑞典语教学。随着高等教育国际化运动的深入及《波洛尼亚宣言》的签署，芬兰的各级教育开始提高用英语进行教学的比例，但尽管多科技术学院的某些课程是以英语为教学语言，但大部分专业的学习或实习还是需要用瑞典语或芬兰语。因此，国外留学生必须掌握少量的芬兰语或瑞典语。

（2）学年安排。芬兰多科技术学院每一学年有两个学期。第一学期是在秋季的 8、9 月至 12 月；第二学期是在春季的 1 月至 5 月。由于秋季各学院开设的专业比春季开设的专业要多，因此秋季申请入学的人数较多。

（3）学士学位课程。多科技术学院的学士学位课程主要是特定领域专业知识的学习，然后再根据不同的行业进行细分。有些多科技术学院也提供跨学科的课程学习。学士学位课程使用学分制。40 个课时为 1 学分，一学年的学习任务是取得 40 个学分。大部分学士学位课程总的需要 140～160 学分，大约需要全日制学生 3.5 年～4 年的时间。课程的学习包括基础学习、专业学习、任选课学习、实践训练以及学士论文。在基础学习中，学生必须学会本专业涉及的基础知识，以及了解该专业在社会、国际背景下的地位，基础学习还包括语言和交际方面的学习。专业学习是对本专业的主要领域、重点、功能和应用方面进行深入地学习，使学生熟悉其理论知识和提高其应用能力。实践训练则是强制性的，每所多科技术学院的实践训练都不能少于 20 学分。实践训练除了要求学生了解他们的专业和将来的发展外，还要求学生将理论知识应用于实践。只有经过独立的操作，学生才能获得一定的经验。

（4）硕士学位课程。2001 年夏，芬兰政府通过的一项法案开始了多科技术学院的硕士学位改革。这项改革也是以试验的方式进行，主要集中在技术、商业管理、卫生保健与社会服务专业，以满足职业领域的需要。硕士学位课程申请者除了必须具备学士学位证书外，还要有三年的工作经历。并不是所有的多科技术学院都有资格开展硕士学位课程。有资格授予硕士学位的多科技术学院必须是能够提供相关领域的职业教育，并有资格授予该领域的学士学位证书，还要有相关领域的高级讲师，以保证硕士教学的质量。

(5) 欧洲学分转换系统和文凭补充文件。欧洲学分转换系统(ECTS)是欧洲委员会制定的，旨在促进欧洲国家高等教育系统学分互认和转换的系统，其目的在于提高大学生的学术流动性，增强欧洲教育系统的国际吸引力。在芬兰多科技术学院，欧洲学分转换系统的使用主要是为了方便学生的流动性，并使得学生之间，尤其是国内与国外学生之间具有可比性，有利于学院组织和修订它们的学习规划和教学模式。文凭补充文件是由欧盟委员会、欧洲理事会和联合国教科文组织欧洲高等教育中心共同开发、引入的文凭附加文件，旨在为欧洲各国高等教育机构文凭的性质、层次、背景信息、持有者的地位等情况做出翔实的描述，为文凭的跨国承认和人员的国际流动创造便利。文凭补充文件在芬兰多科技术学院也被广泛运用。

4. 学生的身份和资助

在学生的身份方面，由于法律没有具体的条款，因此学生会并没有得到法律的认可。但多科技术学院的管理委员会选择一部分学生代表参与管理。多科技术学院的学生基本上都参加一个多科技术学院的学生中心组织。该组织根据学生的兴趣，并通过论坛的方式来影响高等教育的政策的制定和教学的改进。在求学期间，学生可以得到来自芬兰政府的财政资助。这部分资助只提供给全日制的学生。资金的额度和支付取决于学生所学专业的内容和跨度。为了避免学生因打工而影响学业，提供资助的唯一前提是学生必须在学业上有所进步。政府的资助大约持续 70 个月，用于多科技术学院学士学位课程的资助大约在 45～55 个月左右。剩下的资助可以用于更高层次的教育，如硕士学位课程。近年来，平均每位学生的资助为每月 404 欧元，如需要贷款，则每月可以无息贷款 219 欧元。对于外国的学生来说，只要他们在芬兰居住超过 2 年或取得芬兰永久居留证的都有资格获得该资助。芬兰的学生去国外学习也可以得到该资助。这项资助覆盖面较广，也较灵活。

四、技术学院的课程及师资

技术学院课程领域共分七大类：① 自然资源与环境；② 技术与运输；③ 社会科学、商业经营与行政管理；④ 文化；⑤ 观光、餐饮与家政学；⑥ 社会服务与健康体育；⑦ 人文与教育。芬兰所有技术学院已全面采用欧洲学分转换与累积制度(ECTS),修习210～240学分,修业年限为3.5～4年,授予技术学院学士学位。

技术学院授课师资分为首席讲师和高级讲师,首席讲师必须具备准博士或博士学位,高级讲师则必须具有硕士学位。此外,为了强化教学与产业结合,每位教师在该专业科目领域至少有三年以上的全职工作经验,证明自己具有实践教学的能力。

五、多科技术学院的管理

芬兰的多科技术学院与大学并行,共同组成芬兰的高等教育。但多科技术学院与大学不同,学院并不是由中央政府所有。多科技术学院具有多种所有制关系。学院可以是私有的,也可以归一个或多个市级政府所有。多科技术学院所有制结构的多样化主要是为了更好地发展学院建设,优化所有者的结构,与学院的地域性一致。由于《多科技术学院法》仅仅就多科技术学院的管理做出了总体规划,法案要求每一所多科技术学院必须设有董事会和校长,管理学院内部事务,进行自治管理,其他的外部事务则由学院的所有者决定。而其他的法案(如公司法、市政府法案等)并未涉及多科技术学院具体如何去管理,以及如何处理学院与所有者的关系。多科技术学院的管理一般均由地方决定,每所学院的管理模式也是不同的。

一般说来,所有者的权责是:制定学院的主要目标;管理组织机构的主要原则;董事会和管理层人员的任命和管理;编制经济规划和预算的过程控制;财务;总体补贴政策;参与就目标和结果方面和教育部的谈判。学院在自治的权利是:学位计划和教学大纲的制定;教学安排;学位管理;学生筛选;研究性学习;学生合法的保护;教师的任命;预算责任;实践步骤;参加教育部就教学目标和教学成果方面的谈判。多科技术学院的校长作为学院管理者的代表,他主持学院董事会的工作,并对学院内部事务进行管理。

六、多科技术学院的资金来源

芬兰教育与培训等公共服务的责任主要在于地方当局。无论是私有的教育机构,还是公立学校都可以从中央政府领到核心资金,地方财政也对这两种教育机构进行财政补贴。多科技术学院的核心资金主要由政府提供:中央政府提供57%,地方财政提供剩下的43%。地方财政提供的43%资金比例是按照当地居民人数核算的,该比例与地方提供教育的多少、参与教育的居民人数无关。多科技术学院除了政府划拨的资金外,还有部分外来资金,主要用于继续教育服务和研究发展,这部分资金占据总预算的22%。总之,多科技术学院接受三种政府财政资金:

(1) 核心资金。教育资金体系包括法定的资金和对运行花费和新建项目的资助。芬兰政府提供的资金是建立在单位价格的基础上进行计算的。单位价格指的是：① 单位价格必须提前一年决定，由市级政府或机构的其他所有者制定的有关教育规划和资金安排的决定是不能影响单位价格的。② 拨给资金的实际使用与划拨的标准无关，也就是说市级政府和其他服务提供者在分配资金时可以独自决定如何使用，只要是用于教育体系中即可，可以有效提高资金的使用率。③ 市级政府提供的43%资金是用人均单价计算的，总的开销为市级政府、市政联盟、私人团体和基金会开设的教育机构的实际花费。④ 单位价格在每个地区都是相同的。⑤ 根据法案，政府的资金补助提供给综合或普通高中、中级职业学校、多科技术学院以及多科技术学院设立的一些长期特殊项目。⑥ 单位价格是以学生为单位计算的，资金直接拨给那些接受学生入学的机构所有者。⑦ 单位价格每两年计算一次，以国家的实际总花费为基础。根据单位价格计算出来的总数即为来年政府的财政拨款。

(2) 项目资金。对于多科技术学院，政府会拨给额外的项目资金。项目资金的提供主要是用来促进多科技术学院的改革，如教师的继续教育，国际化发展、图书和信息服务、信息网络的发展和数字学习环境、职业指导，尤其是多科技术学院的研究和发展方面。

(3) 绩效资金。这部分资金是依据各所多科技术学院是否达到一般标准而拨给的。所谓一般标准指的是学院运作是否高效率，是否具备影响力，是否开展了国际化的活动，是否具有平等的机会，未来运作和重建能力如何。绩效资金的另一评判标准是根据教育部的评价结果来决定是否分配给多科技术学院。

七、多科技术学院的质量保证和评估

1995年底芬兰教育部成立了芬兰高等教育评估委员会。该委员会独立于高等教育行政机构和高等院校，由教育部任命5名大学代表、3名技术学院代表、2名贸易工业代表和2名学生代表共12人组成。芬兰高等教育评估委员会的主要职责有：① 负责评估具有社会或教育意义的问题，以及迅速扩张、发展的问题或悬而未决的问题，承担教育部和高校与评价相关的任务。② 提供专家与经费资助，以鼓励高校参与评估，协助和支持高校设计质量保障评估体系。③ 评估多科技术学院的建立与认证。④ 评估高校提供的专业课程，评价注册课程并对评估合格的课程继续进行注册。⑤ 为高校间的网络教学以及国际交流学生提供认证服务。⑥ 开展高等教育评估的理论研究。⑦ 负责高质量教育单位和地区优秀中心的评选。⑧ 收集、整理和分析高等教育发展数据。⑨ 参与高等教育的国际合作与评估。⑩ 根据协定服务的原则，参与高校之外的教育部的评估或其他部门组织的评估。

芬兰高等教育评估委员会所进行的认证活动主要是针对多科技术学院进行

的。认可参考标准主要有：多科技术学院的办学使命及目标；课程设计（课程的多样性、现代性和合作性）；执行计划的力度；学生数量；教学与学习；图书和信息服务；与企业的合作；与其他高等教育机构的合作；国际合作；高校服务地区的目的；高校的质量保证体系等。为确保高等教育质量评估的效果，芬兰高等教育评估委员会在评估工作中坚持六个原则：① 独立原则。在选择评价目的和评估方法时，与教育行政部门和高校保持独立，任何机构都不能干涉其正常评估工作，不能干涉其评估报告的撰写，以保持评估结果的公正性。② 专家鉴定原则。在评估活动中聘请最好的国内外专家，评估小组独立对评估报告的内容负责。③ 多样化原则。采用不同的方法和策略对评估目标进行不同视角的评估描述，对不同学科和培训项目的质量定义也采用多样化的标准。④ 互动原则。在评估活动中，注重与评估对象的互动交流，并邀请不同背景的人和不同利益群体参与到评估对话中，把评估当作是交流不同观点的讨论会。⑤ 透明原则。在评估活动开始前公开评估的目的和方法；在评估活动结束后，通过出版物、网站等途径和方式公开评估结果，评估结果由评估委员会负责解释并承担责任。⑥ 效果原则。强调评估的目的是为高校和教育政策的决策者提供理解和改进政策的工具，如此评估方为有用。

教育部还建立了一个网上数据库，用于发展、监测、评价和管理多科技术学院的教学活动。数据库的资料来源均直接来自各所多科技术学院或其他有关多科技术学院信息的数据库。整个数据库提供了学位规划、学习地点、申请者、学生、授课语言、学位、教师、其他人员、国际学生、交换生、交换教师、毕业地点等方面的信息。

第四节　芬兰多科技术学院工作本位学习

芬兰是欧洲中工作本位学习理论比较成熟的一个国家。芬兰工作本位学习的宗旨在于帮助学生由学校到工作的高效而迅速地过渡。工作本位学习能够使学生在实际的工作中切实地感受到知识的作用，从而激起学生的学习兴趣，激励他们掌握更多的知识，再把所学知识运用到实际工作之中。

一、芬兰工作本位学习的内涵

工作本位学习的概念十分复杂，目前还没有达成对其概念准确表述的共识，研究者们大多数都是从不同的角度去阐述其概念。随着个体工作变换的速度加快，与工作相关的新的职业资格和培训形式在许多国家已经影响到了职业教育的发展。芬兰的职业教育和培训体制也受到了相当大的影响，其中最大的变化之一就是引进了工作本位学习作为职业教育学习的一部分。这个新的与工作相关的学习体制被称为工作本位学习，其目的是帮助学生获得职业知识和技能，推动他们进入劳动力市场创造价值。在芬兰的职业教育培训当中，学生的工作实习被明确地定义为工作本位学习，而不是运用已经学习过的知识技能所进行的实践。工作本位学习指在多科技术学院学习的基础上，职教学生在工作场所中进行实际的工作，并在实际工作中进行对知识技能和经验的反思和学习。工作场所学习和工作现场学习等都属于工作本位学习。[10]

二、芬兰工作本位学习过程剖析

芬兰工作本位学习由多科技术学院和企业共同组织安排，为学生提供工作本位学习的机会，为他们进入工作场所进行实际的工作做好充分的准备。芬兰工作本位学习有效开展的关键，取决于多科技术学院与企业的衔接和协作。在工作本位学习开展之前，为保证学生的权益，多科技术学院和相关企业会积极与学生和家长进行沟通，商讨并最终确定其职业生涯兴趣和发展方向。在保证了学生相应的权益之后，学生也要保护相关企业的合法利益。因为在工作场所工作学习的时候，雇主会提供动态持续更新的行业信息来支持传递职业技能培训的先进性。学生须要对工作场所的信息保密。他们不能够传递任何的知识或者信息给任何本企业以外的人，企业必须和学生在学习契约中达成共识。芬兰多科技术学院的学生在工作场所中的学习具有目标导向性、引导性、评估性。通过工作本位学习，职业教育培训能够更好和更快地对工作需求做出反应。在芬兰职业教育培训中，工作本位学习体制已经被广泛地应用。芬兰多科技术学院的学生在工作场所中的学习属于正式职业教育的一部分，同时也可以被视为发生在职业学校之外的、在真实的工作场所中进行的非正式学习。在芬兰职业教育培训的工作本位学习体制中，组织工作本位学习的通用框架已经由职业教育培训的国家核心课程机构确定下来。明确这个模型的目的就是使学生在工作场所中的学习形式化和结构化，以便推动多科技术学院学生的学习高效进行。芬兰的职业教育相应资格需要花三年的全日制学习来获得，并且所有的资格取得至少包括 20 周的工作本位学习。因此，在工作本位学习体制中，多科技术学院的学生在他们取得职业资格的过程中，至少有 1/3 的时间是在职业学校之外，也就是在真实的工作场所中学习的。[11]

（一）芬兰工作本位学习开始阶段

在工作本位学习开始的时候，由学生、企业、职教教师、培训指导者共同根据一系列指标，评估这个工作场所是否适合学生进行工作本位学习。学生需要尽可能准确地评估自己的能力和技能水平，更好地制定职业生涯的发展方向和目标。在进入工作本位学习的前六个月，学生要接受工作场所的相关信息，与正在实习的学生交流工作本位学习的经验，填写关于想要习得的技能类型的文件，确认他们想要参加的工作类型。在职业生涯与就业部门相关人员的帮助下，学生还要写一份简历，其中主要包括介绍已有的学习成果和工作经历，已经学习过什么，在工作本位学习过程中具体想要完成什么目标，最后学生把简历上交给他们的导师。总体来说，进入工作本位学习之前需要具备的条件可以归结为如下九条：① 让学生学会从经验中学习；② 让学生学会从观察中学习；③ 有一定的工作技能；④ 具有一定的推理和问题解决能力；⑤ 合作学习；⑥ 了解相应的法律责任；⑦ 个人福利和安全问题；⑧ 读写能力；⑨ 有一定的企业文化的意识和敏感性。

（二）芬兰工作本位学习的策略指导阶段

芬兰工作本位学习的最主要过程主要是由培训指导教师的引导下来进行的。学生到工作场所中不仅仅是去实践他们在学校所学的知识，在工作本位学习期间也有相应的课程目标来完成。工作本位学习的课程目标被明确地写出来，以便于学生、指导老师和工作场所培训指导者清楚地了解这些课程目标。在工作本位学习过程中，学生虽然会学到有用的技能，但是也有可能学会不恰当的态度和行为。因此，每一个学生要由一个工作场所培训指导者来对其进行指导。培训指导者除了其本职工作以外，还要在工作本位学习过程中给予学生支持、反馈和对学生进行工作观念上的监督，以保证学生的学习目标在工作本位学习期间能够达成。

(1) 策略指导的类型。芬兰依据知识分配给学生的不同方式，在工作场所中培训指导者指导学生的方法类型主要分为以下几种。① 在职培训。当新来的学生在工作场所开始执行具体的工作任务的时候，他们由一个合作工作者或者培训指导者来共同进行工作，以便于在恰当的时机接受培训指导者的指导。② 观察，新生参加一个任务，不需要去执行，只在一旁观察和提问题，这样首先能使学生掌握自己感兴趣的关键点，在任务完成后，培训指导者再点出学生没有注意到的关键技能点。③ 前载指导，主要是由一个经验丰富的培训指导者提供给新来的学生大量的、脱离具体工作任务，但是与工作相关的知识。④ 即时指导，新来的学生开始参加工作场所中的工作活动，无论任何时候当学生提出问题和需求的时候，培训指导者都得给予相应的指导和培训。⑤ 后载指导，在工作场所中的学习结束后，给予学生详细的指导和反馈，帮助学生总结工作技巧和经验，这其中还包括学生的自我评价。⑥ 相互自我指导，新来的学生们在团队中被分配任务，当然这些任务大多是企业设计好的。学生必须在没有培训指导者帮助的情况下完成这些任务。此时，学生们就要相互合作，一起探索和掌握知识技能来完成接受的工作任务。⑦ 不干涉主义，新来的学生被赋予一个任务，并且不给予任何指导。这项策略的成功与否要依靠于学生作为一个学习者和问题解决者的能力和被赋予的任务的复杂程度，与相互自我指导相比，不干涉主意主要是针对学生个体而不是群体而言的[12]。

(2) 策略指导的具体步骤。有效的指导需要许多步骤,设计出来的这些步骤使学生在第一次尝试任务后就能按照步骤正确地来完成任务。芬兰工作本位学习指导策略的具体步骤主要有如下几个:第一步是简介,即通过陈述任务的目标和描述完成任务需要的过程来介绍任务;第二步是定位,即安排学生在培训指导者的旁边或者是后面,以便于学生从培训指导者的视角来看具体的演示;第三步是第一次演示,以正常的速度执行演示,并且不要伴随语言的讲解;第四步是第二次演示,在执行演示的时候要伴随停顿,并且讲解和强调关键点;第五步是第三次演示,在执行每一步骤的同时,都要进行详细的讲解,并且重新强调关键点;第六步是学生描述,即在进行第四次演示的时候,要求学习者描述应该做什么和怎样去做,这个阶段主要用来检查学生是否真正理解了完成任务所需的步骤;第七步是学习者自我操作;最后的阶段是由学生自己来执行任务。在学生执行任务的时候,培训指导者要认真地观察他们的操作,以便于在必要的时候能够矫正错误,并且提供适当的反馈信息。

(三) 芬兰工作本位学习的评价阶段

芬兰工作本位学习在结束之后会有一个评估讨论,由学生、职教教师、工作场所培训培训指导者共同参加,以保证在工作本位学习之前学生设定的目标能够真正达成。评估的讨论通常由学生的自我评价开始。在这一环节中,学生主要来指出工作本位学习过程中的学习经验,究竟学习到了什么,以及还有哪些不足等,然后由职教教师和工作场所培训指导者来对学生进行评价。由于工作场所中的众多可变因素导致对学生进行公正准确的评估十分困难,同时也由于学生的学习经历有很大的不同,想要通过少量的学生就探寻出一条有效的评估方法也不太可能。还没有一种有效而固定的方法能够用来对学生的工作本位学习进行评估,芬兰在发展有效的评估方法方面面临着一系列的挑战。

(1) 芬兰工作本位学习的外部质量评价机制。芬兰的工作本位学习采用外部质量评价机制。外部质量评估机制是芬兰多科技术学院质量保证体系的合理内核。芬兰较早就建立了科学的外部质量评估机制,1995 年底,由教育部投资成立了高等教育评估委员会。该委员会是独立于高等教育行政机构和高等院校之外的专家组织,由教育部任命 5 名大学代表、3 名多科技术学院代表、2 名工业贸易界代表和 2 名学生组织代表共 12 名专家组成。委员会通过评估与认可来促进各高等教育机构质量的提高。科学的国家外部质量评估机制,已成为芬兰职业教育质量保证体系中必不可缺少的实质性保障措施。

(2) 芬兰工作本位学习的评价工具。芬兰在评估工作本位学习的过程中,要使用一些评估工具。评估工具可以被用于行政管理、监督、学习和评价,可以起到提高和促进工作本位学习的作用。芬兰工作本位学习主要应用的评估工具包括：① 日志和日记，日志和日记在工作本位学习中经常被使用到。这里的日志主要是指要求学生对所从事的工作进行描述和反思，更强调工作中学习的描述和反思。② 学习契约，这是学生、工作场所培训指导者、职业教育教师、雇主在考虑学生所需接受的学习类型和数量之后，所共同拟定的一份契约，其对于工作本位学习中的各个角色来说，代表着一种承诺。它所覆盖的时间广泛，面向校园内外，以学生个体或者团体的形式签订都可以。学习契约的主要作用便是规定了学生在工作本位学习中所要达到的具体技能、能力和目标，以及学生在工作本位学习中的权力和职责。③ 企业培训地图，这是一种组织工具，它可以帮助学生找到通往正式工作的道路，是学生学习的“实时跟踪记录器”。依照企业培训地图，来指导学生应该在工作场所中学习什么，并且给出学生如何有效提高他们的能力和技能的建议。这种培训地图可以说是一种能力评估单，允许学生了解他们目前都学习到了什么和目前还有什么应掌握的技能，这些都是按照学生们所期望的职业所需要的能力和技能来制定的。企业培训地图既要显示出学生所需要学会的能力和技能，又要显示出他们现在所处的水平层次。④ 公文包，在公文包中，每个学生预期想要达到的能力和技能都根据每个学生的特点被严格地定义。公文包中包含的记录具有很大的时间跨度，其中的内容主要包括一些总结性的文件、自我评价、学习经历的介绍等。它远远不是收集平时的作业那么简单。公文包评估与传统的用考试和规定好的论文来评估的方式比起来具有显著的不同。它是以定义明确、界限清楚的学习成果（通常是一种能力或技能）及详细的标准和条件为依据的。评估的过程需要包括大量的判断，因为所提供的证明自己学习成果的证据有可能与某项所要达到的能力和技能的标准不相符。

三、芬兰工作本位学习对我国的启示

芬兰工作本位学习最显著的特征就是企业与多科技术学院之间的密切关系。最佳的实践学习产生于企业和多科技术学院共同努力支持的工作本位学习。最好的方案就是工作场所和多科技术学院成为平等的合作伙伴关系来共同为职业教育实践做出贡献。两者都要参加日常工作本位学习的监督和指导工作。企业和多科技术学院要共同参加工作本位学习的设计和传递知识的过程，因为这两个角色的职责是同等重要的。当提及最优实践效果的时候，芬兰重点强调工作本位学习中的各个部分，即学生、企业和多科技术学院是互惠的关系。芬兰工作本位学习中良好的实践所必须具备的因素比较繁杂，它们是工作场所中有效实践的基础。

（一）芬兰工作本位学习的有效发展依靠相关

芬兰工作本位学习对学生、企业、多科技术学院和合作伙伴组织等都是有益的。芬兰工作本位学习的各个组成部分都做好了充分的准备。学生、职教教师，尤其是工作场所培训指导者，各个部分都需要清晰地知道自己所扮演的角色和要承担的责任，其中工作场所培训指导者要由经验丰富和富于表达的人员来担当。学生可以根据自己的学习水平、需要、兴趣和职业目标来选择企业，签写培训合同和填写个人的培训计划，这些都是要由企业雇主、培训指导者、职教教师来共同商讨决定的。企业雇主和多科技术学院都要出资金来奖励工作本位学习中完成培训目标的优秀学生。

（二）芬兰工作本位学习制定的目标清晰明确

因为学生处于远离多科技术学院教师的工作场所，有必要非常清晰地对学生的学习目标进行明确的规定，并且让相关利益群体，尤其是工作场所指导培训者清晰地了解事先预定的学习目标，以便于时刻监控学生在工作场所中的学习是否偏离了既定的轨道，同时也有助于高效地完成工作本位学习目标。

（三）芬兰工作本位学习的评价标准追求实际

芬兰工作本位学习的评价能够精确地反映学生的学习成果，并且一定要有真实的工作过程和工作产品，把其作为评价工作本位学习的最主要的依据。芬兰极其重视学生的自我评价，把学生的自我评价作为总评价的重要组成部分。

（四）性别平衡的职业工作信息委员会

芬兰工作信息委员会代表社会行业和道德团体来对工作本位学习的项目提出建议和帮助，并且支持工作本位学习的计划、发展和执行。其中职业信息主要包括传统的和非传统的职业信息，同时委员会还起着监督和评估工作本位学习的作用。

第五节　芬兰多科技术学院教育特色

一、实行开放式办学，办学理念超前

多科技术学院从建立初就把培养专业人员以适应劳动力市场的需求，特别是促进地区的发展作为办学理念。多科技术学院为当地培养各类工程技术人才，使青年人和成年人掌握应对未来的必要知识和技能，积极参与职业生活的发展和创造与职业生活相关的知识，通过从事应用研究，为地方经济和社会发展提供直接服务。在学校管理和课程方面给予多科技术学院更多自主权，增加社会参与教学改革的权力，加强专业与经济社会的联系，特别是适应劳动力市场的需要。

多科技术学院根据地区的工业、商业和服务行业的实际需要来设置专业，并结合科技发展的内容对课程内容不断补充和修订。建立模块化、学分制的课程体系。将一个专业的课程体系分成几个单元或者几个模块，并且授予学分，增加学生的选择性。多科技术采用弹性学制，学生可以根据自己的时间和条件决定学习期限具有较大的灵活性。多科技术学院同企业建立联系，学院根据企业的需要和劳动力市场的人才预测来确定招生数量。多科技术学院实行灵活的学制、多种教学计划并存，给学生和劳动力市场带来很大的灵活性和便利性。多科技术学院培养出来的毕业生能很好地适应不断变化的劳动力市场的需求。[13]

坚持理论与实际的结合。芬兰多科技术学院是以学校教育为主的办学模式，须整合各方面的学习资源，才不至于与实际相脱节，与国际先进职业技术教育相脱轨。芬兰多科技术学院从其诞生开始，就面向社会、面向市场、面向国际开放式办学。首先，在多科技术学院的学习专业设置方向上，就明确了与社会生活密切相关的七个领域：自然资源，技术与交通，工商管理，酒店、餐饮与家政学，健康卫生与社会服务，文化与信息技术，人文与教育。其次，录取学生强调工作经历，职业技术学院的学生入学除了要参加入学录取考试外，工作经历也是录取的重要参考依据。第三，教学安排上强调实习学分，有的还有单项课程实习，从而与国内一些企业和机构建立了紧密型实习与就业关系。第四，芬兰多科技术学院积极加入了欧盟国家学分互换体系(ECTS)，增强了与其他欧盟国家的合作和学生交流。芬兰各多科技术学院在芬兰国际交流中心指导下开展对欧盟以外国家的广泛国际交流与合作。如校际互访，互派教师访问学者，引进合作伙伴的优秀网络远程课件，吸引留学生，鼓励本国学生到国外实习交流。

芬兰多科技术学院实行学位制，学生在校学习3.5～4.5年，修完140～180学分(210ECTS学分)，不仅可以授予学士学位，可以进一步攻读硕士学位(60～

90ECTS学分)。如瑙蕾学院现有18个专业，16个学士学位点，2个硕士点。这样，一方面使得职业技术教育从义务教育到职业高中、再到专科、本科、硕士形成了一个与大学教育并行的阶梯式职业教育体系，客观上满足了现代技术飞速发展对高层次教育的实际需求；另一方面，通过提升职业技术教育的地位，开展成人教育和培训，构建了一个终身职业技术教育体系，有利于克服人们对职业技术教育的歧视心理，增强职业教育的吸引力。[14]

二、系统化培养技术技能人才

芬兰职业教育围绕社会经济发展对不同层次、类型人才的需求，科学制定中等职业学校和多科技术学院的人才培养规格。中等职业教育培养职业知识和技能及就业能力的技能型劳动者。多科技术学院培养理论与实践相结合、具有综合素质和国际视野的技术技能应用型人才。多科技术学院的人才要有广泛的实践知识和技能以及理论基础，了解本专业或行业发展状况，能将所学知识和技能运用到实际工作中，具有终身学习、语言与交流表达和参与本领域国际活动的能力。

芬兰教育与文化部制订了中职与高职统一的专业目录，规定了在人文与教育、文化、社会科学及商业管理、自然科学、技术与交通、自然资源与环境、社会服务与卫生体育、旅游餐饮与家政服务等8个学科领域进行有效衔接。芬兰多科技术学院根据区域产业结构和社会对人才的需求科学设置学科和专业，注重学科专业设置与区域产业结构对接，人才培养与社会、经济和就业市场需求对接。例如，赫尔辛基大都市多科技术学院专业设置强调以社会需求和就业为导向，强化与工作生活的联系，开设了老年人关爱、社会服务等适应老龄化社会需要的可授予学位的专业。

多科技术学院课程体系注重与高中阶段教育的有效衔接。多科技术学院学士学位课程学制一般3～4年，以4年制为主，硕士学位课程学制一般1至1.5年。学士学位课程通过联考不仅招收普通高中毕业生，也招收职业高中毕业生，在大学的头两年教育中，教学计划有针对性地弥补两类生源知识基础和结构上的差异，普高生源适当加强专业基础课学习，而职高生源则适当加强文化课学习。

芬兰职业教育围绕社会经济发展对不同层次、类型人才的需求，科学制定中等职业学校和应用科技大学的人才培养规格。芬兰1998年《职业教育法》规定，中等职业教育培养具有职业知识和技能及就业能力的技能型劳动者。应用科技大学培养理论与实践相结合、具有综合素质和国际视野的技术技能应用型人才。政府法令明确规定了应用科技大学的人才培养标准，有广泛的实践知识和技能以及理论基础，了解本专业或行业发展状况，能将所学知识和技能运用到实际工作中，具有终身学习、语言与交流表达和参与本领域国际活动的能力。[15]

三、建立校企合作伙伴关系

芬兰多科技术学院注重校企合作培养技术技能人才，通过企业实习和项目教学培养学生运用知识和解决问题的实践能力。四年制课程中安排了一个学期的实习课，学生与企业签订书面合同，合同规定学生在企业一线经验丰富的技术人员指导下，参与足够的生产或技术项目，学生不仅将所学知识和技能运用到实际生产和项目中，而且还能在真实的生产环境中培养软技能和认真负责的工作态度。多科技术学院瞄准区域社会经济发展需求，与地方政府、企业和组织组成发展网络，形成长期稳定的发展合作伙伴关系，共同设立研发项目，学生通过参与项目来培养实践能力和综合职业能力。如坦佩雷多科技术学院以作业的形式，吸收学生参与当地企业的研发项目，与学校教师和企业技术人员一起提出新的解决方案，完成企业研发项目。多科技术学院还注重提高教育国际化水平，通过建立国际合作网络和开展国际项目，培养具有创新能力的国际化人才。

多科技术学院同产业界密切合作，企业可以参与到学校的各个方面，例如课程的开发、学校的管理、学校的教学等。课程体系还引入了在岗培训学习，在企业的工作车间完成，由学校和企业代表共同设计和做出评价，加强学校和企业的联系和沟通，保证职业教育与产业界的合作的质量，缩小了教学和实践的差距，提高了学生的职业能力。学校还从产业界获得了反馈信息。产业界代表认为新的产业工人普遍需要基本技能但也缺乏对顾客的熟悉了解和团队合作精神学生局限于某一专业领域，导致学习太狭窄，并且职业教育机构思想保守。产业界主张职业教育机构应注重基本技能和良好的职业态度的培养以及创业能力的培养等。多科技术学院通过从产业界获得的这些反馈信息，进一步调整教学，使教学和企业实践紧密相连。

芬兰多科技术学院人才的培养立足于更好地为区域经济发展服务，并且首先满足中小型企业的需求，很多技术院校都与企业建立了合作关系共同开展科学研究工作。院校的科研活动主要由工商企业提供资金或吸收公共事业捐款。国家和地区政府部门也会直接拨款，资助多科技术学院从事一些应用性很强的、与生产实际联系紧密的科研活动，同时科研成果转化率与产业化率也很高。多科技术学院的课程设置、授课内容和学生实习方式等都由学校和企业代表共同商定，学生在理论学习的基础上，还要到企业实习，培训和就业上会得到企业的大力支持。

多科技术学院非常注重通过校企联系将行业发展、区域发展的研发项目与教学活动联系起来，力求使合作项目中产生的新知识、新技能为教学所用。芬兰多科技术学院与企业界的具体合作涉及方方面面，较为简单的有实习场所的选择、毕业设计的选题、教学反馈等，也有较深一层次的国际合作、以项目为基础的毕业设计、员工及教师的相互培训、系统性商业服务、小型的研发合作项目，还有更加深入的资源与设备共享、大中型的订单式或合作式项目、长期的研发合作等。这种合作关系可以更好地拓展教师的工作范围，并加强其与行业实践的联系。

四、采用多样化学习形式

发展继续教育，推动终身学习发展，不仅是芬兰国家教育发展战略，而且也是多科技术学院承担的重要使命。学士学位课程招收具有职业资格的成人学生，硕士学位课程招生对象则要求教育背景的一致性和实际工作经历，面向那些取得了多科技术学院本科学位，或具有应用型专业本科学位并至少有 3 年专业工作经历的人员。

实施开放高等教育，推动继续教育深入发展。大多数多科技术学院建有开放学校。坦佩雷多科技术学院开放高等教育面向人人，不受年龄和教育背景限制，主要开设大学基础学位课程，一般晚上授课。短期专业化学习课程主要面向已取得本科学位或职业学院本科学位的人员，旨在深化和拓展学习者专业知识，促进个人专业成长，提升应对专业领域发展挑战的能力，课程可在 1～2 年内完成，授予 30～60 个学分。行政工商管理硕士课程采用模块循环教学，每月一个教学模块，学员可在一年中任何一个月入学。学校还向企业人员开展定制培训。芬兰多科技术学院在建立学习型社会中发挥了重要作用。

多科技术学院教育培养的人才必须具有很强的实践能力和技术应用能力。多科技术学院学士学位教育包括 5 部分学习模块：基础学习、职业学习、工作实习、自由学习和项目论文。学生要获得学士学位一般需要完成 210 学分的学习，其中基础学习 60 学分、职业学习 90 学分、工作实习 30 学分。多科技术学院关于职业场所学习的指导性原则，是使学生在学习过程中尽可能地将他们的理论知识转化为实践，尽可能地试验他们实际知识的水平和应用能力。这种知识和能力将通过与工作相关的各种协作项目或实训期间的练习项目获得。

实习的目的是进一步提高学生学习的成果和获得职业岗位的可能性，以及提升他们的职业生涯，提高学生的技能水平，并实现技能从学习向工作过渡，学校开设职业指导和创业课程，学生在学校学习期间就形成强烈的创业和就业意识。职业指导教师向本校学生及报考本校的学生提供指导咨询服务，内容包括学习、实习和职业选择。职业指导的目标是向学生提供一个综合性的指导咨询体系，涉及从学习计划到职业规划、国际交流等问题。教学中强调以学生为中心，承认学生的差异，教师有针对性地制定不同的学习计划，鼓励学生进行评价，扩大学生的选择范围，承认学生以前的学习经历和工作经历，培养学生的自主学习能力。教师教学方法非常注重理论联系实际。教师帮助学生从机械性的反复模仿过渡到创造性的劳动。通过理论学习、技能学习、参观企业、做实验和实践操作,鼓励学生进行创造性的产品设计和制作,从而培养学生的解决问题的能力。教学计划和职业岗位的技术要求结合密切,特别强调学生专业实践能力的全面培养。教师将工程项目结合到教学中,对于培养学生解决实际问题的能力很有效。由于这种教学活动一般是以小组为单位,在完成项目的过程中,学生的沟通能力和协作精神也得到了锻炼和培养。

多科技术学院的教学目标是以满足学生职业生涯的需要为基础,不断改善教学质量并为学生提供更加多样化的选择机会。学生若要获得多科技术学院的学士学位,需要进行核心课程、专业课程和选修课程的学习、工作实习以及毕业设计等,完成210～240个欧洲学分。贴近职业生活是其安排教学活动的核心,除了在理论教学过程中不断渗透实用性知识与技能外,所有学生必须强制性修得20～40个实习学分,以保障学生在获得必要的理论知识的同时得到充分的职业技能训练。学生实习期间要熟悉实际工作的真实场景与任务技能,有的学生还在国外进行实践培训,政府会帮助多科技术学院安排实习岗位。学生在进行毕业设计时可以深入地学习行业关注的某项问题,特别是在技术与通讯领域,学生中90%的毕业设计由工商界委托,并与公司项目直接相关。多科技术学院普遍重视学生对教学活动的反馈意见,以此作为提高教学质量的重要方式。为了满足学生个性化发展的需要,学院为每个学生制定了个人学习规划,“导生制”也被广泛应用。这些措施对于增强学生职业生涯规划的科学性,改善教学质量与降低学生辍学率,起到了积极作用。

五、培养目标明确具体

多科技术学院旨在为学生就业提供技术培训,为学生从学习过渡到工作铺平道路。多科技术学院教育的目的是为企业输送高级技术人员和管理人员,促使学术成果尽快转化为生产力。多科技术学院教育强调学生三种能力的培养:基本能力、核心能力和公共基础能力。基本能力主要反映以下技能:国际意识,可持续发展能力,科技、信息掌握能力,创业精神,平等意识,服务与客户协调能力,职业安全与健康能力。核心能力是一种主观能力,强调为个人发展和事业成功提供保障的能力,它对于一个人的情感生活、个性发展和整体生活质量至关重要。核心能力注重以下技能的培养:学会学习的能力;解决问题的能力;沟通和合作的技能;情感智力和伦理技能。其中学会学习的能力涉及学生学习和工作的动机和反应;能够意识和评价自己的学习能力;获取知识、构建知识、评价知识、应用知识改变生活的能力。公共基础能力,要求学习者达到各个职业领域工作的一般要求。多科技术学院教育是区别于普通高等教育的另一种类型的高等教育，决定了它培养的人才规格既不同于普通高等教育培养的学术型或科研型人才，也不同于中等职业技术教育培养的技能型或操作型人才，而是有自己的鲜明特点。从人才的层次来看，多科技术学院教育属于高等教育，它要求培养的人才要有与高等教育层次相适应的基本知识、理论和技能，但又以其较强的操作技能区别于普通本科教育；从人才的培养依据和导向来看，多科技术学院教育属于职业教育，它培养的人才是按照岗位和职业丛的要求为依据进行教育培养的，具有很强的职业导向性；从人才的类型来看，多科技术学院教育又属于技术教育，它培养的人才除了要具有必需的专业知识外，更具有较强的管理能力、实践能力和实用技术操作能力。

六、面向市场需求的课程设置

多科技术学院与传统大学以学科理论架构为基准的专业设置有很大区别，在很大程度上要考虑地区发展的现实需要。多科技术学院最热门的专业大都集中在市场需求旺盛的行业领域，如商业管理、技术通讯、卫生和社会服务、文化等。以文化领域为例，最热门的专业有媒体、设计、手工制造和应用艺术等，其他领域的热门专业有信息技术、物理治疗、紧急救护和社会福利等。此外，针对国家特殊需求设置的某些专业，尽管入学名额有限，也很受欢迎。此外，为了更加灵活地适应各个行业对高层次技能的需求，学位课程的单元设计与具体组织都由各个院校自主进行。每所多科技术学院都要根据自身实际制定符合现实需要的学位课程计划。在课程内容的选择上，各个学院尽可能贴近所在地区的工商界需求。为了掌握翔实可靠的需求信息，他们还利用调查问卷、咨询委员会、校友活动、教师与企业界的合作关系等多种渠道。在很多情况下，一些非常重要的企业界代表还会参与学校的管理事务，并在课程内容的安排设计中提出建议。

多科技术学院课程设置的原则是使学生获得职业生涯中特定领域所需要的专门技术以及进一步发展的基础。多科技术学院主要提供七个方面的教育：通信技术，商业管理，旅游、餐饮和机构管理，健康保健和社会服务，文化，人文和教育，自然资源。以赫尔辛基多科技术学院为例，七个专业课程设置有特色，通信技术下设：汽车工程、文职工程、建筑位置管理、电子工程、工业管理、通信技术、实验室科学和机械工程。社会服务、健康和运动下设：美容和化妆、生物学实验室科学、牙齿技术、紧急事件看护（英语授课）、看护（英语和芬兰语授课）、助产士（芬兰语授课）、公共健康看护（芬兰语授课）、职业治疗、验光、口头卫生学、正骨疗法、物理疗法、足医术、弥补术和矫正术、X 光射影术和放射治疗法和社会服务（英语和芬兰语授课）。文化下设：古典音乐、音乐教育、音乐家、文化管理、服装设计、多媒体和表演艺术。旅游、餐饮和家政服务：招待服务管理。

每种学位课程都包含 140～160 学分，即 210～270 个 ECTS（欧洲学分转换制）学分，1 学分约合 40 学时。学习包括基础学习、专业学习、任选课学习、实践训练以及学士论文。需要 3.5～4.5 年的全日制学习。多科技术学院的所有学位课程中都包括在职的实践训练，即实习。这个阶段一般需要半学年，至少获得 20 学分。在基础学习阶段，学生学习本专业领域的基础知识及本专业在工作中、社会上及国际上的作用和重要性。这一阶段的学习也包括交流与语言学习，包括母语、第二官方语言及一门或者多门外国语的学习。专业阶段的学习涉及深入接触专业领域的主要方面、核心、功能及运用，要求学生熟悉理论或艺术基础。必修的在职培训阶段的学习要求学生最低修满 20 学分。除了使学生了解本专业和未来从事的工作外，要求把大部分掌握的理论知识应用到实践中去。学生也可以将学位学习与其他专业领域、其他学校或者出国留学结合起来。每类课程设置目标明确，以护理专业为例：基础课目的学习目标是学会识别个体、群体和社会对健康的需求，评估自己与他人、环境和健康之间的关系等；专业课目的学习目标是学会临床思维、调查研究方法的应用，培养解决问题，获取专业成长能力与技巧等。

以图尔库多科技术学院的护理学为例，护理学士学位课程 140～180 学分不等。涵盖教师授课、师生互动的专题研讨和学生自学、讨论方面内容，其中普通护理教育 3.5 年，140 学分；公共卫生护理、急救护理和其他相关医学教育 4 年，160 学分；助产专业 4.5 年，180 学分。国际化英语授课护士班 4 年。90 学分的理论学习；选修课学习 10 学分；学位论文及毕业考试 10 学分；50 学分的专业理论学习。临床实践时间因专业而异：普通护士专业 50 学分，公共卫生和急救护士专业 70 学分，助产专业 90 学分。一般由基础课、选修课和专业课组成。基础课涵盖大学的公共基础知识及健康教育基础知识两方面的内容，包括研究技巧和专业发展、信息管理和研究、芬兰语、瑞典语、英语、护理伦理、护理科学、IT 和网络技术、基础理论、保健机构和团队工作技能、社会学、心理学等。选修课目很多，有语言方面、文化商业方面、技能方面的多门课程供选修。专业课根据所选专业不同、课程设置及内容不同，包括医学基础知识和专业知识两方面的内容，具体包括解剖和生理、医学科学、内外科护理、儿科护理、青春期护理等。专业课特别强调学习的整体性，注重临床思维、临床技能和护理科研方法的培养，真正做到理论联系实际临床实践是护理专业必不可少的重要学习内容。芬兰的护理教育规定学员必须通过实习提高实践技能，并有相应的实践学时和学习要求，健康教育也不例外，护理法规除受欧共体体制制约外，教育管理机构也有相应的临床教学管理规定，如教师的素质，临床实习所占比例，实习环境的要求、临床实习基地的教学和管理等。芬兰的就业准入制度也相当细致，比如理发师都需要职业资格证书。其目的就是要提高劳动力素质,建立一个涵盖整个职业教育领域的资格认证体系。

七、建立科学评估机制

为了使多科技术学院从一开始就规范运作,达到改革的预期目的,芬兰教育部组建了高等教育评估委员会及其附属的职业技术学院资格评估委员会、专业课程评估委员会。教育部负责组建机构,但并不直接参与评估,评估机构独立于教育行政机构和高等职业院校,参与评估的人员实行聘任制。评估分为三类:教育质量评估,项目和专题评估,专业课程评估。评估内容保密,但结果向社会公布,并作为国家奖励和教育合同谈判的重要依据。如通过高等教育评估委员会教育质量评估,芬兰教育部今年授予了瑙蕾学院等四所职业技术学院2005～2006学年度“优秀办学中心”,并给予了巨额奖励,其中瑙蕾学院获得的奖金达43万欧元。极大地激励了这些职业院校不断提高教育质量,创新教学方法和教学手段。同时,由于评估的结果是向社会公开的,也有利于加强投资者和社会对学校的监督,增进高中阶段学生对职业技术学院的了解,以便选择深造的学校。

对多科技术学院的教育评估成为芬兰政府管理多科技术学院的政策工具。为了使芬兰的大学和多科技术学院的教育能够规范运作,芬兰教育部组建了高等教育评估委员会。该机构负责对学院定期进行教育质量、项目和专题、专业课程等方面的评估。通过评估的多科技术学院,教育部与之签订为期三年的教育合同,表明该学校具备相应的办学资质。高等教育评估委员会,作为独立实体,不像其他北欧国家的质量评估机构享有自治权,但是委员会能够独立制定评价标准与规则,计划、组织和培训同行专家对学校、专业和课程进行外部评估,根据评估报告,保证和提高教育质量,为政府决策提供较为准确和科学的依据。质量评估标准的制定、评估方式和评估结果的发表,皆不受政府的直接干预和控制。这种机制既有利于增强人们对质量认证、评估、授权的信心,增加了质量评估的客观性、可信性与说服力;同时政府通过立法手段,批准和任命评估机构部分成员的这种方式又可以保留政府的主导、监督和奖惩权力。

八、采用有限责任公司和合同形式进行管理

芬兰多科技术学院由地方市政当局、市政当局联盟,公有或私有公司、基金会等出资创办和运行,出资人相当于股东,成立股东会。股东会下设理事会,理事会对股东会负责,其主要职能是:制定学校发展战略和长期发展计划;确定年度预算和工作计划;聘任学校校长和其他管理成员;确定学校管理指南和规章。理事会下设校长负责制的行政执行机构,处理日常事务。这种责权分明的内部管理机构与外部评估机制的有机结合,形成了多科技术学院科学的治理结构,提高了管理的效能。

芬兰对多科技术学院的管理和调控也是多角度的，除了通过法律和政策及评估的机制等手段以外，还有一个具体的措施，就是国家合同管理的办法。国家教育部与各职业技术学院每三年进行一次谈判，然后签订下一个为期三年的教育合同，合同内容涉及八个方面：上期合同履行情况分析，教学目标，教育使命，硬件建设开发，教育供给任务，研发目标，资金来源，监督与报告等。由于芬兰的学生都是法定免学费的，所以学校的主要教育支出由中央政府（占 57%）和地方政府（占 43%）承担，教育部按照核心基金与项目基金、公开大学教育补贴、基本运行成本等三项提供年度资金，具体金额连同其他合同内容通过谈判确定。国家运用合同形式实现对多科技术学院的管理，一方面有其不断调整和改善多科技术学院状况的灵活性，另一方面也充分体现了国家对于多科技术学院的深度调控力度。

九、以实践能力为重要标杆的招生选拔机制与就业机制

芬兰多科技术学院在学生入学选拔时会额外注重学生的社会实践能力。一般说来，芬兰多科技术学院入学的基本要求同大学一样，是已完成普通高中或职业学校教育或相应的国外教育，但学院在选拔标准设置、入学考试安排及学生录取方面具有自主权，除了在校表现、入学考试成绩之外，工作经历、实践经验及技能掌握也成为校方考察的重要方面。

在就业方面，多科技术学院以学生实践能力突出为特色，通过建立广泛的校企联系保障学生顺利就业。多科技术学院的学生可以通过多科技术学院联合性的岗位网络服务系统寻找合适的工作，用人单位也可以通过该系统了解学生的个人资料，聘用所需要的人才。由于多科技术学院培养的学生更加具有实践性与灵活性，其就业状况一直保持较高的水平，

十、理论联系实际的师资队伍

由于多科技术学院是由原有的职业学校或中学后职业学院合并而成，最初的教师主要来源于这些机构。为了使这批教师尽快满足并适应这种新型本科院校的教育教学需求，设置了一个为期五年的特殊过渡期。芬兰教育部还为其提供了各种培训项目。截至 2000 年，多科技术学院共有永久职位教师 5 300 人，非永久性职位教师 1 900 人。芬兰还特别引进了 130 名校外讲师，这些讲师大多是来自各种岗位的行业专家。外部专家的引入加强了多科技术学院与工商界的联系，确保了学生可以获得最新的行业知识与技能。除加强教师在职培训、进修与深造外，芬兰还出台政策保障更多的多科技术学院教师进行国际交流。每年多科技术学院都会组织“教师交换”项目，力图使大多数教师获得国际流动机会，开拓教师与学生的国际视野，保持教师队伍的生机活力。

多科技术学院超过 80% 的老师教授职业课程，剩下的老师则是担任核心课

程的专家、特别需求教师和咨询指导教师。在芬兰要想成为教师，需要完成法律要求的职业资格，所有职业教育机构教师和多科技术学院教师都需要获得60ECTS教育学学分。核心课程教师需要具备硕士学位，完成包括60ECTS学分的300ECTS学分的学习。在芬兰完成硕士学习的平均年限是6年。校长要求具备副博士或者博士学位，同时需要有多科技术学院管理经验。如果一个人具有很好的素质即使只具备硕士学位也可能被任命为校长。校长一定要具有很强的语言能力。多科技术学院讲座教师中大部分老师来自工业行业和商业界。这样由他们教授的毕业生符合社会要求，这是一种获得职业生活变化和要求的有效途径。

教师的教育学学习来自所有教师教育中涉及的普遍的核心材料。对于核心科目的教师来说，教育学学习可以和一般教育同时进行，也可以获得学位后在大学或者教师教育学院进行教育学学习。职业教师必须先取得相关领域的学士学位或者硕士学位。职业教育学习包括基础学习、职业教育学学习、教学实践和选修学习。选修学习可以包括成人教育中的学习或者特别需求教育。特别需求教师和咨询指导在完成一般或职业教育要进行教学资格教育。教师享有相当于国家公务员的工资待遇。在多科技术学院，教师的任务更侧重于教学，教师的聘任条件主要看其教学能力和教学经验。

十一、密切联系地方发展的应用型科研

芬兰政府在1999～2004年《教育与科学发展规划》中指出，多科技术学院应加强其与职业生活的联系，提高其行业发展的能力，特别要考虑中小企业及区域发展的需要。多科技术学院还要促进研究发展工作与职业生活的合作关系。大学应该着重于基础性科学研究，科学研究人员的训练及基础性教学。多科技术学院偏重应用型科研是芬兰双元制高等教育体系的客观要求，满足地区发展与学生职业发展的需求是其迥异于大学学术型科研的特色所在。

多科技术学院的重要任务之一就是积极参与地方行业发展，并创造与之相关的新知识。芬兰政府在评估区域发展状况时也额外注重当地多科技术学院的作用。2001年，政府首次为多科技术学院投入500万欧元用于应用型研发的基础建设。还不断追加资金扶助其科研发展。多科技术学院无论是在地区事务中的地位和作用，还是自身的行业创新能力、职业技术革新和发展潜力等。这种积极效果的产生，得益于该类院校坚持应用型科研的发展道路。越来越多的研发资源被用于区域发展、中小企业竞争力提升以及福利事业的改善，如围绕这些高等院校建立了诸多专家中心、技术中心、科学园区等。

十二、保障体系完善

(1) 法律保障。学院的主要管理权在地方，由芬兰地方机构联合会负责。

指导与管理多科技术学院的法律条款绝大部分是在多科技术学院自己的法令和条例中规定的。法律规定了诸如多科技术学院在高等教育体系中的地位、专业与学位、管理准则、入学的资格条件、免费教育以及教师事务等事项。政府通过法律对给多科技术学院授权和颁发运行许可证应依据的标准做了具体的规定。运行许可证可以授予地方当局、市政、注册的芬兰基金会或者协会多科技术学院的举办权。政府颁发的多科技术学院运行许可证规定了多科技术学院总的运行框架、教育领域、教学语言、学生数量以及办学地点等。除了基于运行许可证的管理与指导外,政府对多科技术学院的管理与指导正朝着和与大学相同的原则方向发展,今后的管理将基于政府进行教育发展规划以及在此基础上产生的教育部与多科技术学院之间有关结果和目标的磋商等。教育部与多科技术学院之间的协议规定了多科技术学院发展的总目标、两者商定的任务陈述、法律条款以及诸如教学目标、国际交流与合作活动、必要的资源等其他内容。

(2) 内部管理。在学院内部,管理权主要由董事会、校长和顾问委员会来实施。多科技术学院由地方政府、市政委员会、注册的芬兰基金会或者协会负责维持运行。出资人相当于股东,成立股东会。股东会下设董事会,董事会对股东会负责,其主要只能是制定学校发展战略和长期发展计划;确定年度预算和工作计划和发展计划;确定年度预算和工作计划;聘任学校校长和其他管理成员;确定学校管理指南和规章。多科技术学院的全面管理由学校董事会与校长共同执行,必要时一个顾问委员会也参与其中事务。行政管理则主要由学院所有人负责。市政或私立学院的董事会和顾问委员会或者其他由多名委员组成的管理机构的人员构成,一般包括教师代表、其他员工、学生以及工商界人士。

《多科技术学院法》明确规定,每所多科技术学院必须有一个董事会和校长。多科技术学院所采用的管理方式是自治。多科技术学院必须有一个董事会和校长。所有其他事情由多科技术学院本身和它的维持组织处理。法案中没有确保多科技术学院管理机构中的学生或职工代表规定。尽管法案声称,代表应从多科技术学院全日制教师中选出,其他全日制学生和全日制职工可能由校董事会或者其他管理机构负责。结果关于多科技术学院的管理在多科技术学院间产生了相当大的变化。多科技术学院主体运行取决于几个方面:主要目标及实施;管理的主要原则和组织原则;董事会和管理部门的任命;经济计划和预算正式通过的程序;账目清算;所有的报酬政策、参与教育部关于目标和结果的协商。多科技术学院在几个方面拥有自主权:主要目标及实施;管理的主要原则和组织原则;董事会和管理部门的任命;经济计划和预算正式通过的程序;账目清算;所有的报酬政策;参与教育部关于目标和结果的协商。多科技术学院自治的讨论经常被强调尽管管理的运行可能导致多科技术学院管理自治它可能不挑选组织成员，挑选组织成员由单独的多科技术学院负责。

在高等教育民主的原则下，多成员组织的大多数成员应该代表社区教员和其他职工和学生。关于多科技术学院本质观点认为应适当地包括学习区域以外的成员。代表市政当局的主体认为每一个多科技术学院应该在它们认为适合的多科技术学院组织、决定运行主体相关权力和使多科技术学院最适应其特殊位置方面拥有自主权。从多科技术学院自治的观点看，当运行主体批准主持运算很重要，运行主体应该拥有自主管理财政授权，运行主体应该独立的管理自己的事务。多科技术学院校长通常不仅代表管理的运行，而且在多科技术学院董事会担任主席。校长在处理多科技术学院内部事情方面拥有很广泛的权力。市政当局和市政董事会联合组织关于是否该施行《多科技术学院法案》或《地方政府法案》感到不确定，《多科技术学院法案》没有包括任何关于多科技术学院自主的规定。当多成员管理主体建立，在纳入职工和学生代表和运用代表权利方面面临失败，职工和学生通常只有出席和表明观点的权利但是没有投票表决权。私人主体、公司和市政的多科技术学院在运行和管理之间管理职责和权利区分很明确。

第六节　芬兰多科技术学院教育特色的可比性

一、芬兰与中国的可比性

在建立多科技术学院方面，两国在以下几个方面具有可比性：

(1) 高等教育系统层面的治理原则十分相似，强调发挥国家强大的协调和管理作用。二战后芬兰重建得益于国家的努力，其中政府理所应当地发挥了关键作用。在此期间，芬兰创立了一个由中央落实模式为主的、广泛的计划机制，以保证经济社会中所有部门的平衡发展。中国各级政府也在高等教育的运行和资源配置中发挥了主导作用。

(2) 20 世纪 90 年代，芬兰的经济改革和行业运行环境与当今中国有相似之处。两国建立多科技术学院的目的都在于满足向创新型和知识型经济转变过程中对专业人才的需求，如既有实际技术又懂跨学科领域技术的工程师，而这些技师无法依靠研究型大学或职业专科学校培养出来。

(3) 两国都考虑在建立多科技术学院的过程中借鉴国际经验。芬兰的多科技术学院之所以成功就在于它学习了欧洲其他国家的做法，并创造性地将他国经验应用到芬兰本国实践中，最终形成了“芬兰模式”。对中国而言，学习其他国家的经验教训也至关重要。

二、芬兰建立多科技术学院的经验总结

1. 确保多科技术学院和传统学术型大学的平等地位

芬兰的高等教育属于双重系统，研究型大学和多科技术学院二者之间是互补关系，它们的使命和任务不同，分别由不同的法律来调整，即《大学法》和《多科技术学院法》。虽然多科技术学院相对较新，主要由中等职业教育机构合并而成，但是双重系统确保了多科技术学院与传统大学能平起平坐。对于芬兰的多科技术学院而言，在成立初期的学生录取和教师招聘过程中，作为高等教育学位授予机构的正式地位是非常宝贵的资产。但是只有通过雇主和毕业生的认可，多科技术学院才逐渐积累起平等的社会地位。在建立对院校教育质量的社会信任方面，将教师的学历提高到硕士和博士层次也是关键的因素之一。尽管多科技术学院和传统大学分属不同的法律调整，但是它们都要参加由国家高等教育评估委员会开展的外部质量评估。调整每个子系统的法律也可以被看作是对多科技术学院系统自治性的保护。法律保护多科技术学院及其使命不会受到变为研究型大学的内部和外部压力，它给多科技术学院提供了与传统大学平等运行的机会。从长远来看，只有市场才能够衡量真正的社会平等，评价高等教育子系统是否具有平等的社会地位。[16]

2. 保证多科技术学院与传统大学实现不同的使命

由于传统大学与多科技术学院分别适用不同的法律，芬兰两类高等教育机构的使命完全不同。依据平等的大学自治立法原则，多科技术学院更多的是为职业教育和企业服务，这与研究型大学完全不同。这也是很难将两类高等教育机构直接进行比较的原因。传统大学主要进行科学、艺术研究及以科研为基础的教学，而多科技术学院教学主要围绕就业需求、地方经济发展及有助于教学和地方发展的科研活动来提供教学服务。

《多科技术学院法》(351/2003 年)定义多科技术学院的使命如下：多科技术学院的任务是以工作生涯及其发展、研究、艺术和文化场所的要求为前提，为职业专家的工作提供高等教育，为职业发展提供支持，为满足多科技术学院的教育需要进行应用性研发，支持职场和地方发展，并考虑到地方产业结构的需求。通过完成这些任务，多科技术学院促进了终身学习。根据《大学法》(558/2009 年)，传统大学的使命如下：传统大学的任务是促进自由科研和学术与艺术教育，以科研为基础为学生提供高等教育，培养学生报效国家和人类。在完成任务过程中，传统大学必须促进终身学习，与周围社会交融，促进科学发现和艺术活动对社会的影响力。可以将两类高校的主要区别简单归纳如下：

第一，传统大学提供博士教育，有权授予博士学位，但多科技术学院则不可。

第二，两类大学均设立学士学位和硕士学位课程，但课程结构、招生要求以

及与劳动力市场之间的关系不同。传统大学的课程为学术性，学生注重学业，学生通常在获得硕士学位之后再进入劳动力市场。硕士学位是职场基本要求，学生在获得学士学位之后被直接录入硕士课程。而多科技术学院的课程根据实际情况进行调整，与职场密切相关；学生可从普通中等学校或中等职业教育学校直接申请学士学位课程。硕士学位课程仅限于少数几个领域，申请者需要至少三年该领域的工作经历；学士学位是职场基本要求，毕业生可直接进入劳动力市场。学位结构沿袭欧洲博洛尼亚框架。除了“平等但不同”原则外，多科技术学院的学分不能直接转入传统大学，由大学自主决定学生从多科技术学院可转学分的数量。[17]

第三，传统大学的中心任务是科研，其他功能建立在科研基础之上。而多科技术学院的科研具有边缘性，主要为地方工业发展服务。基础性研究集中在传统大学，多科技术学院也有科研活动，但通常由研发部门组织。多科技术学院的研发目的与传统大学不同，不是在科学领域取得突破性进展，也不是掌握最尖端科技，而是为了促进企业和公共机构的发展，更重要的是通过参与研发项目来提高教师的能力和专业水平。

芬兰教育文化部的任务是让两类大学协调发展，绩效协议系统是教育文化部进行协调的主要工具。每一所院校均需要与政府就院校的使命和任务进行协商，如四年协议期内完成学位的数量。基于拨款公式的政府津贴数量也通过协商决定。教育文化部也利用绩效协议来推动多科技术学院专注于地方发展的某个关键领域，以此保持系统的平衡性和多元化。除了不同目标和发展过程，芬兰传统大学和多科技术学院在改革方向、治理与管理系统和合作结构方面保持着平行发展。过去的十年里，两类大学均面临重大的机构改革。2010 年芬兰对《大学法》进行了修正，新的《多科技术学院法》也将从 2015 年起生效。通过合并高校等措施，政府调整了高等教育系统的结构。

改革使两类大学的自主性得到加强。研究型大学已经从政府和政府预算中分离出来，现在它们主要是公共自治实体，还有两所大学由基金会管理，属于“半私有实体”。在新的法律框架下，所有的多科技术学院都将获得有限公司性质的独立法人地位。无论是研究型大学还是多科技术学院都已经脱离政府预算，但是政府将以津贴的形式一如既往地给予大学经费支持。

3. 建立适合多科技术学院的管理和经费机制

《多科技术学院法》(351/2003 年)规定了多科技术学院在高等教育体系中的地位、自主性、运作方式、发展方向、评估手段、行政管理、指导和学位、学生、教师、工作人员和财务。政府激励和控制高等教育系统发展的主要工具包括政府的“教育与研究发展计划”、立法以及绩效协议机制。“教育与研究发展计划”为研究型大学和多科技术学院设定一般发展目标，它体现了大多数人的政治愿望并为各部门的政策实施指明了方向。教育文化部、多科技术学院和办学主体之间的绩效协议是对多科技术学院最重要的导向工具，每三年举行一次。协议旨在认可多科技术学院的主要目标及其持续发展目标和活动。

政府对多科技术学院的导向与传统大学不同，二者的立法不同，大学的运营执照和管理系统也不同。多科技术学院基于运营执照进行运作。政府授予多科技术学院管理机构运营执照，管理机构及执照持有人主要为地方政府、有限公司以及地方政府所有的基金会。这些管理机构负责多科技术学院的战略发展、运作和财务计划以及经费。多科技术学院对于内部事务有自主权，院长和董事会负责大学的内部行政管理。院长负责院校的运营，并解决与大学内部行政相关的事务。董事会负责院校的发展，它也为院校的学术和经济发展计划及预算提出建议，决定预算的分配，任命行政人员等。

评估显示多科技术学院的导向和行政管理需要进行改革，因为有很多因素阻碍了多科技术学院的有效运行。评估者提出，多科技术学院的管理体制需要强化，大学需要主动担负起解决经费的责任。为提高多科技术学院的办学效率、竞争能力、应对社会需求的变化，在国际环境下提高教学和科研质量，政府自 2011 年开始对多科技术学院进行改革。在改革的第一阶段，政府对多科技术学院的运营执照进行改革，于 2013 年 12 月颁发新的运营执照。在改革的第二阶段，所有的多科技术学院必须以有限公司形式成为独立法人。教育文化部为多科技术学院提供的经费主要包括单位经费/核心经费、项目和绩效经费以及日常开支经费。多科技术学院的管理机构和中央政府共同负责提供大学经费。核心经费通过大学管理机构拨给多科技术学院。多科技术学院的核心经费标准由学生数和该大学前一年生均开支情况决定。[18]

4. 争取获得企业的支持和信任

增加教育和就业之间的互动是多科技术学院改革的一个中心目标。多科技术学院立法改革的基本目标是加强多科技术学院的自主性和办学能力，以灵活应对企业和公司需求，并与之展开合作。多科技术学院已经开始将职场代表纳入董事会和教学实践。董事会由不同的内部人员、学生和企业代表组成。根据《多科技术学院法》，董事会三分之一的成员可为工商业代表。外部利益相关者也加入到大学咨询委员会中，尽管他们没有决策权，但是他们的意见在正式决策中受到重视。通过咨询委员会，利益相关者可以影响并参与设定大学的优先事务和发展活动。与职场代表保持密切合作是多科技术学院教学活动和实践的关键。除学术资格外，讲师必须在相关领域至少工作三年。然而，如何维护和开发教师与职场的关系是多科技术学院面临的一个持续的挑战。多科技术学院从发展之初，就在学生的实践培训阶段和毕业论文项目中实现了教学与职场的良好结合。现在企业已经成为多科技术学院研发项目的常规合作伙伴。与多科技术学院教职员工建立直接的人际关系是公司开展与大学合作的关键。在合作过程中，企业对招募新技术工人、科技成果转化、人力资源发展和掌握新知识特别感兴趣。

5. 建立自由、流动和开放的系统

芬兰教育体系的基本特点是为学生提供一个可以自由选择教育途径的整体系统，即学生选择职业教育后，可在任何阶段转换为学术性学习，或者将职业教育和学术研究相结合。芬兰多科技术学院为学生授予学士学位和硕士学位。根据《多科技术学院法》，凡通过大学入学考试或具备职业资格即可获得多科技术学院的入学资格，将来可获得学士学位。同等教育资格也可进入学术型大学获得相应学位。如申请多科技术学院的硕士课程学习，除正常的录取要求外，学生还必须具备在相关领域三年以上的工作经历。多科技术学院的学士学位毕业生有资格申请学术型大学的硕士学位课程，但需要完成最长达一年的附加课程或衔接课程。同样地，拥有多科技术学院硕士学位的学生有资格申请学术型大学的博士学位课程，但也必须完成相应的附加课程。

6. 重建现有课程结构以适应新的任务

20 世纪 90 年代芬兰建立多科技术学院时，很多新建机构面临着一个共同的问题：如何改变课程结构以适应新的要求。在规划和开发课程建设时，人们发现开发结构和机制非常重要。让所有相关人员参与课程改革，而非接受自上而下的课程；为课程改革提供基础设施和必要的服务，如 ICT、课程资料库、服务等；将科研、实践、职业生涯融入课程和教育；建立咨询委员会，与利益相关者共同研究改革项目；在课程改革过程中重视地方任务；将学生的课程及论文与就业中的现实问题相结合。

7. 科学合理的借鉴其他国家经验

20 世纪 90 年代，实践过程中，芬兰教育部曾邀请大学和私人咨询公司组成研究小组，比较各国如何组织全国教育改革。芬兰负责教育改革的研究小组由来自其他具有借鉴价值国家的研究人员组成。比较研究是芬兰所有高等教育立法改革的重要组成部分。20 世纪 80 年代末，研究人员曾受邀完成多科技术学院的展望报告，这成为多科技术学院改革的第一步。通过组织发展研讨会来建立国际联系，为关注改革的人提供参与的机会。这种方式在芬兰被普遍采纳。积极参与诸如经济合作与发展组织这样的国际组织也是获得改革信息、学习他国经验的重要途径。芬兰广泛运用了对正在进行的教育改革进行评估的方法。评估可产生两个效果：一是确保改革项目和院校基础设施达到所需标准；二是为院校提供反馈信息，这有利于这些院校未来的发展。小组中的国际专家为结论和判断提供了国际观点。高等教育评估委员会必须是独立的个体，并且得到多科技术学院和研究型大学的信任。其他非正式地学习他国经验的途径包括让改革小组的关键人物参加会见管理人员和学术专家的论坛和学术会议。

第七节　芬兰多科技术学院对高职教育和应用型本科转型的启示

如何改进我国高职教育和应用型本科转型问题，是研究者待解决的难题。从芬兰多科技术学院的设立目标和发展历程中，可以探寻其成功经验、特色之处，以期有所借鉴。

一、宏观层面

1. 高等教育双轨制与立法变革

从中国地方高校向应用型转型所带来的挑战以及芬兰建立多科技术学院的相关经验可知，首要的问题是如何保证应用技术型大学与学术型大学具有同等地位。按照现有方案，第三批次的院校将转向应用技术与职业教育。然而现有改革方案中，尚未发现在可预见的未来能改善地方大学名声和地位的可行性措施。可考虑效仿芬兰经验，制定调整多科技术学院以及高等职业院校的特别法律《多科技术学院法》。在这种情况下，中国将按照芬兰模式采用高等教育双轨制，使研究型大学与职业应用型高校受不同法律的调整。虽然可以通过法律将高校分为两种类型，在转型之初，地方大学与高等职业院校的地位可能仍然比较低。

双轨模式很有可能逐渐解决这些问题。第一，法律因其强制性成为一种改变社会规范的重要方法。通过法律强制实施的双轨制能帮助人们将注意力从关注两种类型高校的好坏转到关注它们如何不同。芬兰多科技术学院是在 20 世纪 90 年代通过合并与升级中等职业学校而形成。当时芬兰面临类似问题，即如何为新型院校建立与传统学术型大学相当的地位。建立高等教育双轨制使多科技术学院由不同的法律调整，这对提高多科技术学院的地位起到了重要的作用。第二，中国高校发展过程中的一个问题是很多该类院校希望发展成为研究型大学，而非全面致力于发展其应用型能力。尽管现有政府政策明确呼吁地方大学转变其使命，但是缺少将政府意愿转变为院校承诺的有效措施。若地方大学由独立的法律来调整，这些院校便只能停留在应用型高校的轨道上，且全力以赴实现这个使命。只有当该类院校全身投入时，其地方影响能力才会大大提升，从而使得毕业生的能力和技能与商业雇主的需求更加吻合。芬兰经验告诉我们，雇主的认可最终能够将多科技术学院置于与研究型大学同等的地位上。法律地位转变对多科技术学院的长期与近期影响是长期的。[19]

在规划多科技术学院法律框架时，应认真考虑高职高专院校的未来。由于它们与多科技术学院类似，也应该受到新的"多科技术学院法"的调整。在双轨制的早期阶段，多科技术学院系统应包括两种类型的高校：一种提供三年制（副学士学位）课程，另一种提供学士学位课程。新法应允许前者在达到某些条件时，可将某些项目升级为学士课程；而后者则可获得开设硕士课程的机会。新的法律框架应该鼓励多科技术学院系统下的院校相互竞争，追求进步，但要防止多科技术学院继续追求成为研究型大学。

2. 逐步提高学历层次，构建终身职业技术教育体系

芬兰多科技术学院不仅可以授予学士学位，而且可以进一步攻读硕士学位。使得职业技术教育从义务教育到职业高中、再到本科、硕士形成了一个阶梯式职业教育体系，客观上满足了现代技术飞速发展对高层次教育的实际需求。通过提升职业技术教育的地位，开展成人教育和培训，构建了一个终身职业技术教育体系，增强职业教育的吸引力。根据芬兰经验，申请多科技术学院硕士课程的学生须同时具备学士学位及相关领域工作经验。职业教育院校可能在中国社会中受到歧视，允许某些院校授予硕士学位将在很大程度上提高多科技术学院在中国的地位，同时吸引更多学生。

3. 明确传统大学与多科技术学院不同的使命

当多科技术学院与高等职业学院由不同法律调整时，政府相对容易控制多科技术学院的方向，且多科技术学院会专注于自己的使命。从芬兰经验可以得出，教育部应每年或在指定期限内审核院校的发展概况（包括教学项目与研发项目），以确保其保持在职业培训与促进地方发展的轨道上。另一个重要问题是如何理解多科技术学院的研究功能。多科技术学院是否该做研究？根据芬兰经验，在多科技术学院里确实有研发活动，研发对地方产业的发展相当重要。但是，学术型大学与多科技术学院的研发目的各有不同。前者目的非常明确，旨在追求卓越与社会影响，而后者强调过程。多科技术学院的研发活动通常需要产业的配合，且大多数研发工作都是为了帮助企业解决问题。在行业部门的参与下解决问题可丰富教师对于产业需求的认识，并提升其教学能力。同时也应鼓励学生全面参与研发项目，从而培养劳动力市场所需要的技能。这也是激发企业提供实习机会的主要方法之一。

二、中观层面

1. 建立绩效协商的模式

系统层面最重要的管理创新可能是引入政府部门与各高校之间绩效协商的模式。在协商过程中讨论院校使命与其发展方向，协商结果给予了院校及其领

导在内部发展上的支持。第二大协商问题是绩效目标，主要指学位目标。绩效目标赋予院校自治权，且鼓励多科技术学院寻求最有效的教学方法。改变雇主价值观与思维方式是一个缓慢且必要的过程。芬兰的经验之一便是在所有课程中推行强制性实习。雇主应认识到实习也是招聘人才的有效工具。雇主可筛选最优秀学生，让其毕业后来公司工作。另一个将多科技术学院与雇主联系起来的方法是邀请企业员工为学生做演讲。企业领导也可参与院校咨询委员会。若法律允许，也可加入正式政策制定机构中。这可作为改变雇主观念且为多科技术学院赢得更高社会地位的方法。

2. 明确各管理部门的职责，扩大高职院校的办学自主权

芬兰原有的教育体制是中央集权，政府与大学的关系是一种支配与被支配的等级关系。这种传统的以国家控制为主的管理体制正走向以市场和结果为主导的体制。目前芬兰学校的管理权逐步从中央下放到了地方性的市政机构——芬兰地方机构联合会，并在很大程度上已发展成为一个对教育政策的制订极具影响力的组织。多科技术学院的管理和经费提供由地方市政机构承担。多科技术学院的内部事务则是由学院自身管理，享有较高的自主权，而且办学形式、学制也很灵活。芬兰的多科技术学院学生要在规定时间内完成学业，允许延期一年毕业。学生有权利休学至多两年，而这两年不计入其修业年限中去。如果有特殊理由要延长学习年限，学生可以向他们所在的多科技术学院申请延迟毕业，学校在这方面有自由决定权。灵活的办学体制使得多科技术学院具有顽强的生命力，能够适应环境以谋求不断的发展。[20]

而我国传统教育管理组织结构也是“中央集权”，呈“金字塔”式的，是计划经济体制的产物。这种组织结构的典型特征是管理幅度小，管理层次多，表现为多头管理、职能交叉、统筹乏力、效益较低，阻碍了我国高职院校的高效率发展。要明确高职院校各管理部门的职责，尽可能使其管理组织结构扁平化，并扩大高职院校的办学自主权。高职教育管理体制的改革，除了加强中央、省级统筹管理和宏观调控外，应实行多方办学、分级管理，着重加强地方政府的管理职责和社会参与管理的职责，明确学校的权利与义务，使学校真正成为面向社会自主办学的法人实体，逐步建立在招生计划、专业调整、机构设置、干部任免、经费使用、职称评定、工资分配等方面享有充分自主权的符合国情的高职教育管理体制，使高职院校能够及时根据自身的实际需要和劳动力市场的变化进行决策。只有真正地享有了办学自主权的高职院校，才能根据劳动力市场的变化，及时更改专业设置、招生人数、课程安排，才能促进经济的发展，培养出市场需要的高级专业人才。

3. 促进高等职业教育国际化，提高国家竞争力

为了吸引更多的留学生，在芬兰原有的教育优势（学费免费、设施完备、教学的高质量）的基础上，多科技术学院开设了用英语授课的专业，其比例逐年增加，扩大国外学生的受教育机会。求学过程中留学生还可以得到芬兰政府的财政资助，获得学位后还可以直接就业。在某些具有优势的专业方面，多科技术学院还可以提供一些特殊的专业技术知识学习，由此扩大交换生的比例，提升芬兰的国际影响力。

我国多科技术学院的国际化发展也是一个必然趋势。通过面向国际办学，可以清楚地认识我国高职教育与国际水平之间的差距，并凭借市场优势，吸引国际力量合作办学，拓展融资渠道，引进课程与师资，快速缩小与发达国家之间的差距，谋求我国高职教育的跨越式发展。高职教育国际化应遵循“借鉴应结合我国国情”的原则，积极主动地开展职业技术教育的国际交流与合作，更新教育理念，拓宽发展思路。我国多科技术学院克服挑战、发展能力的一条捷径是与有经验的外国多科技术学院合作。与外国多科技术学院合作培训教师、共同发展教育项目，甚至建立中外合作学校等。考察芬兰高等教育的国际合作，可以看到合作模式和重点的变化。最为重要的是合作的起始点必须是师生的相互流动。关键的挑战是建立可持续性的合作，达成持续合作的关键工具是学分互认，之后可以发展双学位或者联合学位项目。

4. 增加经费投入

由于在师资素质、实训场地、实训机会等方面的特殊要求，高职教育的办学成本很高。从芬兰经验看，多科技术学院的办学成本一是由政府承担，二是由企业承担。在我国，高职教育发展时间不长，高职院校的积累不足，企业又没有严格执行就业准入制度，而且社会上还存在着严重的轻视高职教育的心理。在这样的背景下，80 年代我国规定短期职业大学实行“收费、走读、不包分配”的政策，90 年代规定新高职实行“三不一高”的政策。尽管这些政策体现了当时在管理上的创新，符合高等教育的发展趋势，但是在客观上不利于高职教育的资本积累，不利于营造一种支持高职教育的社会氛围。因此，高职教育政策应该体现出“高职教育是一种投资”的价值取向，加大政府对高职教育的投入，提升高职教育的社会地位。

三、微观层面

（1）明确高等职业技术院校的办学目标。芬兰多科技术学院办学思想侧重应用科学方面的发展。特别强调理论联系实际，强调毕业生实际技术的运用能力。专业根据地区的工业、商业和服务行业的实际需要，与传统大学在专业设置上有明显区别。课程内容精练适用，并结合科技发展的最新内容不断补充和修

订。教学方法采用模块式，学生具有很大的选课自主性。我国的高职院校应该根据社会经济发展需要，明确办学理念，对人才的培养目标有一个恰当的定位，结合区域经济发展设置可能。在教学上应该注重学生实践能力的培养，根据职业技术和行业特点设置更加灵活的学制。

(2) 完善师资队伍的建设。芬兰教师必须同时具备研究型大学学术资质(如博士学位)以及行业工作背景。这也要求传统综合大学为多科技术学院教职工发展开发特殊培训项目。在芬兰多科技术学院建立之初，政府为大学提供专项资金用于开展多科技术学院教师培训。芬兰申请多科技术学与教师的条件之一就是在专业领域至少工作3年。我国应该延长职教教师职前培养年限，使教师在教学之前要有一定的专业领域的实际工作经验，实行“专业教育师范教育”模式，加强实践性课程，并且还要提高职教教师学历层次。专业教师还要定期到企业参与实践培训学习，更新知识和技能。对于实习的企业指导教师也要经过一定的培训才能上岗，以便更好更有效对学生进行指导，促进教师发展。政府应尽早明确多科技术学院的合格教师标准，从而指导转型中的地方大学制定招聘新教师以及组织教师参与在职培训的计划。[21]

(3) 建立科学有效的质量监控体系。采用多样化的教学评估形式。高职院校应该建立具有高职教育特色、以能力考核为中心的考核体系，注重过程考核和能力测评，理论和实践成绩要做到比例合理，杜绝重视理论考试轻视实践考核的现象。理论部分可通过卷面笔试或口试的形式考核，实践部分定要在实际操作中进行。通过考核方法改革，引导教学走出应试教育、学科型教学的困境。高职院校可以邀请企业界专家到校直接给予评价，也可以从用人单位的反馈来评价。

(4) 学生分轨道学习，在不同轨道之间建立联系。采取高等教育系统双轨制之后，研究型大学与多科技术学院处于不同的部门。法律不允许任何一方向另一方转型。然而，对学生而言，选择任何一个学习轨道都不应该成为死胡同。学生基于不同的兴趣和特征，可能更加适于在学术或者职业轨道学习。我国的高考改革考虑的是面向职业型与学术型学生提供两种不同类型的考试。值得注意的是，年轻学生可能改变其兴趣或做出错误选择。所以制度必须保证学生在一般综合大学与多科技术学院之间的流动性。若多科技术学院课程的方向与一般综合大学课程不同，则多科技术学院的毕业生必须进行衔接式或额外学习。研究型大学的毕业生若获得足够的工作经验也有资格参加多科技术学院的硕士课程学习。两部门之间的流动必须遵循透明的原则与规定，让学生了解转学的可能性，以及所需衔接学习的性质与内容。

(5) 加强企业合作。芬兰模式的特点是企业通过参与大学委员会和学位项目导师委员会、在多科技术学院任教、向学生提供实习场地以及合作参与多科技术学院研发项目等方法来为多科技术学院做贡献。与企业之间合作不仅可以补充多科技术学院合格师资力量的缺口,还能够协助多科技术学院学生获得企业实用的培训,这对其培养产业需要的技能与专业知识有重要作用。多科技术学院需要在广泛的领域中与企业合作,如邀请企业代表参与学校委员会及教育项目导师委员会,与企业合作开展旨在帮助解决工作场合问题的研发项目,以及将学生毕业论文与商业问题衔接起来。从企业聘请教师具有两个方面的功能:第一,提高课程的职业内容,使企业领导更好地理解学生所学的内容以及学生实习对企业的贡献;学生与教师有机会协助企业解决问题。第二,我国多科技术学院可以邀请企业专家加入大学委员会、担任学位项目导师甚至在校任教;企业有机会发现高校的优秀学生,或可影响其学位课程从而使学校培养更多适应企业需要的合格人才。当多科技术学院与企业之间达成相互理解与信任时,两者之间有望开展更深更广的合作。

参考文献

[1] Statistics Finland. Discontinuation of Education2013[EB/OL]. http://www.stat.fi

[2] John Pratt. The Polytechnic Experiment: 1965. Buckingham. The Society for Research into Higher Education Open University Press, 1997.

[3] Matti Kyrö. Vocational Education and Training in Finland[R]. Luxembourg: Office for Official Publications of the European Communities, 2006.

[4] OECD. Polytechnic Education in Finland: Review of National Policies for Education[R]. Published by OECD, 2003.

[5] Ministry of Education in Finland. Background Report: Polytechnic Education in Finland [EB/OL]. http://www.minedu.fi.

[6] Streumer, J. N. & Kho, M. The world of work-related learning. In J. N. Streumer (Ed.), Work related learning [J]. Dordrecht: Springer. 2006.

[7] Dewey, J. How We Think. A restatement of the relation of reflective thinking to the educative process, revised end, D. C. Heath, Boston. 193.

[8] Billett, S. Guided learning at work. Journal of Workplace Learning[J]. 2000, 12(7).

[9] Hughes. & Moore, D. T. Pedagogical strategies for work based learning Institute on Education and the Economy(IEE), Columbia University Columbia. 1999(13).

[10] Eeva-Liisa Antikainen and Paula Mattila Vantaa Polytechnic Case Study Finland [EB/OL]. www. OECD. org,2008-6-27.

[11] Klenowski, V. Developing portfolios for learning and assessment, vol. RoutledgeFalmer,London and New York. 2002.

[12] Martin. Conceptions of workplace university education,Higher Education Research and Development. 1998 (17).

[13] Lyons. Open Forum: Excellence and innovation in teaching and learning practice at University of Portsmouth,Centre for Excellence in Teaching and Learning, University of Portsmouth, UK, Foots ray Park: Melbourne. 2009.

[14] Jacoby. Service-learning in today's higher education,in B. Jacoby & Associates, Service-learning in higher education: concepts and practices Jossey-Bass Publishers SanFrancisco. 1996.

[15] Statistics Finland. Polytechnic Education 2014[EB/OL]. http://www.stat. fi,2015-8-7.

[16] 廖苑伶.芬兰区域创新体系下的多科技术学院产学研合作[J].世界教育信息,2013(19).

[17] 曲一帆,史薇.中国应用技术大学路向何方—基于英国与芬兰多科技术学院不同发展路径的比较研究[J].清华大学教育研究,2014(8).

[18] 胡媛.芬兰职业教育改革及对我国的启示[J].江西教育科研,2007 (6)

[19] 谭敏.芬兰多科技术学院与应用型本科人才培养研究[J].大学(学术版),2011(2).

[20] 郭亚辉.芬兰多科技术学院改革研究[D].武汉:华中师范大学,2008.

[21] 孙诚.欧洲应用技术大学七大经验[EB/OL]. http://www. lwgcw. com,2015-6-8.

第六章　芬兰成人教育

成人教育是高度民主的福利社会，成人教育不仅是教育事务，而且是国家的文化与社会政策的一部分。芬兰对终身教育的理解：终身教育覆盖所有年龄，所有正规教育的所有级别以及非正规和非正式的所有教育形式。芬兰的终身教育政策用一句话来表述就是：学习从来不晚。芬兰的成人教育及培训分为：一般成人教育和职业性成人教育及培训。成人教育已经成为芬兰教育政策中一个非常重要的组成部分。与其他国家相比，芬兰人更热衷于成人教育。芬兰教育体系的每一阶段学习都开设了成人教育机构，学习形式灵活多样，为学员的终身学习奠定了基础。职业教育与培训体系每个阶段都设立了成人教育和培训机构。在芬兰，既有全日制教育，又有短期培训；既有白班，又有夜班；既有职前学习班，又有在岗培训班；既招收初中毕业生，又招收高中毕业生。

无论是普通教育学生还是职业教育学生，都有机会进入不同的教育轨道进行学习，获得更高学位或职业资格证书。芬兰普通教育、成人教育和职业教育形成了衔接紧密、灵活转换的教育系统。终身职业技术教育体系克服了人们对职业教育的偏见，消除了人们对职业教育的歧视心理，增强了职业教育的自身魅力，为芬兰社会和企业培养了大批高级技术人才和管理方面的专门人才。[1]

第一节　芬兰成人职业教育

成人培训以掌握某种职业技能为目标，让被培训者可以就业或创业，根据每位学员基础的不同，由学生制定个性化学习方案，最后与老师一起调整定稿，体现以人为本和教育的个性化。成人培训完成后，通过技能考评委员会的考评（主要是技能演示），发给职业证书，可以进入劳动力市场就业或创业。

芬兰经济的快速发展得益于其完善的成人职业教育体制。芬兰成人职业教育采用了最新教育方法（如网络学习与培训），加上灵活的资金体系、高质量的评估，能力本位的资格证书为芬兰的经济发展及成人的进修做出了重要贡献。

一、芬兰成人职业教育的产生

1889 年芬兰成立第一所民众高等学校，迄今已增加到 90 所，并且发展出自身的特色。除了通常一年制住宿式的民众高等学校外，学子可再进入两年制的民众学院继续求读。成人课程有系统，毕业时有考试有证书，虽然仍保留了自由学习的精神，却已经成为正规学校系统以外的另一种学校系统。1899 又建立了帮助工人的劳工学院，其教学与就业市场的需要密切配合，举办劳工补习教育，也是举行职业进修与转业训练的重要机构。还有很多学校传授音乐与美术，再加上两万个学习小组。现代芬兰的成人教育，始于 1930 年，当时是为了满足大量就业人群的需要，1960 年后，成人教育系统迅速增加，目前已超过 1 000 个成人教育机构。芬兰老一代人的教育水平普遍低于年轻一代，对辅助教育和继续教育存在实际需求。[2]

芬兰承担成人教育的机构有：大学，多科技术学院，职业学校，职业成人教育中心，全国特殊机构及特殊职业机构，成人教育中心及工人教育机构，民众高等学校，暑期大学，学习中心，音乐学校等机构。芬兰创造一个从基础教育到高等教育，没有终点的、开放的学习路径给所有人民。芬兰每所大学与多科技术学院均设有继续教育机构或成人职业教育中心，还有 47 所成人职业教育中心与 57 个成人专门机构进行成人职业教育。这些机构提供的成人职业教育培训通常包括基本资格证书学习、学位课程学习、能力本位测试的培训(如语言测试和职业资格证书培训)、学徒制教育培训、职业技术附加培训等。成人职业教育培训有时也包括公民技能的学习、社会或学生特殊兴趣的学习，成人学习职业资格证书课程通常是免费的，而其他类型的培训课程至少要付部分的学费。芬兰教育部主要负责成人职业教育的发展，并为成人职业教育提供大部分的经费。这些机构为成人提供各种类型的资格课程，课程种类、课程内容、学习时间与社会的需求紧密结合，学生可以根据自己的需要、兴趣来选择适合自己的职业技能进行学习。在这些机构里，成年人可以修完职业学位，或者提高自己的职业技能。学员可以通过接受职业教育来学习新的职业，也可以通过接受再教育或者补充教育来完善自己现有的职业技能。

成人职业教育与培训已经成为芬兰教育政策的一个重要组成部分。目前，芬兰每年大约有 170 万成人主动参加有 1 000 所教育机构、大学、多科技术学院或职业教育中心提供的成人职业教育培训课程，这些机构每年能够提供大约为 1 000 万小时的职业教育培训，大部分是业余时间学习。考入大学的成人也可以学习大学、成人特殊高级中学或普通高级中学为他们提供的在职培训或者职业教育培训课程。大部分成人学习的职业教育培训课程与其工作有密切联系。不断发展的个性化学习培训和网络学习培训逐渐成为成人在工作的同时一种新的学习培训选择。

学员申请接受成年人职业培训时，培训机构会考虑他现有的职业技能。成人教育是根据职业生活中的具体需求来安排课程的。学习方式灵活，每个人可以只学习自己需要的课程，或者自己还没掌握的技能。学员在接受成人教育前，需要向学校出示证书，比如学位证书、工作证明和在工作过程中所接受的再教育和补充教育的证书，以便于学校评估学员的专业水平。之后学员和教师一起评估，学员还需要哪方面的知识和技能。评估后，每一位学员都要制定一份个人学习计划。

学员在芬兰境外完成的学位、学分和工作经历可以作为他在芬兰的学习计划的基础和他在芬兰所受教育的补充。外国人和在芬兰居住的移民有和芬兰人同样的受教育的机会。职业教育开始之间的语言能力评估也很重要。这样教师就能和想接受职业教育的移民学员一起评估，学员的语言能力是否足以应付学习的要求。在很多教育机构，移民学员可以一边学习语言，一边学习专业知识。

二、成人职业教育培训形式

芬兰成人职业教育培训主要有四种形式，网络学习与培训是近年来比较受成人欢迎的一种培训形式。

（1）再就业教育培训。再就业培训主要目的是提高失业者的从业能力及专业技能，使他们能够较容易地再次进入劳动市场。长期失业者是芬兰再就业培训的特殊群体，劳工部主要负责再就业培训，并提供多种类型的课程，如通信、电子技术、土建、市场营销、企业管理、商业管理等。除此之外，其他教育机构也为失业者或者即将面临失业威胁的人进行职业技能的培训，芬兰再就业培训对于成人来说是免费的。

（2）学徒制培训。与其他发达国家成人职业教育培训不同的是芬兰成人职业教育为成人提供学徒制培训。学徒培训时间由雇主和学徒签订的定期合同决定，学徒通过工作实践来获得职业技术，他们可以在资格、高级资格和专业职业资格之间选择任意一种进行学习，也可以选择两种结合起来学习，如某公司的管理人员，可以把在职学习和培训组织的培训结合起来获得管理学的专业资格。雇主给成人学徒制的培训提供指导，培训组织负责安排成人学习以及技术评估。芬兰学徒制职业教育培训已经成为成人工作生涯中教育培训及获得官方认可技术的最受欢迎的形式之一。[3]

(3) 附加教育培训。由芬兰教育部制定更专业的职业标准，主要是针对成人和雇员的在职培训，参加附加培训的成人必须通过以能力为本位的预科技术培训测试才能获得这种教育培训的资格证书。与再就业教育培训资格证书和学徒制教育培训资格证书相比，附加教育培训的资格证书对专业技能的要求更高。

(4) 网络学习与培训。为了更好地给在职人员提供职业教育培训的机会，20 世纪 90 年代以来芬兰积极推出了成人能力本位预备培训，其主要目的是为了更好地发展远程网络学习培训。目前，网络学习与预备培训已经成为芬兰成人职业教育的一大特色。成人通常使用网络来辅助学习，使用网络学习资料，利用网络的资格能力测试。在一些正式的课堂，也可以使用网络学习与培训，如使用网络平台在学习课程期间为小组或两个学生提供讨论机会。由于大部分成人参加预备培训时间与工作时间冲突（如学徒制培训、自我训练、职员培训），因此，网络学习培训近年来越来越受到了成人的欢迎。教育权威部门（如学徒制部门、资格证书委员会、职业介绍所等）与培训组织建立了密切的伙伴关系，这些培训将越来越多地使用网络学习培训的形式，随着计算机与网络技术的发展，网络学习培训将在芬兰成人职业教育中发挥着越来越重要的作用。

成人通识教育机构有民众中学、学习联合会、夜校、公共图书馆以及一些民众运动机构等。从成人参加民众中学的情况来看，选择普通教育类的课程占了绝大多数,民众中学一般没有国家考试,也没有标准化课程学生可以自由地学习喜欢的科目,发展他们的能力,教学特点比较灵活,自由度大。芬兰重视成人通识教育。芬兰的社区机构是成人通识教育的最重要机构,芬兰社区机构主要经费来源是地方当局,由一个个独立的中心来举办,与学习联合会没有关系,芬兰还有一些教育中心、暑期大学也是从事成人通识教育的 。

三、成人职业教育的实施

芬兰教育与文化部中有12%的经费预算分配在成人教育上。其中,约40%分配给成人教育的职业培训及学徒培训,有25%分配给成人教育提供的高等教育机构,有5%发展成人教育和继续教育的教学人员。成人教育的目的是为成人提供学习机会。就业与经济部负责劳动力与员工的培训。成人教育政策提供一个让成年人接受学习的机会。不同的机构安排种类繁多的课程。

根据成人教育委员会的策略,成人教育和培训应建立在四个原则之上:自我改进将成为公民教育的一部分,社区逐渐朝向学习型组织的发展;成人教育及培训将训练劳动力具备职业专业性;成人教育及培训将开发的教和学方法和内容,为人们提供高品质的开放教育;成人教育和培训维持和加强民主性的参与,防止排斥性的观念并支持积极的公民意识。

成人可以通过上课方式来学习工作技能或从事休闲研究,并获得普通教育证书或职业资格。芬兰成人教育及培训机构,其中一些是专门性成人教育机构。其受训时间长短不一,并非学位课程,以及受训即可取得资格证书。成人教育的学习大多发生在工作生活中,并通过网路、图书馆及其他学习环境来进行非正式的研究。成人教育中心包含官方教育体系和开放性的成人教育。教育机构和其他相符应的教育提供者参与成人教育及培训,分为一般兴趣导向和职业导向两组:

就一般兴趣导向而言:① 高中提供成人就读;② 民间高中;③ 成人教育中心、研究中心和教育机构;④ 体能教育中心;⑤ 提供基本艺术性的教育,像是音乐性的机构;⑥ 暑期大学。

就职业导向而言:① 提供职业教育及培训的机构;② 成人教育中心;③ 专门的职业机构;④ 大学的继续教育中心;⑤ 技术学院;⑥ 家政咨询组织;⑦ 组织的工艺和设计。

四、芬兰成人职业教育培训的特点

芬兰 20 世纪 90 年代初进行成人职业教育改革,经过十几年的完善与发展,芬兰成人职业教育培训主要形成了以下特点:

1. 充足的资金来源

芬兰成人职业教育的大部分资金是公共投资(包括分批支付成人的学费),

其中教育部负担大部分经费。成人在公立院校、教育机构学习职业教育，培训都是免费的。另外，职业教育机构、企业、雇主也积极地对成人职业教育培训进行投资，学生个人有时也负担部分学费（为个人的培训分批付款或者短期课程费用）。多种途径的资金来源，对于发展灵活的、未来导向的成人职业教育体系起到了较好的推动作用。

2. 严格的质量保证体系

芬兰成人职业教育的质量体系通过雇主、雇员和教育部门等三方面的协作来保证，三方组成教育部任命的资格证书委员会。同时，教育部给委员会提供已经认可的能力标准进行评估，每一种能力评估都必须通过三方小组资格委员会的认可，只有完全通过的成人才能获得职业资格证书。

3. 以能力为本位的职业资格证书

目前大概有三种水平的成人职业教育培训资格证书：职业资格证书、高级资格证书、专业资格证书，合计 360 个资格证书。如果成人想获得其中的某一资格，必须先学习能力为本位的技术预备测试和培训。在芬兰，技术预备培训、技术培训、以证书为目的培训是分开而水平层层递进的，这样培训组织可以根据自己的需要（如公司全体员工、自我动机的学习者或者失业的雇员）安排培训，并按照国家要求的能力进行评估。据芬兰教育部统计，2005 年有 4 万多成人参加能力测试和预备培训。其中商业、管理部门、技术转让部门最受欢迎。商业管理部门总共有 22 个资格证书，如商业管理职业资格证书、高级销售资格证书、对外贸易资格证书等。

4. 多样化的评估方式

为了确保成人职业教育培训的质量，芬兰成人职业教育培训的评估过程非常复杂，评估形式也呈多样化，如技能示范讨论、技能展示过程报告、工作场所技能的现场展示、书面分析和陈述等。芬兰成人职业技能评估是一个动态的过程，注重过程评估，而不仅仅是简单技术的集合测评。每一个社会合伙人、雇主、雇员以及教育代表参与评估时都要考虑到以上各个评估过程中的所有方面，以确保评估的针对性及有效性。此外，所有评估者、雇主、雇员以及教育部门的代表可以根据他们各自的职业背景来进行评估。如果学生完全通过所有资格模块的评估组委员会的评估，就可能获得职业资格证书。如果他同时也参加能力资格预备培训，他同样也能够获得由培训组织颁发的职业资格证书。

5. 正规学校是实施终身教育的重要阵地

芬兰教育法规明确规定实施终身教育是学校的重要职能之一。各级学校和职业培训中心参与终身教育的形式，除了承担适龄人口的正规学历教育外，还以两种方式承担成人教育：一是招收具有工作经历的成人入学，以取得某级学历或学位;二是开放学校教育资源实施继续教育。据赫尔辛基市教育局负责人介绍,赫尔辛基的学校基本上都对社区和成人开放,实行正规教育资源与成人教育资源共享。赫尔辛基市普通高中都附设有成人夜校。阿卡蒂亚高中日校学生有400多名,而夜校还有学生100多名,学校附近的职业教育中心有不少学生在该校选修高中课程。

芬兰有关法律规定大学必须承担三项任务:一是学位课程;二是研究;三是提供终身教育。因此,赫尔辛基大学除了对适龄人口和成年人提供各级学位课程,还通过多种形式向社会成员提供终身学习课程。2007年芬兰在校攻读各级学位(学士、硕士和博士)学生38 400人,而在开放大学、继续教育学院和老年大学学习的学生高达47 398人,高出读学位人数的1/4。其中,在开放大学学习的有24 123人,在继续教育学院学习的有20 890人,在老年大学学习的有2 381人。

6. 深入改革学校教育以适应终身学习要求

芬兰无年级授课。芬兰高中教育法案和全国课程大纲(1994和2003)都把终身教育作为高中教育的主要目标之一。其改革的亮点是实行了"无年级授课制"。实行无年级授课,需要把各课程大纲中的每门课再细分为不同的学程,即短课程。原先一门课程可以按其内容多少和难易程度分为数量不同的学程。例如,芬兰赫尔辛基阿卡蒂亚高中的英语课就被分为14个学程:① 青年、家庭、朋友和环境;② 旅行;③学习、生活、工作;④ 社会和学校机构;⑤ 文化、电影、文学、艺术;⑥ 科学技术;⑦ 芬兰的自然、社会(选修课程);⑧ 社会(内容更深,选修课);⑨ 口语;⑩ 写作;⑪ 英语补习课;⑫ 为全国统考准备的复习课程;⑬ 到纽约的旅行;⑭ 媒体综合课程(看媒体片然后总结)。因此,有些学校开设的学段课程要多达200门以上。国家规定学生在高中阶段最低要修完75门课程,其中必修课45门(含限选),选修课30门,多选不限。一个学程平均为38节课,每节课45分钟。每一学年不再分为固定的两个学期,而是通常被分为5~6个学段。每个学段学生可以同时选学5~6门学程,最多允许选择8个学程。一个学段持续6~7周,最后一周进行考试。一般来说只要有8~10名学生选择同一门课程,学校就必须提供条件设法开设。在无年级授课的制度下,学生不再固定班级或教室,不同年份入校的学生由于选择同一门课程而同坐一个教室。如果所选课程没有按时通过考试,可以在下个学段或间隔几个学段后重新选修,直到考试合格为止。如果已通过考试,但成绩不够理想,还可以重修并再次参加考试,考试成绩以最好的一次计入总成绩表。无年级教学要求教师协助学生制定自己的课程计划,每个学生一份,可以各不相同。在中途,学生还可以根据自己的意愿调整和改变自己的学习计划。这种改革最大的好处是学生可以根据自己的意愿选课，学会合理的安排自己的上课时间，学会对自己的学习负责。

7. 芬兰的教育从兴趣到就业

芬兰的教育从兴趣到就业。即使是四五十岁的中年人也能重返教育。芬兰18～64岁的成年人进修的比例，在国际比较中名列前茅。成人进修的动机、兴趣占比例最多，其次是工作需求。在工作上已累积了一定年资的人，社会福利局鼓励职场人持续进修提升技能，可以申请各种成人进修补助。运用成人教育课程帮助就业。在芬兰，失业的人通常会去劳工局登记失业身份并领取救济金，劳工部与各成人教育机构和大学学院合作以训练失业者符合市场需求的新技能，最主要目的是解决失业问题。

成人教育的一个重要任务就是保证技能的实用性和劳动力的资格与能力。芬兰教育与文化部认为成人教育是一种全国性的延长职业生涯、降低失业率以及增加生产效率的有效方式。对职业前景关心的中年人是成人教育的最大群体。芬兰人希望通过成人教育学习新技能，从而追求梦想中的职业；而对有些人来说，成人教育是他们提高已有技能为未来做准备的一种方式。成人教育补贴由国家教育资金项目提供，并提供相关的信息和咨询顾问。具有获得至少8周不间断的成人教育津贴资格的学生，能够获得政府担保的学生贷款。成人教育担保贷款与普通学生担保贷款规定相同。

8. 注重以能力为核心的学习经历认证

在芬兰，成人可以通过参加职业教育培训、学徒培训以及能力测试三种途径获得职业资格证书。而能力测试途径便是对先前各种学习积累的认可。如果某位成人已经通过工作或其他途径具备了达到了某种职业资格所要求的能力，经过考试认定，过往的学习经历即可得到承认。这种认定的基础即对能力的测试。是否掌握某种能力就是过往学习经历认证的核心。

五、面临挑战及发展趋势

网络学习培训已经成为芬兰成人职业教育的未来发展趋势之一，如何利用网络资源更好地发展成人职业教育已经成为芬兰当前面临的主要问题。随着计算机与网络技术的普及，芬兰成人教育正面临着一系列的挑战，面对网络课程教师角色的改变（需要掌握、利用先进的网络资源）、培训者的改变（如何适应新形式课程与培训方法），培训顾问同样也面临着改变（需要发展独立学习与能力测试的顾问），前两者的改变相对来说是最明显的。随着职业教育越来越重视受训者的个性特点，如今个性化职业教育培训（根据每个成人的特点、需求学习培训）已经成为芬兰职业教育未来主要发展趋势。对于成人学习者来说，个性化学习培训不但可以根据个人兴趣来选择学习职业技术种类，而且还可以发挥个性特长，从而可以使成人职业教育体系更加灵活，更加适合成人学者的需要。

第二节　芬兰老年教育模式:第三龄大学

芬兰是人口老龄化日趋严重的国家之一,目前人口老龄化程度已经达到16.75%。基于目前的人口状况和福利政策,在老年教育方面,芬兰借鉴英法两国的经验,创办了独具特色的一种新型教育模式——第三龄大学,在世界老年教育领域做出了很大贡献。

一、芬兰老龄化现状及福利政策概况

截至2008年底,在芬兰全国532.6万人口中,65岁以上的老人达89.2万人,而15岁以下的人口则降至89.1万人。芬兰全国65岁以上老年人在整个人口中所占比例从2006年的16%增加到16.75%,15岁以下的人口比例则下降到16.73%。有预测显示到2050年,每3个芬兰人中就有一个是60岁以上的老人,80岁以上的老人在全国人口中的比例也将增加到10.5%。从目前的统计的数据看,芬兰早已步入了老龄化社会,且老龄化速度快于其他欧盟国家。与此同时,二战后婴儿高峰期出生的人们已到了退休年龄,且芬兰人口中呈现出的生育率和死亡率下降的趋势,诸多因素都进一步加速了芬兰人口老龄化程度。[4]

芬兰又是个典型的社会福利型国家,实行“从摇篮到坟墓”的高福利、高税收政策,但它们的两极分化程度却比其他西方国家低得多。在芬兰,失业者的收入并不比就业者的少。芬兰拥有完善的养老福利制度,每个孩子从一出生到年满17岁,每月可领取儿童补贴,单亲家庭的孩子还可以获得额外补贴。芬兰从小学到博士都是免费教育,大学生不仅不交学费,还能领一笔可以保证基本食宿费(住单身公寓)的津贴。其他学生除了免交学费和书本费,每天还享用一顿免费午餐。所有公民享受医疗保险待遇,国家对医疗用品实行补贴,病人每次购药超过50芬马克只需付费50%,重病或长期患者购药只需付费25%或享受全额补贴。芬兰男女的正常退休年龄均为65岁,退休后都可以领到退休金;没有退休金收入的老人可领取国家提供的最低养老金——国民养老金。

如何解决芬兰业已存在且日益加剧的老龄问题,20世纪80年代初,芬兰大学的管理者和教师意识到应该为退休的老人提供继续教育的机会,即开办第三龄大学。通过不同的教学内容和课程设置,从而来满足他们的各种需要。

二、芬兰第三龄大学的形成过程

芬兰的老年教育吸收和借鉴了英、法两国的经验,但又不同于两者,主要以第三龄大学为载体。

法国图卢兹大学是世界第三龄大学的起点。1970年,它被作为第三龄大学的一种初步组织机构而被建立和实施。一般来说,法国模式的第三龄大学均依

附于为其提供支援的当地大学，管理模式是自上而下，其整体特色如下：第一，传统大学是支援第三龄大学运作的主要机构；第二，办学场地由大学提供；第三，第三龄大学的课程主要由大学的教职员教授；第四，大多数第三龄大学的课程可让学员获得学分，进而取得大学正规的学历。另外也有部分是专为老年人的短期课程。课程内容多元化，切合社区内不同人士的需要。

几乎在同一时期的英格兰也创建了第三龄大学，但是其运作模式不同于法国的第三龄大学的模式。英国的第三龄大学是与传统大学分开的，是自主自愿的团体。在本质上，英国第三龄大学是一个推动和提供长者自助学习的机制。他们是自主的自助组织，每项活动均根据学员的兴趣来计划和推行。学员可决定学习活动的性质（例如，课程、工作坊、小组探访）及有关的安排（例如，主体、题目、导师及地点）。其整体特色如下：第一，学习由兴趣带动，强调志同道合的人士共同探讨及分享学问；第二，课程为非正规的自助学习，不能衔接认可课程；第三，鼓励在不同领域具备专业知识或技能的学员，在学习小组和活动小组内与其他学员分享其知识。因此，第三龄大学的学员既是教导者，又是学习者；第四，每门第三龄大学的课程种类和数量均不同，视乎第三龄大学的规模和学员的热心程度；第五，第三龄大学的行政和研习小组活动均完全由义工负责；第六，虽然名为“大学”，第三龄大学并无任何先决的入学学历，也不会颁发任何学历资格证书。

20 世纪 80 年代，正是受法国和英国的影响，于韦斯屈莱大学的健康与科学院、心理学院的学者们创建一种新的“文化融合”式的第三龄大学的教育体系，即在吸收了法国和英国各自的特色基础上，于 1985 年在于韦斯屈莱大学创立了芬兰的第一所第三龄大学。数月后，另一所第三龄大学在赫尔辛基大学成立。此后芬兰第三龄大学陆续成立，而所有第三龄大学均与传统大学相挂钩。在 2001 年，芬兰 20 所大学中已有 9 所设有第三龄大学。第三龄大学的活动由 1989 年成立的国家顾问委员会协调和发展。

三、芬兰第三龄大学教学形式

法国第三龄大学的教育形式主要是以讲座和教授的形式呈现的，英国第三龄大学则强调学生组成小组讨论的形式，而芬兰第三龄大学融合和借鉴法国和英国第三龄大学特点后，形成了自己的教学形式：讲座系列，讨论型小组，研究型小组。无论是学习型小组，还是研究型小组都是基于研讨会的形式，两者的差异主要体现在研讨内容的差异。研究型小组更注重对某一主题，要求运用实际观察法；而学习型小组更多地依赖于对文献的研究和参与者已有的经验的介入。对于任何一个第三龄大学的学员，每学期都会有选择以上三种学习方式的机会。由于时间和精力限制，大多数学员每学期只能选择其中的 1～2 种形式。需要注意的是无论是参加学习型小组还是研究型小组，学生都需做出持续学习2～3年的承诺，但是很少有人愿意做出这种形式的承诺。

（一）讲座系列（正式讲座）

在芬兰的大学里，每学期安排6～8期的系列讲座，每期都包含有第三龄大学的课程，时间一般是在周二或周四下午1～4点之间。典型的讲座具有跨学科性且普遍适用性，主题往往集中在老年学员自身利益和兴趣的问题上，例如，晚年健康状况、生物学和心理学的知识等。在芬兰的所有第三龄大学中，系列讲座是教学活动的主要形式。在一些大学中之所以开设这样的讲座是因为参与的学生比较多，最多是有500人参加，大多数正常由40～100人左右参加。系列讲座也可能会包含一些小组讨论，用来作为后续活动，人数约为25～40人。

在芬兰的第三龄大学中，如果要参加双周讲座往往要先于报告开始一两个小时到达校园。多数老年学员一起在学校食堂吃晚饭，也经常聚在演讲大厅里。在校园的每一个地方，都有前来参加讲座的男士打领带、女士穿时尚服饰。从他们的准时情况和着装可以推断出这是一个特殊的场合。讲座从下午一点准时开始，一直持续到下午三点，中间并没有间断过。期间多数老年学员不会中途离开自己的位置，并且学员们都能对整个讲座都做翔实的笔记。总之，无论是从讲座内容，还是学员的精神风貌均能体现出讲座的正式性。

（二）讨论型研讨小组

这种形式的研讨会由多个小组组成，参与的老年学员人数取决于讨论的题目，一般情况下大约有10～30人参加。学术工作者（大学教师和研究生）应该同这些研讨会互相配合。通常情况下他们关注体育锻炼与健康、健康与自我保健、人类社会关系、社会冲突、生命周期、创作与文学以及如何使用电子信箱与网络等系列化话题。除此之外他们也关注其他一些话题：如社会科学、妇女问题、艺术欣赏、当地历史和传记写作等。讨论会时间的长短由学生自己决定，一般是1～4个学期，在为数不多的情况下也存在时间更长的讨论会。

（三）研究型研讨小组

在芬兰第三龄大学里，研究型研讨会的发展相对其他的教学模式来说是较新的模式。研究型研讨会分为两种形式：一是第三龄大学学员自己进行的研究；二是研究第三龄大学学员和芬兰第三龄大学的作用。学员们研究的题目很广，例如：老年妇女社区住房的可能性问题研究；单身母亲和孩子间的交流问题研究；20世纪80年代大众文学写作中老年人的形象问题研究；科技对老年生活的影响的问题研究等。

四、课程设置特点及学员年龄、学费等问题

芬兰所有第三龄大学均设在大学内，并享用大学内的教育资源。在课程实施方面，第三龄大学的学习内容较大程度依赖于当地芬兰老年学员自身学习兴趣和需要而设定，这样就为学员们提供了多元化的课程选择。一般来说，课程的组织取决于该大学的“年龄”；越年老的大学，课程的变化越多。芬兰第三龄大学享用大学内的所有可利用资源包括：演讲大厅、教室以及教职员和研究生等。显而易见，芬兰第三龄大学在办学模式上吸收了法国第三龄大学的模式——以传统大学为支援，同时在课程实施方面引入英国第三大学的中“自助学习”模式——老年人自身兴趣出发设定课程。

在芬兰第三龄大学中，对学员的年龄没有严格要求。老年学员们可以与大学中的学生一起听讲座、参加学习小组、研讨小组等。芬兰第三龄大学中的学员绝大多数是60岁或更高的年龄，其中有数据记录，学员中最高年龄者为102岁。学员注册第三龄大学无需特殊的要求，也正是在这种“开放政策”的影响，无论是过去还是现在，芬兰第三龄大学老年学员的自身条件均呈现出了多样化的趋势。

作为公开大学的一种特别形式，第三龄大学的经费来自国家教育预算中对大学的拨款。此外，课程的学费亦只向学员收取成本价。进入第三龄大学的学员需每学期(12～14周)支付注册费，特别是参与系列讲座的费用，同时并准许一个人参加双周2～3小时的讲座。这些费用对于芬兰参加第三龄大学的老年人来说是可接受的，同时也使他们有机会参与到他们感兴趣的学习活动中。

20世纪80年代到90年代期间，芬兰第三龄大学学员逐渐增加。1996年，芬兰教育部长决定第三龄大学的老年学员可以在“开放大学”里上课，他们只需通过申请就可以学习一些课程，如：社会学、教育学、心理学。完成所学课程后便可获取相应的学分，但不授予学位。与此不同的是，在法国和英格兰第三龄大学的历史发展中，他们学员所学课程是没有学分负担的，而且法国第三龄的大学学员还有机会获得学位。

五、芬兰第三龄大学面对的问题

由于第二次世界大战及六七十年代“婴儿潮”的影响，芬兰人口老年化的程度进一步加深，更多的老年人走进第三年龄大学，他们对课程种类提出更多需求。芬兰第三龄大学的教职人员们提出了一个共性问题，即难以招聘到授课的教师，以及组织研讨会和讨论过程中的服务人员。但如果研讨会的数量和类型逐渐增加，就必须聘用更多对第三龄大学的感兴趣的研究生和教师来从事课程的教学活动。同时，当他们加入第三龄大学工作时，就不得不考虑他们的地位、升迁、任期和薪酬等诸多问题。如果参与这项工作，带来的却是很低的地位，那么普通教师还能否同意把第三龄大学的课程作为主导呢？财政部门拿什么当奖励已吸引一些学校来参加这项计划呢？第三龄大学的教学活动能否被认为是与传统芬兰大学或开放大学里的教学活动等同？为了扩展他们所提供的课程，第三龄大学能否招聘一些退休的教授来授课呢？这些都是芬兰第三龄大学未来发展中所回避不了的问题。

芬兰第三龄大学的开办对芬兰老年人的教育的发展起到一定的促进作用，但随着芬兰人口老龄化不断地加剧，这种教学模式如何更加有效地开展从而达到预期的效果，需要人们在实践中不断的探索与改进。

第三节　芬兰开放大学

在各种各样的继续教育机构中，开放大学是一支极其重要的力量，经过近三十年的发展，它已成为芬兰政府承诺将国家建设为技术创新知识社会的组成部分。

一、开放大学的历史发展轨迹

19世纪末，英国大学开始扩张并迅速影响芬兰。赫尔辛基大学开创了芬兰高等教育史上第一个假日课程班，对小学教师进行培训，同时该大学还派遣大学生到农村讲学，开展通才教育。大学扩张的理念是，不管一个人教育背景如何，都应该有机会享受大学教育。20世纪初，芬兰出现了第一所夏季大学，第二次世界大战前有两所规模较大的夏季大学，它们对教师进行全面开放，提供继续教育服务。20世纪50～60年代，夏季大学成倍增加，遍布芬兰各地，其主要原因：一是芬兰社会政治经济结构发生巨变，对人才需求越发迫切；二是教育机会均等观念越来越受关注；三是夏季大学为全日制学生提供进一步学习的机会，且非常方便。这一时期，夏季大学的对象主要是全日制大学生。夏季大学的发展为芬兰开放大学的诞生铺平了道路，时至今日，夏季大学还与开放大学保持非常密切的合作关系，是开放大学最主要的合作伙伴之一，也是芬兰开放大学暑期最重要的教学机构。1971年，成立芬兰第一所开放大学，开设专业有教育、新闻、大众传媒、社会政策与政府政策等。1972年，约恩索大学尝试与其他成人教育机构，如国民高中、成人教育中心等合作，以进一步扩展开放大学的办学规模，开展更广泛的教学实验。同年芬兰首次开设远程教育课程，芬兰广播公司与大学及一些成人教育机构合作，通过多样的学习方式和大量的电视、广播公司的文本材料和考试阅读指南等，提供社会政策基础课。这一尝试大获成功，受到人们普遍欢迎，学生非常踊跃。1976年，芬兰教育部发表的《芬兰文化基金会报告》进一步激发了芬兰参加开放大学的热情。该报告提倡建立全国性开放大学合作网络体系，建议大学与国民高中、成人教育中心和夏季大学等联合办学，共同发展芬兰开放教育体系。此后芬兰开放大学一直沿着这一模式前进。[5]

1993年，为应对社会的快速变化，解决日益出现的就业矛盾，让更多的芬兰人享受继续教育，政府启动了里兰登计划，为开放大学注入大量的资金，新增全日制学位5个，降低学生的入学年龄，入读开放大学的人数急增。

二、开放大学的发展理念

芬兰开放教育从建立之日起一直坚持的发展理念是教育公平与终身学习。过去几十年，芬兰教育水平提高迅速，国民教育居世界前列，但教育不平等现象依然存在。为此实行开放教育，尽可能为广大芬兰人民提供受教育机会，尤其是高等教育的机会，成为芬兰各届政府工作的重要内容之一。芬兰政府一直把开放大学看成是公共服务事业，大学基金会、合作机构和学生学费共同承担开放大学的各种费用，其中学费主要用于购买课本资料。

芬兰的开放大学是一个开放的教育体系，是一个合作的网络，所有感兴趣的个人或团体，不管受教育的程度如何，都可进入开放大学学习。开放性具体表现为：① 时空的开放。面授是开放大学传统的教学模式，但近十年兴起的远程教育使学习不再受到时空的限制。② 生源的开放。不管社会背景如何，只要愿意都可入学。③ 教与学的开放。依靠先进的科学技术辅助学习。④ 教育目标的开放。不同的学生有不同的教学目标，有些是为职业发展，有些则是为学历，有的则纯粹是通才教育。开放大学实行全方位开放办学，满足了学习化社会全体成员不同年龄、不同文化基础、不同职业类别的需要，促进了教育平等。

芬兰开放大学的发展源于终身学习的理念。欧盟教育政策特别强调终身学习的重要性，欧盟教育白皮书提出：终身学习是成长、竞争、就业的需要，教育与训练深深影响国家竞争力和就业能力，教育的终极目标，是在帮助人民独立自主拥有就业能力。芬兰政府极其重视终身教育，强调终身学习是每个人迈向二十一世纪的必要条件。芬兰各类大学为应对终身学习，体现出更大的灵活性和变通性，芬兰所有国立大学都拥有继续教育中心，继续教育成为芬兰大学除科研和教学工作之外的第三大任务，开放大学现已成为芬兰大学机构的一个重要组成部分。

三、开放大学的教与学

芬兰开放大学在几十年的发展过程中形成了自己独特的风格。芬兰开放大学教育体系由大学、夏季大学、成人教育中心、职业学校、国民高中和芬兰广播公司等构成。大学在其中起着极其重要的作用，它们不但肩负着开放大学的教学工作，而且开放大学的发展计划、合作及教师的聘用都由其负责。近十年专业设置发生了很大的变化，开设专业更加广泛多样，涉及社会各个领域，如法律、经济、自然科学、农业技术、医疗卫生、戏剧等。

芬兰开放大学的教学学习方式主要有面授、自学和远程教育，面授作为一种最传统最普遍的方式，它主要通过大班授课、小组学习进行，学生每隔一段时间到学校，以看电视录像、听录音报告或听教师辅导等形式学习课程内容。独立自学是远程教学特别强调的学习方式，在以知识经济为动力的学习化社会，独立学习更能满足个人需要，先进的教育技术手段为个别化学习提供了优良的媒体资源环境，学员按自己喜欢的学习方式，选择自己感兴趣的课程。远程教育通过各种媒体和信息网络，把分散于不同地区的学习者联系起来的一种教学方式。它是芬兰开放大学发展最快，技术最先进的教学模式。早在20世纪初，芬兰就有了远程教育，当时是以函授的形式出现的。20世纪60年代，芬兰广播公司开始介入远程教学。90年代初，瓦萨大学与一家报纸合作，在该报开设了"报纸大学论坛"，以讲座的形式刊登开放大学的资料。90年代中，芬兰广播公司还与一些大学合作，创办了芬兰广播公司开放大学。90年代以来，随着信息技术的蓬勃发展，芬兰教育部加大对开放大学投资，实现先进高科技与开放教育的结合，远程教学除借助音像制品、广播外，更多的是运用了国际互联网等媒体，传递更多元的信息并提升教学过程中的互动性。它集中了面授、个人自学和远程学习的特点于一身，使开放性发挥得更加淋漓尽致。

为帮助学生解决自学过程中碰到的疑难问题，开放大学为学生提供的咨询指导有：课内辅导，学生以学习小组为单位听课，集中讨论疑难问题，大学辅导教师到场辅导，解答问题，如有必要，还进行讲授。课外指导，指导的目标导向与辅导有所不同，它更强调的是对学生进行学习技巧等方面的指导。而后者则注重解决实际问题。导向学习，向学生介绍大学学习方法，帮助学生制定个人学习计划等。艾诺计划，是芬兰教育部资助，由芬兰三所最有影响的大学共同开发的一项全国性开放大学辅导计划，旨在通过建立学习服务中心，为学生创造良好的自学环境，内容包括导向学习、开发学习技能、辅导和提供资讯系统等。

四、开放大学的新发展——虚拟大学

芬兰政府凭借其强大的高科技优势，以"将大学带进人群，将人们带入大学"为宗旨，率先进入了建设"虚拟大学"（网络大学）的行列。芬兰教育部1997到年信息发展计划的重点项目之一就是大力发展网络大学，网络大学包括了：①主页，全国互联网络系统为准备参加大学群体提供帮助，使其能够迅速熟悉大学提供各种教学的服务。② 学术课程，提供大学最普通课程的学习，旨在尽可能开发以网络为基础的课程学习。③ 职业课程，通过继续培训，提升职业技能，增强竞争力。虚拟大学的课程面广量大，每年提供课程达近千门。开设的课程不仅有学历教育课程，还有众多的非学历教育课程，包括大量的专业技能类的培训课程。教学对象也发生了变化，不仅有成人学生，还有中小学生乃至幼儿园的孩子，满足了人们多样化的学习需求。学生在网络大学的学习享有高度的自主权，一年中任何时间均可入学，自己可以选择学习进度，自己可以确定考试时间，自己可以选择学习模块等。

同时，虚拟大学拉近了欧洲各国大学之间的距离，形成了国际合作教育网。芬兰加入欧洲学习中心网络组建的欧洲远程教育大学网，使芬兰学员可根据自己的兴趣爱好，在其中任何一所大学选取感兴趣课程进行学习，甚至可完成国外某一大学全部学历课程，获得相应的学位。新世纪初，芬兰还拟与美国、加拿大、日本等国建立合作关系。

第四节　芬兰成人教育运行和管理

一、芬兰成人高等教育管理

芬兰成人高等教育的主要传统方式是“继续教育”和“开放大学教育”。芬兰推行终身教育战略，树立“学习无处不有，无时不在，并以任何方式进行”的观念。各个大学的成人教育中心主要为成人提供课程和学位计划。多技术学院也为成人教育和工业发展设立一些特殊的中心。芬兰建立开放大学的宗旨是为促进教育机会均等，向成人提供更多参加高层次学习的机会。开放大学的学习可以给个人许多其他教育机构不能提供的学习机会，并对青年的职业期望形成产生一定的影响。芬兰的成人高等教育是针对所有工作年龄段人群开办的，是芬兰高等教育和终身教育体系的重要组成部分。20 世纪 70 年代以来，芬兰政府先后通过了《职业培训法》《关于国家资助在职人员参加函授学习和教育法》一系列有关成人教育法律法规，开始重视发展成人教育。进入 90 年代，由于政府采取强有力措施，积极开辟高等教育多元化学习途径，因而成人教育发展迅速。

芬兰的大学和多科技术学院均提供内容广泛的成人教育服务，包括学位课程计划及职业技术继续教育课程。私人基金资助的组织和夜校也举办此类教育。大学举办的成人教育包括继续教育和开放大学教育。

开展职业继续教育的目的在于强化和发展学生的职业技能以适应时代发展的要求。其教育形式多样化，包括短期课程、学术研讨会、聚会以及长期职业课程，学生修完这些课程后将取得国家颁发的文凭或资格证书（如职业文凭、MBA 学位等）。

在芬兰，开放大学教育有着悠久的办学传统，大学和多科技术学院均大力发展开放技术教育。继续教育中心依据大学教学大纲组织实施开放大学教育。此类教育没有入学要求。大学与许多教育机构如职业教育中心、暑期大学和民间中学）合作，在全国范围内开展教学。尽管不可能通过开放大学或开放技术教育学习取得完整的学位,但是参加学习的学生在完成协商的课程学习任务后,可以被允许以一种灵活的方式攻读普通教育计划课程,其前面的学习成绩也会全部得到承认,并且对于入学资格考试也没有正式的要求。[6]

在政府制定的《1997～2000 年信息战略计划》中,作为一个覆盖全国的项目计划,开放大学是一个利用电子信息技术向成人提供高等教育和相关服务的系统。芬兰虚拟大学通过一个共享的端口为大学学生、教师、研究人员及其他员工提供一个虚拟的校园。

芬兰开放大学和开放多科技术学院教育的活动经费主要由教育部和有关高校共同承担。学费仅用于支付诸如信息、监督、学习资料及相关项目等学习管理方面的开支。学费高低需要根据教学和教学管理的具体情况而定,但为了实现政府提出的教育平等的目标,政府已经做出努力以使学费控制在一个合理的水平。

多科技术学院开办的学位导向的成人教育旨在为学生取得普通技术教育学位做准备,但也会考虑学生以前的资格证明及相关的工作经历。目前,在多科技术学院攻读学位的成人教育学生大部分都拥有基于先前学习所获得的中学后职业教育文凭。对于攻读研究生学位的学生来说,多科技术学院和大学提供的专业化学习也很重要。通常此类课程计划要求学生修满 20～40 学分(按照芬兰现行学分制,1 学分大约等于 40 学时)。大学和多科技术学院均为高校毕业生开设了形式多样、门类齐全的短期课程。由于继续教育是一种高校开办的商业活动,因而对学生来说不是一种免费教育。

高校通过继续教育中心或相应机构,积极广泛地参与众多的区域发展计划,其中继续教育和研究与开发活动联合各方力量,在地区网络化发展中扮演着重要角色。

暑期大学是芬兰的专门教育机构,暑期大学通常由私人组织开办,在当地运行。除了收取的学费之外,它们还从国家和市政当局接受拨款。所有暑期大学教学对任何对此感兴趣的人都是开放的,而不考虑其年龄或先前的教育背景。大部分教学在夏季的 6 月、7 月、8 月进行,但越来越多的课程正趋向在全年开设。教学语言主要为芬兰语,但有时也使用英语作为教学用语。暑期大学所包括的课程可以达到几所芬兰大学的要求。它们还提供专业继续教育和职业继续教育、高中分科课程以及种类广泛的语言课程。此外,学校还安排一些文化活动、会议和公共演讲等以丰富教学方式和内容。

成人教育的一个重要任务就是保证技能的实用性和劳动力的资格与能力。芬兰教育与文化部认为成人教育也是一种全国性的延长职业生涯、降低失业率以及增加生产效率的有效方式。有关成人教育机构的负责人表示,对职业前景关心的中年人是成人教育的最大群体。对有些人来说，失业是为以后追求梦想职业打造的机会。有些芬兰人在一个行业工作了十年或者二十年之后，希望通过成人教育学习新技能，从而追求梦想中的职业；而对有些人来说，成人教育是他们提高已有技能为未来做准备的一种方式。

二、芬兰成人教育的运行保障机制

成人教育是终身教育的重要组成部分，经济合作与发展组织在各国交流合作的基础上，制定了终身教育的战略、政策，大大推动了包括成人教育在内的终身教育的发展。作为经济合作与发展组织的成员国，芬兰的成人教育发展迅猛。芬兰之所有能够成为推动成人教育的模范，与其完善的成人教育运行机制是密不可分的。成人教育的运行机制是保障成人教育顺利开展的关键因素，芬兰成人教育的运行机制可以从以下六个方面探讨。

（一）终身的教育理念体制

20世纪60年代末，终身教育思想传入芬兰，芬兰各界开始对终身教育进行探讨，将理论付诸实践。自终身教育思想传入以来，芬兰政府成立了一系列的教育委员会，并制定了终身学习的发展策略。1996年，芬兰政府设立终身教育委员会，负责国家终身教育学习发展事项。此外，政府制定法律法规以及举办各类活动激发公民的学习热情。在高中教育阶段，学校还帮助学生树立终生学习的观念。社会也积极响应政府号召，为终身学习提供了良好的社会环境。公民自身在国家终身学习实践的引领下，积极地投入到终身学习中去。终身教育理念的深入为成人教育的发展提供了机遇。

（二）平等的资源共享机制

世界上大部分国家都是主张精英教育的，只有少数人可以享受到优质的资源。而芬兰不同，芬兰的教育是以平等为出发点的，无论是学校教育还是社会教育，公民都平等享有资源。平等是芬兰教育的核心精神，也是芬兰教育能够享誉全球的根本原因。成人与未成年人一样享有平等的学校教育的权利。作为已经踏入社会的成人来说，他们可以通过专门的渠道申请学校教育，与学生享有同等的学校学习资源。成人教育中心是芬兰每一所大学必备的机构，成人教育中心开设与基础教育、工作培训等相关的课程供成人学习。不论城乡、性别、财富地位，成人享有同等的社会文化资源。芬兰政府把社会系统内的文化组织、社区组织、职业协会和企事业单位等纳入终身教育系统，整合各种社会教育力量和教育资源，充分开发各种社会教育渠道，使教育与社会融合，进而实现教育与社会的一体化，为成人提供平等、无差别的教育。

（三）优秀的师资队伍建设

优秀的师资队伍是优质教育的重要保障。芬兰教师与医生、律师一样，拥有很高的社会地位与工资水平，许多学生都梦想成为教师。芬兰几乎是全世界对教师选拔最为严格的国家。教师在全国最优秀的10%的硕士毕业生中选取，经过层层筛选、面试，才能获得教师资格。正因为这样严格的选拔制度，才造就了芬兰卓越的师资队伍。除了严格的选拔之外，芬兰还十分注重教师的在职教育。国家设有专门预算供教师培训之用。国家还会不定期地推出一些发展教师教育的活动计划，以促进教师的专业发展，提高教学质量。20世纪90年代后期，芬兰教育部推出了三个针对成人教育教师和咨询人员的培训发展计划——TUKEVA计划、VSOP计划、JONEVA计划。TUKEVA计划主要是让成人职业教育机构的教师和工作人员进入大学或技术学院学习，从而提高自身的知识与技能。VSOP计划主要是针对自由成人教育工作者参与学习的计划。JONEVA计划旨在提高家庭手工艺咨询机构领导者的能力而实施的培训发展计划。这三个计划大大提高了成人教育教师队伍的质量，促进了成人教育的发展。

（四）多样的成人教育机构

成人教育机构为成人学习提供场所，是成人参与学习的主要途径。芬兰的成人教育机构多种多样，为成人提供多样化的教育服务，从而有效地保障了成人受教育的权利。自1969年开始，芬兰成人教育组织协会每年举办一次“芬兰成人教育研讨会”，旨在探讨本国成人教育的发展状况及未来的发展趋势。

（1）成人教育中心。成人教育中心又称为劳工教育中心，起源于瑞典，是工作者利用休闲时间进行学习的教育机构，芬兰加以仿效并进行推广。芬兰80%的成人教育中心隶属于市政机关，因此其服务范围不止局限于劳工团体，还为一般民众提供学习课程。成人教育中心的课程内容非常丰富，包括基础教学、职业教育、学历教育、通识教育，等等。

(2) 读书会。芬兰人热爱阅读，并且有着全民阅读的好习惯，这与读书会的成立不无关系。读书会是指一群有读书意愿的人聚集在一起相互讨论、相互切磋，吸收新知识、激发新思考，从而到达共同成长。芬兰的读书会起源于劳工教育中心方案，后因运用便利及成效良好，开始广为流行。全国教育机构都有所谓读书会中心，提供相关活动。许多社会组织也运用读书会的方式来训练员工，激发员工知识技能的发展与团结协作的能力。读书会的费用通常由各机关团体及非政府组织支持，个人不用为费用而担忧。

(3) 开放大学。开放大学在芬兰的成人教育机构中扮演者极其重要的角色。政府把开放大学当作公共服务事业，其教育理念是教育公平与终身教育。因此，开放大学的学习机会是开放给全民的所有人，不分年龄与教育程度，都可以到开放大学进行学习。

(4) 暑期大学。暑期大学主要是组织大量的语言培训班和教授高层次教学内容的学习班，每年夏天开放给全民，不分年龄及教育程度。其经费来源包括学生学费及地方政府辅助，为成人学员提供短期个人化或专业性的课程，同时，还为成人学员颁发毕业证书。

(五) 强大的政府支持力度

强大的政府支持是成人教育稳步发展的坚固后盾。政府在政策、资金、设施、教学自主权等方面给予了成人教育极大的支持。

(1) 制定政策。完善的政策体系使芬兰成人教育的发展有了保障。芬兰政府在发展终身教育的过程中逐步制定了一系列的行动计划、法律法规，为所有成人提供教育机会，保障民众享有终身教育的权利，促进社会平等。

① 国家发展五年计划。该计划五年制定一次，紧跟时代变革，充分满足成人的学习需求，保障成人继续教育的机会。此计划把终身学习的理念融入其他教育政策中去，以便为成人提供更多接受高等教育并获得学位的机会，提供更多的高中或中学后职业教育机会，进而实现成人知识的增长与能力的提高，增强公民意识，实现社会平等。

② 成人教育培训战略行动计划。该计划是 2002 年成人教育委员会制定的，致力于成人教育培训的发展，并明确规定了三个发展目标：制定成人教育的发展计划、采取提高成人学习条件的措施、理顺成人教育的融资管理。

③ 制定成人教育法律法规。各层次的教育都包含成人教育，因此所有的教育法规都适用于相应层次的成人教育。政府还制定了《职业教育法》《职业成人教育法》《自由成人教育法》等，使成人教育更加有保障。

(2) 提供资金支持。作为高福利国家，芬兰成人教育的办学经费主要由政府承担，成人学员不用缴纳或只缴纳很少的学费。如芬兰的民众大学主要由政府成人教育中心和民众教育协会举办，国家补贴 70%～90%，地方政府承担 30%左右。芬兰政府还通过各种激励政策鼓励芬兰民众积极参与到成人教育与培训中来。为成人学习者提供直接的经济补助，对优秀学员给予奖学金，以及为成人学生提供贷款服务。

（3）提高公共设施服务。芬兰的公共就业资源非常完善，政府在提高公共设施服务上做出了不懈的努力。大力兴建图书馆，芬兰政府斥巨资建设大量的图书馆，平均 2 000 多人就有一座图书馆。芬兰图书馆的利用率是世界上最高的，平均每位公民每月至少光顾一次图书馆。图书馆已经成为芬兰人生活必不可少的休闲场所，不论是老人还是儿童，不论是学者还是家庭主妇，都会选择在图书馆度过业余时间。这种终身学习的观念已经深入人心，这与政府为其提供的良好的学习资源密不可分。提供专业咨询指导服务，芬兰的教育制度灵活多样，成人可以自由地选择学习，专业的咨询指导是十分必要的。芬兰的教育咨询包含范围非常广，不仅帮助学生更好地完成学业，还对下一阶段的学习选择提供建议，对职场工作、就业、未来规划都有指引作用。

（4）给予充分的教学自主权。严格要求师资品质，芬兰政府相对地给予老师和学校最大的教学自主权。教育部只负责规划全国教育大纲，对具体的学校计划没有行政领导权利。地方教育部门也不参与学校自治，学校拥有绝对的自主权。所以教学的具体事项，如教学内容的选择、教学方法的选用，完全由教师选择。另外政府对学校和教师没有考核，教师不用为了迎合各种考核指标而费尽心思，反而可以专心的教学，从而保证教学质量。

（六）公正的教育评估体系

1999 年《教育法》明确地在法律上强调教育评估的重要性，并废除了所有具有排名性质或竞争性学习的评价方式。芬兰的教育评估一直采用内外结合的方式，内部评估指自治市和学校的自我评估，外部评估主要由教育评估委员会完成。评估委员会的成员来源广泛，有教育管理者、教育工作者、教育组织者、学生，等等。芬兰还积极参与经济合作与发展组织及欧盟推出的成人教育调查，收集成人教育的相关信息，对成人教育的实践活动进行评估。通过国家间的比较，发现本国成人教育的缺陷及不足，进而弥补与完善，从而促进成人教育质量的提高，推进成人教育与国际接轨。芬兰对成人学习者的认证评估已经从注重投入过程转而注重以能力为核心的学习的产出过程。对成人学习者的认证是对某种技能掌握的能力的评估，即根据国家的统一标准对进行能力测试，这样既保证了成人学习的多样性、灵活性，又保证了教育标准的严肃性和规范性。

第五节　芬兰成人教育国家报告和五年计划

一、芬兰成人教育国家报告

（一）介绍

芬兰成人教育国家报告涵盖了芬兰的成人教育和终身学习的情况。它分为政策和政治两部分。既对当前正在执行的关键政策进行了概述，同时还概述了芬兰的主要相关立法和该国的政治局势。还介绍更详细的成人组织结构，还概述了主要的成人教育供应商，还主要关注了非正规和非正式学习。

（二）概观

芬兰参与和推动成人教育事业发展有着悠久的历史。根据芬兰教育部统计，目前芬兰每年有超过170万市民参加不同类型的成人教育，而芬兰人口仅仅520万。170万人中，一半是在职人员，这在国际上是一个很高的数字。成人教育的主要重点是进一步和持续的培训，旨在升级和更新能力并促进兴趣提升.这个战略基于以下信念：成人教育要满足成人的自我发展需求，要为实现个人兴趣和喜好提供学习机会，直到20世纪80年代，芬兰的成人教育主要与人文主义成人教育（也常被译为博雅成人教育）机构相关联。但从这以后，采取并落实了针对资格证书院导向教育的专门措施。成人教育体系在1990年经济下滑时仍然继续发展，看到了失业率大幅上升导致和多科技术学院和劳动力市场培训的增加。

（三）政治与法律

整个教育系统，包括职业教育和训练、自发的成人教育，都属于教育和文化部管理。然而，就业与经济部也负责劳动力市场培训。选举期间，政府准备了一个如何解决教育问题的一揽子计划，超出了教育部门职能。此外每四年政府为整个教育系统树立一个发展规划。政府一直认为没必要为终身学习制定一个单独的战略。2007～2011年的这任政府任期重点之一是成人教育的改革。其中包括：落实博雅成人教育的发展计划，改善学徒培训，加强教学人员的能力，支持移民就业和融入当地。成人教育改革包括成人职业教育和培训，学徒培训，高等教育机构的成人教育，成人劳动力市场培训和人员培训。[7]

（四）未来的发展趋势/重点关注/方向

学习提供商的多样性和图书馆和家庭中计算机的广泛使用，使自主学习和利用网络学习变得容易，使许多人在日常生活中实现终身学习的实践。然而，这种趋势要求学生要找到学习的兴趣点，反映在注重自我激励和每一个人的自由选择，这种趋势会影响那些学习动机不强的人。但在芬兰，有越来越多学者研究成人教育和包容性，强烈成人教育应该面向所有人，要关注少数民族的成人教育问题。

当前和今后几年的其他一些关键问题包括在工作生活中加强学习，认可个人通过不同的方式已经获得的技能，加强大学里的成人教育工作。还有一个重点是使信息、指导和咨询服务更有效以提高成人教育的相关性，增加成人教育群体的学习机会，阐明有利于成人教育发展的福利制度，扩大资金基础。这需要重点利用一些项目持续培训成人教育教师来实现，如非正规的成人教育的知识和能力，还可能通过芬兰成人教育协会。

（五）结构概述

劳动部负责劳动力市场培训。通过在职培训的形式，一些组织和资金可能来自于公司和企业。正规成人教育主要通过大学系统和职业学校（这是政府资助，学生不必支付费用），而非正规学习被认为并非为了获得学历或文凭。

2007 年教育部出台的一项研究学习券计划。人文主义教育机构接收学习券补贴，这样使那些特殊的学生群体能够降低或完全补偿学费，这些特殊群体有：移民、失业人员、退休人员和高龄、有特殊教育需要的人、义务教育后未参加培训的人。在夏季大学，学习券补贴用于资助从大学辍学的人。此外，该机构可以从芬兰国家教育委员会申请补贴，用于发展如何提供有效的教育产品。总体上，学习券补贴和发展补贴大概保证 5%的公共资金能用于人文主义成人教育。

（六）主要供应商/机构/成人教育的来源

1. “非正规”学习

主要机构包括成人教育中心、研究中心、市民高中、体育中心和夏季大学。这些机构的共同特点是他们的目标不是由外部或“自上而下”的理事机构设置，而是由该组织内的机构决定。这些组织通常包括协会和基金会，并可能代表不同的思想或观点，但决策的基础是当地的文化和教育的需求。

民间高中是一个全国性的学校系统，提供一年的学习项目，根据职业培训计划不同，夏天和周末课程长短不一。通常，这些课程都集中在语言、社会科学、人文科学和艺术领域。这些学校的大部分活动通常都是非正规的学习，有的只提供非正规或非证书为导向的学业。民间高中也是开放大学系统的一部分。

城市的成人教育中心教学的重点是依赖于当地的需求，可以根据学生的要求增加课程或科目。提供的课程大多是语言基础、文科、音乐和手工艺品。课程一般安排在晚上上课，是主要以“学习小组”为基础的，或者是短期强化课程。这些课程往往是由兼职教师担任，这些兼职老师往往是他们所教课程领域的专家。

体育中心。国家和地区的学校为青年人和成年人提供体育教育和指导，包括对运动员的培训。少数也提供体育职业教育和培训。在这个意义上，体育包括运动或舞蹈以及田径或体操活动。

2. 职业院校和职业相关的培训

劳动力市场培训由成人职业教育机构、其他高等教育机构提供，由劳动部提供资金支持。这些培训可以通过长期、短期课程或学徒培训的形式实现，也可以通过与公司的合作的形式提高个人的技能水平。

“关键能力”的理念规范和指导职业教育和培训，在这种情况下，学生需要终身学习他们需要的知识和技能，规划他们的未来，工作在不断变化的世界中。可以看出，这些技能是职业能力的一个重要组成部分，反映一个人善于应对不同的情况和根据职业知识和公民技能需要不断学习的能力。

3. 大学

在芬兰有大约 20 所大学，所有这些大学都为成人提供学习的机会。在大学有短期学习的形式，也可以接受长期教育，也有开放大学教育体系，或提供通过就业培训。目前大学教育由政府补贴(最近也开放给私人赞助商)，这意味着学生不需要支付费用。每个大学都有一个继续教育中心，负责承办不同形式和时间长短不一的继续教育，既有短期课程又有专业化的研究。继续教育主要是指具有第一学历为大学的人的额外培训。学习这些课程需要的费用由学生自己承担。

在芬兰，开放大学系统由多个机构而不是一个机构来运作。许多大学或机构内部都有一部分功能是公开大学。第三龄大学直接针对老年人和老年学习者，这种学习形式很少或根本目的不是获得职业资格，纯粹是为了娱乐。开放大学为不以获得学位为目的的自主学习提供了机会，这些学习活动包括多学科系列讲座、研讨会、培训班、远程教学、网上教学、科研、出版、学习和与学习相关的旅行。这种学习形式强调在师生交流中学习，年龄大的学生通过他们现有的知识和经验对学习环境施加影响。

4. 网络化学习

网络化学习在芬兰的成人教育中发挥越来越大的作用，并且未来几年，这种作用将越来越大。开放大学系统包括在线学习(这种学习方式的大部分教学内容仍然通过电教设备传授，或通过与芬兰国家广播电视公司合作，进行广播教学)，其中一个重要组成部分是芬兰虚拟大学。芬兰虚拟大学是 2011 年在芬兰各大学合作倡议下成立的，芬兰虚拟大学的成立为各大学发展和交流他们的网络化学习方法提供了一个平台。

芬兰虚拟大学既服务于在校学生也服务于终身学习者，旨在成为一个学习提供商，一个学术网络，为基于信息通信技术的教育发展提供技术服务和实验室。自 2001 年以来，研究团队(往往是多学科和大学交叉学科) 已经开发出基于网络环境中学习和教学的工具和资源。

二、五年计划

芬兰教育部发表的《教育和研究计划 2011～2016》，大量篇幅提到成人教育培训。

（一）高起点的成人教育培训

尽管几十年来，成人的受教育水平大幅度上升，在 25 和 64 岁的芬兰人之中，仍然约有 60 万人没有义务教育后的职业资格。在 25～34 岁年龄段中只有 10 万没有高中学历，男性 63 000 人，女性 37 000 千人。

为了减少经济赤字和收支平衡，政府有可能减少在成人教育和培训方面的投入。芬兰人对参与成人教育和培训的积极性较高。根据 2010 年欧洲联盟的劳动力综合调查，过去的四个星期，25 岁和 64 岁年龄段中的芬兰人有 23%曾参加教育或培训。在过去的五年中，参与率一直保持不变，有时甚至下降。工作越来越频繁地转换，为了使芬兰成为世界上最具竞争力的国家，要求成人学习的机会必须得到保障。成人教育培训和成人学习在促进社会参与度和提高个人福利发挥着重要作用。

2006 年，数据芬兰做了一个关于成人教育培训参与情况的全面调查。当时，18～64 岁年龄段的人口中，有 52%的人在受访前曾经参加教育和培训。2012 年数据芬兰将进行第 6 次成人教育培训参与情况的全面调查，通过经济合作与发展组织的国际成人能力测评项目，这个调查将收集 2011 年秋季到 2012 年春季的信息数据。调查报告将深入观察信息社会成人所需要的关键技能：计算能力、识字能力和在信息社会中解决问题的能力。访谈还将提供关于芬兰人的教育，公民和工作活动的新信息和这些因素与经济和社会福利的关联性。研究结果将提供大量的数据材料以供参考。

2016 年的目标是：25～64 岁的年龄段的人有 27%在前 4 周（18～64 岁年龄段的人有 60%在前 1 年内，有 80%在若干年内）将参加在成人教育和培训。参与成人教育培训的门槛将降低，免除那些没有职业资格证书的成人的费用，这些费用包括通过教育和培训到获得以能力为基础的资格证书。此外，将采取措施广泛与工商界合作。从 2013 年起，成人教育培训的供应量将减少。以瑞典语为基础的成人教育与培训维持不变。将采取措施分清在教育文化部和就业经济部关于成人职业教育工作与培训的职责划分。根据成人教育研究成果和国际成人教育调查报告，将采取措施，开展行动，以期达到政府规定的能力目标。

（二）成人教育培训有更好的机会

当前成人教育培训主要由成人教育组织提供，不一定符合个人的需要。目前的挑战是开发系统更好地满足需求，这个系统将使教育需求设计对成人教育与培训的内容和目标有更有针对性。

成人教育培训需求驱动制度要求教育公共融资采用用户途径(教育公共财政引导用户需求),并要求教育资源供给更加透明且具有可比性。成教工作也应该覆盖到目前还无法享受此教育与培训的人群。为了满足个体的教育需求,要鼓励弱势团体获得适合他们的教育和训练机会,拥有成人教育培训账户,人们可以获得满足他们的个性化需求的成人教育培训机会。成人教育账户系统更适合短期学习和业余学习(兼职学习),因此可以弥补资格证书学习和其他长期成人教育培训的不足。目的是通过个人培训账户系统的实行支持应对个人的教育培训需要。

2012 年年底,教育文化部委任的评审专家将为个人的培训账户形式提供政策建议,一个专家小组将协助评审。培训作为职场发展的一部分,其账户的可用性和使用情况应接受第三方监督。根据集体框架协议和相关政府措施,2012 年 5 月 31 日之前,起草一个关于能力建设和福利企业税收减免的政策建议。教育文化部确保个人通过网上的电子教育中心能找到所有在芬兰可用的成人教育培训资源,并可以通过在线申请。

(三) 开发基于能力的职业资格

以能力为基础的职业资格系统的面向成人并满足工作生活的需求。在这里职业资格所需的知识和技能可能来自正规的、非正规、非正式教育或工作经验。把职业资格(能力/证书)、进修资格(证书)和专门职业资格(证书)都等同于能力证书的做法是可行的。

在 21 世纪初,为获取能力资格证书而参加教育培训的人数迅速增长。应对日益增长的成人培训需求要求采取有效的行动措施,并且财政要对培训给予奖励。基于能力的资格证书体系将发展成为职业资格实体的一部分,作为一种手段来证明和提升工作中获得的知识和技能,作为一个灵活的方案来识别能力。为基于能力的职业资格而发展的教育培训融资将得到发展,目的不是为了学生(这些学生已经具有职业资格所要求的知识和技能)提供教育。

采取措施以确保拥有这些资格的人有机会获得足够的培训并愿意参加培训。只要有可能,就可以在工作场所展示和考察职业技能。在规划和评估行动中必须采取措施,确保采取某种获取知识和技能方式的客观性。从职业教育和培训作为一个整体系统来看,作为质量控制的一部分,以能力为基础的职业资格系统质量保证体系将得到加强。相关职业资格质量保证的可靠性将通过以下方式加以改进:特定领域的文件资料的制作,开发以能力为基础的资格的材料文件,支持资格制度的运作和效率,并促进评估事件的统一质量。关于在工作场所能力不能被证明情况,将制作集中和特定领域的材料。

(四) 升级和更新能力的成人高等教育

近三分之一考入高教机构的学生之前已经有一个学位或已经考上了一所高等教育机构。继续教育可以支持研究生专业和有助于新的职位描述和专业领域。两个原因导致一个复杂的高等教育系统:在各个岗位的工作描述过于详细的,学位教育是免费提供给学生的。范围广泛针对毕业生的学徒式教育得到发展,这种与雇主合作的教育形式有单独的资金。

通过建立基于能力的大型项目,发展研究生专业教育。例如,在当前的专业,这些可能包含部分学位课程,这些可作为学徒式的成人教育。建立继续职业教育课程质量保证系统。

随着高等教育机构里继续教育项目的实施,毕业生提升能力的机会将增加。这些继续教育项目都是广泛的和专业的能力模块,需要至少 30 个 ECTS 学分。这些继续教育项目在获得硕士学位后实施(药剂学除外,药剂学在学士学位后就可以实施)。在多科技术学院,这些继续教育项目在获得多科技术学院学位(学士)后实施。基于研究知识和劳动力市场的需求,高等教育机构将实施继续教育项目。建立每一所大学继续教育项目的保障体系,取代当前大学和多科技术学院的专业化分工方案。修改法律和法规,为多科技术学院的同步改革做好准备。

高等教育机构将他们能提供的教育作为一个整体进行设计,包括初始、继续及研究生教育,以适应劳动力市场的需要。无论是作为纳入学历教育,或提供独立的课程,该机构将负责为学习独立的模块、学位和课程提供足够的机会。这种教育形式可以以下方式提供:通过开放大学教学,通过非学位进修或定制的收费继续职业教育,例如该雇主。

医疗和牙科专业的将被转移到社会事务和卫生部。与健康有关的在职培训和研究融资(EVO 资金)将简化为政府特殊转移支付改革的一部分。以创建有利于有效地转向医疗和牙科专科培训的条件通过学位产生的能力,各部委会看到他们的行业资质要求均达到最新的和适当的。

(五) 自由主义的成人教育机构网络的发展

基于终身学习的原则,自由主义成人教育的目的是让提供的教育能促进连贯性,平等和积极的公民意识。这种教育的目的是促进个人发展的综合发展,幸福和民主的实现,可持续发展,多元文化和国际化。教育部和文化部启动了 一个互动的结构性发展计划(2009～2012),专注于对成人教育中心的初始阶段,该项目方案所需资金由政府补贴。此外,教育和文化部已经启动了对特定成人教育中心的单独分析,以支持其发展。要建立自由主义的成人教育机构网络。发展目的是建立密集的、高标准的区域综合网络机构,提供范围广泛的服务。

自由成人教育在促进成人和高级公民的福祉方面与日俱增重要性将得到认

可。实施交互式结构发展计划，加强对项目的财政支持，促进自由主义成人教育的区域性。适当考虑瑞典语为母语的公民的教育需要。2013 年，自由主义的成人教育机构的许可证（办学条件）将在新的法规下进行修订。

参考文献

[1] Ministry of Education and Culture, Adult Education, www. minedu. fi/OPM 2010,5.
[2] Ministry of Education Education in Finland: Adult Education and Training, National board of Education, 1999.
[3] Ministry of Education, Key competences for lifelong learning in Finland Education 2010-interim report, www. minedu. fi, 2010, 5.
[4] OECD: Thematic review on Adult Learning www. oecd. org/data. oecd.
[5] Ministry of Education. Education in Finland: Adult Education and Training, National board of Education, 1999.
[6] UNESCO and the Ministry of Education: Department of Education and Science. National Report of Finland www. unesco. org, 2008, 5
[7] Irtanen A, Tynjala P. Students′ Experiences of Workplace Learning in Finnish VET [J]. European Journal of Vocational Training, 2008, 44.

第七章 芬兰技职教育师资

第一节 芬兰教师职业

在芬兰，教师职业一直受到公众的极大尊重与赞赏。家长认为教师是懂得如何教育孩子的专家。教师在课堂上相当独立，可以选择自己认为合适的教学方法。在芬兰，只有拥有硕士学位的教师才有资格承担教学工作。自20世纪60年代以来，各届政府都将教育作为重要的公民公共服务项目，同时认同和赞赏各种创新，创新文化已在教育系统扎根。20世纪90年代，创新的力度和多样性得到加深和拓展。当时废除了中央集中管理，各地和学校几乎可以完全自主地向社会提供日常教育服务。作为芬兰教育体系不断发展的原动力，其外部改革与内部自发的创新之间已经建立了合理的平衡。同时考核形式灵活，即关注深入的学习而不是为了考试而考试。[1]

芬兰教师职业虽然收入不高，但却非常受欢迎。教师入职的要求非常严格。国家法律规定的资格制度要求，职教教师需要拥有最低硕士学位或专业证书、三年相关专业工作经验、一年教育学课程的学习经历。对于教师能力结构的要求则体现在核心领域、教学法领域、发展和研究领域、组织领域四个方面。其中核心领域的能力体现在专业能力和工作生活能力两个方面，教学法领域能力体现在教学法技能和驾驭监控技能两个方面，发展与研究领域的能力体现在自我教育能力和专业实践发展能力两个方面，组织领域能力体现在经济、管理能力和团队合作与社会联系能力两个方面。可见芬兰国家对职教教师的要求已经不局限于专业能力方面，而是根据职业教育的特点延伸至社会联系、团队合作、经济管理、实践发展等方面。

在普通学校和职业学校，教师必须有相应的资格证书。职业教育师资培养是免费的，并且给申请者提供资助，目的是保证质量。应用科技大学负责培训中职和同类大学教师资格的培训，申请教师资格培训的人员至少拥有3年工作经历和硕士学历，或5年工作经验和本科学历。综合大学负责小学、初中、普通高中及同类大学的教师资格培训，要求硕士以上学历。参加培训的人员必须完成

60 个学分的学习，学习计划也是个性化的，已经掌握的技能或已经获得的经验都可以免于学习，只要证明即可，学习时间一般在 3 年以内。

传统上，学生的学业成果评价是芬兰每个学校和每一位教师的工作。唯一的标准化、高风险的评估是学生在高中学习结束时，为接受高等教育而进行的大学入学考试。学生在大学入学考试之前，没有其他必须经历的国家级测试或考试，这有助于学生和教师在无忧的环境中专心学习。强调创造性和冒险精神已成为芬兰学校的共同特点。信任文化非常有特点。芬兰的教育系统曾由中央集中管理，学校被中央机构严格监管，教师的日常工作被众多的规则所规范。20 世纪 70 年代，芬兰开始进行了巨大改革并推广至全国，至 20 世纪 80 年代，对于学校和教师的信任逐步确立，完成了初始改革进程的主要阶段，教育系统得到整合。20 世纪 90 年代初，芬兰正式开始了一个基于信任文化的时代。信任文化意味着教育部和国家教育委员会认为，教师、校长、家长及社区知道如何向子女和青年提供最适合的教育。

芬兰也面临着严重的挑战。芬兰的人口急剧老化。随着适龄儿童人数的下降和农村地区人口向城市的持续迁移，导致农村学校注册率逐渐下降。城市化和人口老龄化使教育体系面临一系列新的挑战。最近，芬兰许多郊区学校出现严重的社会行为问题，例如，更多的学生生活在破碎的家庭，吸食毒品和酗酒的低龄化，许多学生沉迷于电脑、视频游戏和电视。芬兰的学校必须与媒体和娱乐竞争，努力向青少年提供更具吸引力的活动。保持学生对学习的真正兴趣是未来教育发展的主要目标。

一、芬兰教师职业的特点

高度自治的职业。芬兰的教师月薪平均为 2 000～4 000 欧元，处于芬兰社会的中等水平，但是芬兰的年轻人却非常向往从事教师职业，很大原因在于教师在芬兰有高度的"自治权"，这里的自治不仅仅寒暑假在休息时间上的自由，也不是相对于法律或某些规范的自由，而是在教学内容上的自由规定—教师可以决定如何去教育学生，而不受学校教学大纲的约束。教师可以根据自己的安排进行自由的教学，从而最大限度地发挥教师个人的自主性和创造性。[2]

"无考试区"的职业。芬兰的学校被称作"无考试区"，教师因此成为"无考试区"职业。芬兰的学生除了高中毕业时会组织参加一场大学入学考试外，几乎没有任何形式的考试，因此可以说他们是世界上最轻松的学生。芬兰的教育机构也不会为教师设定工作标准或指标，所以，教师们不必为了达到某些指标而放弃或改变自己的计划和安排。教师们上课的地点也从不局限于教室，在芬兰的工厂、实验室甚至公园里都有可能看见教师带领学生忙碌的身影。因此，芬兰的学生都喜欢上学，因此他们的课堂实在是充满了乐趣。

不断在职培训的职业。在芬兰，作为一个教师，需要一个硕士学位和额外的教育职业学位。尽管教师资格如此苛刻，教师的素质已经普遍偏高，但是芬兰的教师在入职后还需要接受在职培训。芬兰的在职培训都是免费的，培训主体基本上是芬兰各大学、国家教育委员会或地方的教育局等。如今在芬兰，在职培训对于教师来说已由起初的一种“责任”变成现在的“权利”。教师积极性的提高，使得培训结果比以前有更大的提高。同时，社会各界也为教师的在职培训提供各种便利。比如，芬兰的大学图书馆对各阶段的教师免费开放，为他们提供了很多工作上的免费资源。

极具幸福感的职业。芬兰人特别重视年轻人的成长，而教师的主要作用就是帮助教导年轻人，所以芬兰一直以来都有着尊师重教的传统。芬兰人把教育看成一种高尚的事业，把教师看成是能启发人智慧的蜡烛。因此教师是芬兰年轻人首选的职业，也几乎是所有孩子们的理想职业。教师在芬兰的社会地位很高，他们热爱教育，他们不是把教育当成一种工作，而是当成自身梦想的实现。对教育的这种热情与激情使得教师这个行业成为芬兰最具幸福感的职业。

二、芬兰师资的政策保障

芬兰的《教学资格法令》和《多科技术学院教育法》对“基于学校的教育与培训”的师资培养和准入标准做出了明确的规定。在培养方面，所有“基于学校的教育与培训”的师资均由职业教育教师教育学院和多科技术学院培养。在芬兰，每年都有大批学生申请职业教师教育，这为该国技能型人才的培养与开发提供了充足的师资后备力量。在准入标准方面，所有从事职业教育与培训的教学人员、辅导人员都必须具有硕士以上学历(大学学位和多科技术学院学位均可，接受过教学技能培训并获得至少 60 个欧洲学分转换制的学分(ECTS)，且具有三年以上的相关工作经验。此外，从事特殊职业教育与培训的教师和辅导员还必须接受过特殊教育教学技能培训。这种高标准、严要求的准入制度保障了芬兰职业教育与培训的师资质量。然而，芬兰目前对于学徒制培训中的培训人员、实习导师尚未提出明确的资历要求，多由培训单位选择工作经验较为丰富的一线工人担任。学徒制培训中的理论教学工作因在职业教育机构中完成，对其教学人员的要求则与“基于学校的教育与培训”的师资要求完全一致。

三、芬兰对不适任教师的处理

在现今的全球教育界中，芬兰被誉为拥有素质最好的教师群、最优质的师培与教学系统，芬兰在整体师培过程中，依据基本综合知识测验的分数，并透过心理测验及面谈，筛选出真正对教育有热忱的教师。

芬兰在 1973 年所成立的教师工会，在辅导不适任教师的工作上，扮演着重要角色。若发现不适合担任的教师，政府和教师工会以辅导及再训练的方式，改善这些教师的工作能力，或透过双方共同的了解与沟通，将无法继续现职的教师调任到他职。芬兰教师工会的成员包括幼教老师和大学教授，是教育专业工作的命运共同体，也是教师可寻求专业咨询、顾问、训练的机构。芬兰的教师工会经常是帮第一线教师找出教学盲点、咨询教育问题以及师生相处趋势的交流场域，也是促进学生学习的教改先驱。然而，因为师培机构已作了先前的把关，因此芬兰的学校与工会虽握有教师离退的权利与机制，但是很少使用[3]。

在教师培训的领域主要是招揽人才和留住人才的方式。首先就是找最好的人来，给他们充分的培训和准备：芬兰要求 5 年的教师教育学习（包括实习）。然后保证他们的收入能够在社会上有个体面的生活，再给予他们工作足够的职业空间。也就是说把教师当成一个 profession 来创建，而不仅仅是廉价劳力或者二流公务员这样。这点和美国的教师职业形成鲜明的对比：后者往往被形容成“flat profession”或者是没有职业出路，因为没有晋升空间。

四、芬兰师资的甄选方式

目前芬兰全国计有 11 所师资培育大学，负责培育班级教师与学科教师，包含 7 所综合大学、1 所瑞典语综合大学、3 所艺术大学，培育中、小学的师资。师资培育法规定由这 11 个师资培育大学来培育师资。

芬兰师资培育大学教师教育者的资格如同一般芬兰语大学的规定，然而负责教育训练的教师还要拥有教育学教师的资格。大学教育职员的结构为：具有高标准研究能力的教授；拥有博士学位的大学讲师；博士后研究者；博士生。在芬兰师资培育教育职员结构中，约有 20%～25%为教授，博士后研究和博士生虽然也是教职员，但负担很小的教育责任。在申请师资培育计划前，大部分高中生毕业时会参加国家测验，以取得进入大学资格。大部分国家测验考试题型为选择题，至少必须通过 4 门科目，其中 1 门必考科目为测验者的母语，而后从以下 4 门必考科目选择 3 门来考试，包含第二官方语言、外语和数学测验以及科学和人文学科。学生也可另外选择其余一至多门科目作为考试的一部分。大部分高中毕业生选考 4 到 6 门学科。

国家测验是全国考试，每个学生的试题和考试时间皆相同。而考试的形式视各学科而不同，大部分都是选择题，但历史、哲学和宗教教育有比较多是申论题，数学和物理是计算题，语言是听力理解测验、多选题和申论题。学生可以选择要考哪些科目，最多有 12 门学科，考试时可以选考六七门或 12 门学科，也可以只考 4 科，重要的是看每科的考试结果，而不是通过多少门学科考试。如果你要进入教育系，数学、心理学、芬兰语、文学都很重要。有些学生想读的更多，考试就会较多，一般而言经常选择考 4～6 门学科。

特别是想成为班级教师者，通常要依据国家测验成绩来申请师资培育方案，由于师资培育的名额有限，高中毕业生通常都必须有非常优异的国家测验成绩，或是依据某些优异特殊技能表现来为自己的个人资料加分。

如果要进入教育系，学生必须在国家测验得到一定分数，因为申请时会看国家测验的成绩，另外也必须通过各大学系所的入学测验，如果国家测验成绩非常优秀，在某些学校可以不再接受各系所的入学测验。

足以见得国家测验成绩的高低对申请师资培育计划的高中毕业生而言，有举足轻重的影响。在高中毕业生考完国家测验后，申请师资培育计划的学生都须参加各师资培育大学的入学考试和个别面试。自 2007 年开始有许多师资培育大学共同举办全国性联合甄选系统——Vakava 计划，让师资培育计划的申请者参加统一的笔试测验，目的是让师资培育大学具有共同的甄选方式，以便简化入学程序，让大学选择学生更容易，更让同年参加师资生入学考试的学生获得更多的选择机会。目前除奥卢大学，其余 7 所师资培育综合大学都参与此项联合甄选系统，包含班级教师和少数学科教师的师资培育方案：第一阶段为全国笔试，笔试目的是测验教育学科的学术能力，每个人皆测验相同的考试题目，之后申请者会收到师资培育单位的成绩通知，通过者进入下一阶段测验；第二阶段视各师资培育大学和师资培育方桉而不同，以面试为主。申请师资培育计划时，学生必须决定要成为哪一类科的教师，如班级教师、学科教师、特殊教育教师等。基于弹性原则，若是成为某一类科的师资生后，还是可以通过一些渠道改变志愿，比如说可以从班级教师变成学科教师，但很少有这样的情况。

第二节　芬兰中等职业教师类型

与许多国家不同的是，芬兰中等职业教师类型较多，不仅包括职业学校的核心学科教师、职业学科教师、咨询指导教师、职业特殊教师，还包括职业学校之外的企业指导教师。虽然企业指导教师不在职业学校从事教学工作，但他们对中等职业教育的发展同样起着至关重要的作用，高素质的企业指导教师也是推动中等职业教育向前发展的重要因素。由于不同类型的职业教师担任不同的工作和职责，所以他们的培养途径和任职资格也有所差异。在芬兰，虽然不同类型的中等职业教师由不同的机构来培养，但从 1999 年初，芬兰统一了职业教育和普通教育的教师资格要求，规定所有教师（包括小学、初中、高中、职业学校和成人学校的教师）都必须修满至少 60 学分的教育学类课程。其宗旨是让所有的师范生都掌握教与学的核心知识，使其具备从事所有层次教学工作的能力。[4]

芬兰中等职业学校教师分专职教师和兼职教师，此外还包括专家讲师，他们的数量每年都有所变化。根据芬兰国家统计局 2005 年的资料，中等职业教育的师资合格率为 73.3%，专职教师的合格率高于兼职教师。核心学科教师合格率是 73.7%，职业学科教师合格率是 73.2%。不合格的教师主要是没有完成教育学的学习内容。芬兰中等职业教育的师资培养和师资在职培训突出了职业教育的实践操作性、与产业界的紧密联系性，使职业教育师资培养和资格认证条件不同于普通教育师资。在芬兰，职业教育师资是一个特定的教学群体，第一个原因是职业教育教师的培养和资格条件要求不同于普通教育教师；第二是教学工作和工作背景存在的差异。职业教育师资的显著特点来源于职业教育理论和实践的紧密性和产业界的现实状况。

一、职业学科教师

从 1996 年 8 月 1 日开始，芬兰职业学科教师由五所附属于多科技术学院的职业教师教育学院和一所瑞典语大学来专门培养。职业教师教育学院的师范生在不同的教育机构进行实习，没有专门的职业教师培训学校。职业教育教师教育学院主要承担申请者的教育学的培训学习，多科技术学院则承担专业方面的培训和学习。职业学科教师的职责是通过掌握一定的知识和技能来帮助和指导学生学习，根据职业和工作发展要求来提高自身的专业教学水平。

职业学科师资培养目的是为申请者提供能够指导不同类型学生学习所需要的知识和技能，使申请者成为一个能够开展专业领域教学和具有探究职业和产业界发展能力的教师。职业教育师资教育学院在挑选学生方面有很大的自主权，并有一定选拔标准，如学位、教育基础课程、工作经验（非教学）、教学经验、专业活动等。申请职业学科教师的基本条件是要获得硕士学位或多科技术学院的学位,并且在本专业领域至少有3年的工作经验。职业教育师资培养以学位和实际工作经验为基本条件,当申请者申请职业课程教师时,他们已经是某一领域的专业人员了。在2005年,将近70%的申请者有5年或5年以上的工作经历。

在能力要求方面,芬兰教育部1993年颁布了《职业学科教师教育基本要求》,对教师的教学提出四方面能力要求:积极开展教学,使教学与产业界技能要求的变化、学习环境的变化和教育政策的变化保持一致;掌握教学过程的基本规律,有能力并乐于指导不同类型学生的学习;具有对不同环境中的学习活动进行评价的能力,并完成教学目标;具备地方性和国际性交流与合作的能力。

职业教育教师教育学院提供教育学的学习,实行学分制,共35学分。1996年的《职业教育职业学科教师培训法》规定职业学科教师的教育学培训包括教育学基础知识、职业教育教学法、教学实践操作和其他方面的学习。教育学培训计划方案由以下学习内容组成:职业教育与培训入门;教育学基础知识(成人教育学、心理学、教育和社会、学习机构、教育研究和方法论导入);职业教育与培训的开展(学习和工作的概念、教学实践、教导方法、教学评价和多元文化主义教育)。教学实践操作学习是在学院附属教育机构和不同的工作任务中完成的。这种培养模式旨在为申请者提供能够指导不同学生学习所需要的知识和技能,以便更好地开展专业领域教学,使得职业和工作生活紧密联系。

由于大部分职业学科教师都有工作经历,因此培训学习内容非常灵活,具有很强的针对性。申请者往往结合自己单位的教学环境,开发自己的教学方法。在学习过程中,有专门的指导教师帮助他们制定一个合适的学习计划。申请者以前的经历和学习也能得到认可,便于他们进一步拓宽和加深多知识和技能的学习。申请者可以在一学年内全时学习完成,也可以采用多样化的学习方式在1～3年内完成,平均毕业时间为1.5年。[5]

在《职业教育教师教育学院2010发展战略》中,职业教育教师教育学院就职业学科教师的能力方面提出了以下目标:教师在不同工作环境中的知识、方法论、思想和价值观,研究技能,交际技能,指导技能,批判思想;以学生为本的教学方法;进行创新的知识和技能。例如,教育学学习计划方案,方案由以下内容组成:职业教育与培训入门;教育学基础知识(成人教育学、心理学、教育和社会、学习机构、教育研究和方法论导入);职业教育与培训的开展(学习和工作的概念、教学实践、教导方法、教学评价和多元文化主义教育)。

二、核心学科教师

核心学科教师的教育学学习是在普通大学的教育学院或教师教育学院完成的。教育学学习一般和专业学习相结合,在专业课程中穿插教师教育的内容,侧重于教导方法的学习和在学校的实践培训。如 OULU 大学对职业教育核心学科教师的培养方案中包括的内容有：教育学基础、儿童和青少年发展学、教育的影响、教育及其背景、教师的专业发展。其他辅助性学习有教育管理、ICT 的运用和特殊教育等。核心学科教师类似于我国的普通文化课教师，在职业学校中担任芬兰语、瑞典语、外语、数学、自然科学、人类学、社会科学、体育及其他实践和艺术学科、健康教育等学科的教学工作。通常由综合性大学教育学院或教师教育学院及各相关学科院系共同来培养。核心学科教师有两种培养模式可供选择：一种是一阶段培养模式，即师范生入学后在学习一门或多门专业学科的同时，还学习教育类课程。学生通常在进入大学学习的第二年决定是否继续追求教师的职业。那些选择教师职业的师范生在大学学习的第三年开始进行教育学课程的学习；另一种是两阶段模式，即师范生在入学后，先在所选择的学科专业院系接受教育，在取得某一学科学位后再进行教育学类课程的学习，须修满 60ECTS。

职业学校的核心学科教师与普通学校的学科教师具有同样的资格要求。根据 986/1998 号法令规定，核心学科教师必须具备以下条件：① 取得大学硕士学位(其中主修专业学科至少修满 82.5 个学分，辅修专业学科至少修满 52.5 学分)或取得应用学科的硕士学位；② 至少修满 60 学分的教师教育类课程。如申请者虽未取得硕士学位，但已取得大学学士学位或取得多科技术学院相应的学位，亦可申请实践与艺术学科(除体育)、人类与社会科学、信息通信技术(其中包括数学、自然科学和健康教育)这几个专业的教师教育资格。[6]

在芬兰，将来欲从事职业教育的师范生除了需要接受大学层次的教育外，还必须接受一年的师范教育。政府规定，职业教育的师范生必须完成 600 课时的专业课程，随后参加 300 课时的教学实习。修学年限一般为 5～7 年。无论核心学科教师教授什么科目，都必须修满 300ECTS(含 60ECTS 的教育学课程)。师范生除了对主修学科(至少修满 120 学分)进行深入学习以外，还可修习 1～2 门辅修科目。而教育学类课程则以教学法和教学实践为主，通常包括教育学基础课程、职业教育课程、教学实践及其他课程。在芬兰，每所大学所开设的教育类课程各不相同，各具特色，以 Oulu 大学为例：包括教育学定位、青少年发展、教育功能及影响、教育及其背景、教育专业发展及其他一些补充性的“研究单元”，如：教育管理、ICT 教育和特殊教育等。所谓研究单元，就是打破不同专业的教学和培训的界限，将各专业的教学与培训融合。芬兰特别重视职业教育学知识。职业教育学有别于普通教育学，它阐述了就业市场的发展规律、职业教育与就业市场的关系、制定职业教育规划和职业教育教学大纲等问题。

三、职业指导教师和职业特殊教师

咨询指导教师和职业学科教师以及核心学科教师一样，有相同的基本要求。教师要掌握学生咨询和其他方面的基本知识和技能，并能把各种咨询方法运用于自己工作的学校，还要联合其他学校提供咨询。学习内容有：指导咨询的基础知识，一生中的指导和学习，不同背景下的咨询，网络咨询，专业成长和发展目标的评价。在芬兰，中等职业学校的咨询指导教师和特殊需要则由两所多科技术学院的职业教师教育学院和一所瑞典语大学共同来培养。这两个专业的申请者除了必须已经取得教师资格以外，还必须在职业学校或多科技术学院具备至少一年的工作经验。

职业学校的咨询指导教师是专门为学生在学习、事业规划和就业方面提供个性化帮助。他们帮助学生解决学习上的困难，使了解其所在专业的最新就业动态，从而使学生不断提高和发展各自的专业知识和技能，培养自学能力。随着学生在其他学校选择课程的自由度放宽和日益增多，咨询指导教师还有负责协调学校的咨询活动，增加与其他学校的合作。

职业学校的咨询指导教师与核心学科教师、职业学科教师一样，必须达到同样的基本资格条件，包括以下几个模块：指导咨询专业现状、终身指导与学习、不同背景下的咨询、网络咨询、专业成长和发展目标评估。通过学习这些课程，使未来的咨询指导教师了解影响学习者的潜在社会因素，掌握各种咨询方法并将其运用于其所在学校及相关合作机构的工作当中。取得职校咨询指导教师资格的教师不仅可以在职业学校担任教师，还可以在中小学担任咨询指导教师。职业教师教育学院的培养计划中包括教育学课程、指导咨询专业课程、咨询实践和开发一项发展项目。通过为师范生开展具体活动，以目标为导向，帮助他们进行个性化和集体性的学习。将指导咨询教师的培养作为一个全面的发展过程，还不是单单追求成绩。职业特殊教师指在职业学校或在职业特殊教育学校专门从事特殊教学工作的教师。基于全纳教育理念，为了让所有的学生都能如愿找到适合自己的学习途径，芬兰职业学校还有专门从事特殊教育的教师。职业教师教育学院提供 60 学分的课程，使特殊教师在教育工作之余还可以指导其他教师及整个学校的特殊教育工作。特殊需要教师计划包括以下内容：① 职业特殊需要教育的变革背景；② 职业特殊需要教师教育基础课程；③ 个人学习；④ 互动与合作；⑤ 自我专业发展与评估。大多数职业特殊教师都在职业特殊学校工作。特殊学校为那些有严重残疾的儿童提供教育和培训。咨询顾问教师和职业特殊教师专业都已取得了教师资格，并具备一定的教学经验，在修满 60ECTS 的课程后满足相关的法律规定即可成为一名合格的教师。

四、企业指导教师

企业指导教师在学生企业实习和学徒制培训中起到重要作用，他们主要是由经验丰富的管理人员和熟练技术工人组成，其职责是指导、监督和管理学生。他们一般拥有职业资格证书或专业资格证书，但没有教育学培训学习证书。根据芬兰政府的区域性调查研究，75%的企业指导教师有 10 多年的专业工作经验。比较大的公司和企业拥有一套完整的培训体系和模式，例如他们有培训经理，负责在职培训工作。而小的公司主要是由志愿者负责。

企业指导教师通常要求已取得职业资格证书或专业资格证书，虽然他们没有获得教育资格。但是随着在中等职业教育中引入 75%的企业指导教师有 10 多年的专业工作“在岗培训学习”和“职业技能演示”等课程内容，如今职业教师与企业指导教师在职业教育中所担任的角色较以前更趋相似性。

伴随着新的职业技能演示水平的提高，企业指导员的资格要求也愈来愈严格。目前在芬兰的企业指导教师需要进行培训才能对学生进行指导。2005 年，大约有 40%企业指导教师参加了这种培训，主要是在欧洲科学基金会的帮助下进行的。培训主要包含以下 4 个主要方面：中等职业教育的校企合作、学生指导、在岗培训学习和技能演示中的学生评价等。从总体来看，企业指导教师对于他们所从事的这种职业培训工作都普遍满意，虽然还没有官方数据证明。他们认为与青年学生在一起是很有收获的，具有积极意义，不用去例行公事。

第三节　芬兰职业教育教师工作环境、社会地位、权利和义务

芬兰在职业教师培养的过程中非常注重研究素养，让每一位教师都成为研

究型教师。职业教师不仅要掌握教育科学知识和教育研究技能,还要在日常工作中熟练运用这些知识和技能,并不断积极地探索职业教育教学方法,以一个研究者的工作态度和方式独立地、批判地进行教育教学改进问题的研究。因此,几乎所有职业学校的课程都会培养合作学习,基于问题的学习,基于能力的学习,批判性反思和信息技术运用的能力,同时要求职业学校学生开展研究性项目以了解研究在职业教育实践指导中的重要作用。[7]

一、芬兰职教教师的工作环境

20 世纪 90 年代中期以来,芬兰在职教领域进行了改革,职教教师工作环境因此也发生了较大变化:职教发展的国际化趋势要求职教教师须具备外语及跨文化交流技能;社会、区域发展形势要求他们积极参与社会、区域改革,并从中承担更多的社会责任;教育改革和前沿教育研究要求他们提升教师专业能力;信息通信技术(ICT)的发展要求他们不仅要熟悉数字化学习环境,而且要适应融数字化学习、课堂教学、小组工作、研讨会等于一体的/ 混合教学模式;职业教育与行业、企业的密切关联要求他们除扮演教育者角色外,还需广泛建立与行业、企业领域间的合作伙伴关系;新学生群体的出现(成人学员日益增多)、教育理论范式的不断演进要求他们更多关注学生学习技能,而非教师传授技术,并根据学生不同学习类型,选择个性化教学方法,如项目工作、专题研讨、案例研究等。工作环境带来的种种挑战必然要求芬兰职教教师不断发展、更新自身能力,并逐渐形成积极应对新挑战的综合能力结构。

二、芬兰职教教师的资格要求

芬兰实施职教的机构主要是中等职教机构和多科技术学院。职教教师包括职业学科教师、核心学科教师(如语言、数学等)、特需教师以及指导顾问等类型。校长作为教学带头人是职教教学队伍中的一分子。在芬兰要成为一名职教教师,需要符合法律规定的资格制度要求(无需单独的认证或认可程序),具体而言,所有职教教师均需修完教育学课程(60 学分);职业学科教师还要求具有所教学科领域至少三年的工作经验;特需教师和指导顾问必须修完相应专业课程的学分。这些资格规定对职教教师能力结构提出了相应的要求。[8]

在芬兰成为教师的唯一途径是满足相关法律和条例所规定的资格要求。在职业教育机构和理工学院任教的所有教师都必须完成 60 个欧洲可转换学分的教育学学习。对于基础教育和普通高中教育中核心科目教师(如数学和语言教师)的教育是相同的。他们所接受的是不分科目的内容相同的教师教育。核心科目的教师必须具备硕士学位,修满 300 个学分,其中包括 60 个教育学学分。芬兰硕士学位的平均学习时间为 6 年。然而,由于大学生在选择学习内容和时间上有很大自主权,其就读时间也会有所不同。职业科目的教师需要具备相应的硕士学位或理工学院学位。如果某职业专业领域内无此类学位，教师则应具备其自身职业领域内尽可能高的学历。他们还必须完成 60 学分的教育学学习以及具备本领域至少 3 年的工作经验。理工学院的讲师都要求具备硕士学位和 3 年相关工作经验，高级讲师需要具备开业资格，博士学位及相同的工作经验。他们还必须在入职后的 3 年内完成教师的教育学学习。职教教师教育有两个要求：学位和工作经验。在申请参加教师教育时，学生应已经是在某一特定领域具备工作经验的专业人员。

参加教师教育的学生和他们的授课教师一起规划个人的教师教育学习方案，采用多种形式安排学习。制订学习方案时，通常考虑到学生先前的经验和学习成果。对于先前学习成果的认可，意味着学生的学习方案是个性化定制的，这使他们的知识和技能得到进一步的丰富与提高。从 2005 年秋季开始，职教教师教育学院已开始提供虚拟教师培训课程。职业师范教育对所有学生提供类似的内容，无论他们属于什么领域或专业科目。其目的是向受训教师提供知识和技能，以便其今后指导不同类型学生的学习，并根据职业和生涯发展的要求，开发教学内容。

2013 年 8 月 19 日至 9 月 8 日，在上海教师赴芬兰学习先进职业教育经验的活动。Maria 老师向上海老师展示了她自己的入职资格：

(1) Post Graduate Specialist in Competence-Based Qualification;

(2) Vocational Teacher Qualification;

(3) Master on Business Administration;

(4) Work experience: Head, Retail Business (9 years); Consultant, Market Research (5 years); Manager, Customer Service (10 years)

(5) Languages: Finnish, English, Swedish, Germany

三、中等职业教师的社会地位和工资待遇

在芬兰，教师行业和教师教育都普遍受到重视和尊重。教育部希望提高职业教师的地位，进一步加大职业教师培训的力度。同时还鼓励多科技术学院将职业教师教育作为其发展的一个优势领域，充分认识到职业教师教育的重要性。社会对教师的尊重和信任还表现在给予教师充分的自主权。教师可以根据课程大纲及其基本原则，结合具体情况选择合适的方法来讲授课程，也可以自主设计课程，自主检测学生，自选教科书或不用教科书。这对教师队伍的发展产生了积极的影响，大大增强了教师的使命感和责任感。当然这种尊重和信任并不是盲目的，在芬兰要成为一名职业教师不仅要精通职业理论知识和职业实践技能，而且还要掌握职业道德。芬兰虽然没有单独的教师认证程序，但要成为一名教师，必须满足法律规定的资格要求。[9]

要提高中等职业教师的地位，不仅需要不断提高职业教师专业化水平，更重要的是要切实改善职业教师的工资待遇。提高工资对于吸引优秀人才或防止师资流失意义重大。目前芬兰教师职位变动不大，芬兰教师的工资涨幅是欧洲最低的，教师需要 20 年才能从起薪上涨到最高的工资。而且，教师没有很多晋升的机会。晋升和发展事业就意味着去一个管理性更强的岗位，如：系主任、校长、教育管理人员或者成为负责计划发展培训的人员。职业高中校长的平均工资为 4 197 欧元/月，在 3 000～5 000 欧元之间。

所谓共同协议，是指芬兰教育工会与雇主代表组织共同签订的有关国家、市政当局的公务员及其他被雇佣者的相关规定，其中就包括教师福利，如：工资、工作时间、任职年限等。在芬兰，97％教师都是教育工会的成员。教育工会代表教师与国家教育行政部门协商教育政策及有关问题。此外，芬兰教育工会和芬兰地方雇佣者当局通过协商制定了市政当局共同协议，规定根据生活消费水平将教师工资划分两类，位于主要城市和边远地区的第一类教师工资将比其他教师工资高出 3％。如果教师具有公共管理和教学经验可以增加工资。教师还可以通过担任各种额外工作提高工资级别或者获得奖金。

一般来说，职教教师工资比基础学校教师工资要高，与普通高中教师工资相差无几。然而职教教师的工作任务却要繁重得多。目前芬兰在对教师的工资制度进行大刀阔斧的改革，从而实现根据教师所从事工作的能力要求和职责来决定工资的多少。以后，还将教师个人成就和能力作为教师工资考核的因素。

四、中等职业教师的权利和义务

芬兰教师拥有高度的专业自主权，对其教学工作有着重要的影响。20 世纪 70 年代芬兰教育体制高度集中，中央和地方政府对各级各类学校进行严格管制，并对教师的日常工作活动进行了具体规定。到 80 年代这种管理模式开始发生转变，芬兰教育体制的决策权逐渐向学校和教师转移。到 90 年代这种趋势变得愈加明显。为了使学校不断满足社会需要，让决策者与受决策影响者更好的联系和沟通，政府增加学校的决策权。这主要反映在校长和教师拥有高度的自治权。他们不仅对课程的制定和科目的设置有影响，而且在教学法、学习资料和学生评估等方面可以自行决定。芬兰教师除了为学生规划和创设学习环境以外，还参与决策学校财政资源配置等事务。

教师是学校相关活动的参与者。芬兰通过共同协议对教师的主要工作职责进行了规定。教师除了担任教学工作以外，还要参加策划学校的组织活动。通过参与活动，教师之间互相合作，并与当地企业和学生家长沟通联系，从而促进教师自身教学水平和学校的发展。

教师是学校的推销者。2002 年芬兰政府为了激励职业教育机构提高学生的就业前景，为学生提供继续教育的机会，增加毕业率，减少辍学率，开始对职业教育机构实行以能力为本的拨款制度，这一举措促使职业教育机构广泛采用自我评估和质量保证机制，而职业教师也成为学校的推销者，他们通知和指导申请者进入学校学习，根据学校绩效责任制的原则来发挥推销者的作用。

教师是学校课程和学校评估的策划者。在职业学校，教师最重要的任务制定学校课程和参与学校自我评估。虽然在学校自我评估中不对教师进行直接评估，但教师在学校自我评估中发挥着重要的积极作用。通过对过去一年目标达成情况进行评估，来预测教学人员在接下来一年里的工作目标及要求。而且，有些学校还实行年终奖等质量保证机制。

教师是个体学习指导者。作为职业教师，还要帮助学生制订个人学习计划和在岗学习计划，对学生的课堂学习、独立学习和在岗学习进行指导。但由于每个学生的文化和背景不一样，年龄也存在差异，可能介于16～19岁之间，也可能是成年人，这就给职业教师的监督和指导工作提出了更高的要求。而且，职业教师还要在学校为进行学徒培训的学生提供理论教学。所谓学徒培训是指教育实施者、被雇佣者和雇佣者共同签订定期就业协议后的培训。由于参加学徒培训的学生通过不同的渠道接受培训，具有个性化和差异性的特点，意味着职业教师将需要花费更多的精力和时间来迎接更多的挑战，在教学过程中要考虑学生先前的工作经验和背景。职业教师还要去企业参观并参与企业合作。某些专业还可以灵活安排上班时间，协调教学工作和其他工作。

第四节　芬兰职业教育的教师教育

一、职业教育与培训系统的主要特点

教育职责由地方代理履行。教育部负责确定职业教育和培训的组织架构，授权根据学生人数及不同领域的培训来提供教育。国家核心课程是形成地方课程的框架：地方课程的具体内容可根据各地的需要和实际情况有各自不同的侧重，高度重视针对持有已过期资格人士的旨在实现资格更新的成人的培训。重视能力本位的资格测试，并将其作为获取新资格的一种灵活方式。在国家、区域和地方各层次与社会伙伴开展合作。不设国家一级的评价监督。[10]

职业教育学校属于高中教育机构，为16～19岁的学生提供几乎所有职业领域的3年初级职业教育。每个教学方案包括至少6个月的在职培训。培训机构和学校负责当地的课程。为所有学生制定个人学习计划，以满足他们的个人目标和需要。

学徒培训以国家的核心课程或以相关的能力本位资格为基础。理论学习和

工作实习的分配比例约为2∶8。大多数参加学徒培训的人员是成年人。通过学徒培训可获得与学校教育相同的职业资格。

能力本位资格为成年人保持和提高他们的职业技能提供了灵活和个性化的途径。无论以何种方式或何时获得技能，都可通过参加能力测试得到认定。有些测试进行之前，还安排有准备性培训。测试分为三个级别：初级、中级（ISED 3）和专业职业资格（教育分类ISCED 4）。

二、职业教育与培训的教师教育

1. 背景资料

1999年初，芬兰统一了普通院校和职业学校的教师资格。对各类教育机构（基础教育、普通高中、职业学校和开放式成人教育机构）的教师同样要求修满不少于60个欧洲可转换学分的教育学学习，相当于全日制学习一年。其基本想法是教师应掌握可应用于各类教育和培训的教与学的核心知识。教师的教育学学习是各类教师教育的通用核心模块。

在教师职业中，职业教育与培训的教师被看作是相对独立的群体。首先，由于职教教师的学历和资格要求与普通教育教师有很大不同。其次，这种不同体现在教学工作本身及工作环境的不同，职业教育与培训教师工作的特殊性源于理论与实践、职业教育与职业工作的密切关系。职业教育与培训的教师必须向学生传授基本理论和原则：如何“做工作”的实践性知识以及相应的职业观念，例如职业道德。而只有教师自身的专业素质过硬，这一切才有可能得以顺利实现。

芬兰高度重视教师职业和教师教育。教育部希望进一步提高职业教育教师的地位和加强教师培训。即使教师职业的价值得到了肯定，但由于在企业里任职的工资更高，因此仍有某些职业专业领域很难吸引到合格的教师任教。导致教师职业吸引力降低的另一个原因是教学生涯中的职业晋升机会太少。[11]

2. 培训模式和课程

由于高等教育机构享有高度自治权，在相关要求和核心教学内容方面，有关立法仅做出一般性的限定。各类教育机构中，核心科目教师必须具备与其所教授的1～2门科目相关的硕士学位和完成60个欧洲可转换学分的教育学学习。核心科目教师的教育学学习一般以教学法和校内实践培训期为主。职教教师应具备硕士学位或理工学院学位，或其自己职业领域内尽可能高的资格。另外，他们还必须完成60个欧洲可转换学分的教育学学习。学习范围包括：教育学基础、职业教育、教学实践和其他学习。其目的是向受训教师提供知识和技能，以便其今后来指导不同类型学生的学习以及根据职业和生涯发展开发教学内容。例如，学习方案包括职业教育和培训介绍；教育学基础学习包括成人教育学、教学法、教育与社会、学习组织、研究方法介绍；职业教育和培训开发包括学习和工作的概念、教学实践、如何规划学习过程、教学法、评估、跨文化教学。

学生可以在一学年内以全日制学习的方式或在入职后的1～3年内以在岗培训的方式完成学习，他们还可将学习与开发自己的教学方法及本机构的工作环境相结合。因此，学习年限与各地的具体情况密切相关，平均毕业时间为1.5年。

3. 理想的职教教师的能力构成

芬兰应用科技大学采用Seppo Helakorpi的工作成果来确定教师的能力。用设计的调查问卷，受训教师可以对自己现有的能力进行评估。职业教师可被视为这样一类教育专家，他们的技能一方面不断受到职业工作内容变化的影响，另一方面又受到知识和学习观念变化的影响。教师专业技能的获得有赖于基于教育理论的教学，除教学外，还包括教师个人在工作及学校中与他人的合作和共同发展。

Seppo Helakorpi的职教教师能力模型包括：实践领域、教学领域、组织领域、智力开发和研究领域。实践领域可以分为职业工作能力和职业专业知识。在实践领域中，教师的部分技能由现实工作所必需的职业专业知识构成。作为专家，必须符合现实工作的理论与实践的要求，且必须了解关于职业生涯的更广泛的规则。

教学领域包括教学技能和掌握教育过程。该领域关系到教育工作者的作用的发挥。教育工作者必须掌握实施教育所必需的理论和实践技能，也就是说他（她）必须熟悉关于教学的理论与实践及其指导作用。

组织领域由教育经济和管理的专业知识以及团队工作和网络工作的专业知识构成。事实上，工作社区属于社会组织，它关系到教师专业技能的第四个维度。组织领域包括合作技能和财务管理技能。合作技能与专家在团队和社会网络中的活动有关。

智力开发和研究领域包括自学专业知识和开发职业实践。教师技能的这一维度和以开发为导向的工作方式有关，需要进行智力开发和研究专业知识。这并不意味着全面的研究技能，但个体工作和工作社区的不断发展需要人们具备开发技能和思维技能。

4. 教育的质量保障

在芬兰，评价被认为是保持教育高质量和监控是否实现法定教育目标所不可或缺的工具。评价是提高教学质量的基础。目前的评价方式于20世纪90年代初开始使用。当时对传统的评价方式进行了改革。此后侧重于针对教育的成果和绩效进行评价。

教育和培训不再主要按照法定规范及基于法定规范的跟踪系统，而是在教育机构所设定的目标及保证机构本身正常运转的基础上，以更加客户导向的方式运行。因此，教育机构更加专业化，其提供的服务也成倍增加。这在一定程度上增加了通过评估获取信息的需求。在制度层面，评价指标包括绩效目标、教学和课程改革的完成情况以及资源的使用情况。在2002年绩效导向的职业教育与培训拨款制度中，职业教育与培训提供者的自我评价和质量保证体系的应用范围也得到了拓展。绩效导向拨款制度旨在鼓励职业教育与培训提供者在促进就业，不断为学生提供教育机会的同时，提高毕业率和降低辍学率。教师在机构的自我评价中发挥着积极的作用。[12]

大部分机构都有自己的质量保障体系，其中包括年度评估。组织评价的目的是评估前一年的既定目标的完成情况和下一年度教学人员的目标或需要。

5. 职教教师教育的质量保障

教师教育评价属于高等教育评估委员会的职权范围。2000年，该委员会对职教师资的教育和培训进行了评估。委员会给出了一些主要结论和建议，例如，在教师完成初级培训后为其提供教学法支持的重要性。教师教育学院应努力尽快为那些刚结束教育学培训和已经工作很长时间的教师提供后续支持。此外，在教师教育中应关注教师的福利、在职指导与辅导以及教师的现实工作状况。

6. 职教教师培训的参与者

讲师、首席讲师和职教教师（教学一线的）参与职教教师的培训工作。在芬兰职业教育与培训系统中，讲师和首席讲师也是导师。因此，他们也加入了提高自身作用的工作之中。根据相关资格要求，教师培训者需具备教学和教育学硕士或博士学位。在评价导师的作用时，他们参与提供反馈。应用科学大学的校长领导着导师角色和相关工作的改进，他们都是教育学博士。

7. 导师培训的需求

职教教师培训中导师的工作包括搭建理论与实践之间的桥梁，将教育理论应用于教师的工作实践、合作式反思和实验学习。理论和实践在终期论文中同时得以体现。

当前职教教师培训和发挥导师作用的挑战主要包括：学习的个性化，教授、支持和指导学习的全过程。因此，在基于互联网的网络工作和学习，帮助和支持具体的学习困难，通过对于教学实验的合作式反思来架设理论与实践之间的桥梁以及在终期论文中自我指导所占的比率越来越高。

8. 未来的挑战

经济和劳动力市场的全球化及由此产生的种种变化要求职业教育与培训的持续发展。教师和培训人员在应对这些挑战时发挥着重要作用，而职业教育与培训提供者的作用同样重要。在职教机构管理层面，应以更为广阔的视野看待职业教育与培训的发展，应认识到教师和培训师的技能与能力的发展是必不可少的，并且必须与职业界开展密切的合作。这就要求领导力、良好的管理并得到健全的培训政策的支持。

三、师资在职培训

芬兰中等职业教育教师的在职培训主要以芬兰政府颁布的《国家公务员在职培训集体协议》的要求为基础，不同专业领域要求参加在职培训时间长短不一，但协议规定每学年至少要有3天。这种在职培训是免费的，并且教师在职培训期间还可享受全额工资待遇。培训费用由教育提供者承担，主要是由地方教育当局负责。培训内容和实施方法由教育提供者决定。教育提供者可以自己组织或请大学、多科技术学院或私营继续教育与培训机构代替组织培训。

1999年，Jakku-Sihvonen 和 Rusanen 对在1996～1998年的芬兰教师在职培训做了一项调查。调查报告指出，教师参与在职培训的平均时间为32.5天，中等职业教育的教师参加在职培训的时间最长，平均为48.6天。总的来说，中等职业学校的教师参加在职培训的机会比普通教师多得多。在2005年，中等职业教育教师参加在职培训的比例是88％，而基础教育教师的比率是37.5％，普通高中是89.2％。教师参加在职培训对其工资待遇和生涯发展没有直接的影响，主要目的是更新教师的知识技能，提高其教学能力。芬兰的中等职业教育师资在职培训还有以下几方面值得关注：

（1）芬兰政府非常重视教师的在职培训，每年都将其确立为教育优先发展项目，并拨款资助。2003年政府为中等职业学校培训拨款13.46亿欧元，资助教师在职培训。

（2）在芬兰，教师都很重视自己的专业发展。许多学校都设有教师在职培训项目，给教师提供在职培训机会。

（3）欧洲社会基金会对芬兰的中等职业教育师资在职培训起到重要的作用，尤其是在开发新的在职培训模式和开展技能演示方面。

（4）由于国际化的发展趋势，在国际合作方面，芬兰职业教育教师主要参加欧盟的教育合作计划项目。例如，苏格拉底计划和达芬奇计划，还有北欧国家的Nordplus 计划。教师参加这些合作项目的主要目的不仅是在职培训学习，同时也是与国外建立合作联系，磋商学生在国外进行在岗培训学习项目，或者是参加学生在国外进行的在岗培训学习的指导、评价等。

（5）芬兰要求职业课程教师每年定期深入企业或工厂进行实践学习和岗位培训。教育提供者也开发了很多教师在职培训项目，鼓励职业课程教师与产业界建立紧密的联系，参加岗位培训学习和技能演示等。在2005年的调查中，大约有22％的职业学校教师在过去的5年内至少有2个月的时间在企业从事专业实践工作、学习和培训。

第五节　芬兰职业教育教师能力结构和培养模式

职教教师能力结构研究是当前职教教师教育研究的重要内容。芬兰职教教师的工作环境和资格制度对其能力素质提出了要求。芬兰职教教师涵盖四个领域的综合能力结构，包括核心领域、教学法领域、发展与研究领域和组织领域，并突出强调了社会联系、团队合作、经济管理及专业实践发展四大能力。该能力结构及其特点对我国职教教师教育具有启示意义。

一、芬兰职教教师能力结构的主要内容和特点

职教教师能力结构应涵盖核心领域、教学法领域、组织领域以及发展与研究四个领域，每个领域下各包含两个主要能力类型 。芬兰社会各界一致认为，此能力结构模式符合该国职教教师能力需求的现状。

（一）芬兰职教教师能力结构的主要内容

（1）核心领域。要想成为一名专家，职教教师在工作中必须满足理论和实践方面的能力要求。除了具备基本的专业能力外，他们还必须掌握更广泛的工作生活能力。

（2）教学法领域。教学法领域与教师角色密切相关。教师必须拥有教育所需的教学法技能和教育过程监控技能，教学技能，激励和监督技能，掌握教学理论和实践的技能，情感互动、人际交往技能，在多种教学情境中熟练使用信息通信技术（ICT）的技能，教育过程监控技能，能创造学习机会并组织、指导和促进学习，能熟练监控包括计划、实施和评估等在内的整个教育过程，能不断更新教育过程的理论与实践，能熟练监控短期培训与远程网络教学过程。[13]

（3）发展与研究领域。发展与研究领域是与发展为导向的工作方法相联系的能力领域，它包括自我教育能力和专业实践发展能力。具体能力描述：自我教育能力，计划、评估个人发展项目的技能，掌握研究方法与基本原则的技能，创造性解决问题的技能专业实践发展能力，能对自身工作及所从事的专业学科进行评估并促进其发展，掌握科学思维与辩证的基本原则，能紧跟专业学科和及其教学法的发展进程，培养价值意识，以应对工作中日益增多的道德选择问题，能熟练拟定科研报告。

（4）组织领域。组织领域是与合作能力、社会联系能力相联系的能力领域，它包括经济、管理能力及团队合作和社会联系能力。

（二）芬兰职教教师能力结构的特点

结合芬兰职教教师工作环境和资格要求，分析其能力结构主要内容，可以发

现此能力结构呈现出以下几个主要特点：

（1）突出职教教师社会联系能力。芬兰职教领域的许多改革对职教教师的社会联系能力提出了特别的需求。中等职业教育学习期的规定、技能演示课程的引进以及学徒制培训的日益增加等都要求职教教师能够洞察当地行业、企业和劳动力市场的实际状况，并具备较强的社会联系能力。在这种形势下，职教教师必须与行业、企业建立广泛合作关系，与行业、企业平等协商，共同制定、开发和评估满足行业、企业领域需求的职业教育与培训计划。芬兰还以法律条文的形式对职教教师与行业、企业联系和合作的能力做出明确规定和要求，更彰显了其重要性。如培训法案）强调职教教师社会联系能力是保障职教学生从学校顺利向工作过渡。

（2）重视职教教师团队合作能力。当前社会形势下，芬兰职教教师扮演着比以往更多的角色，承担着更多的社会责任。因此，如何在多元、差异的情境与文化中生存并发挥作用，是每个职教教师面临的挑战。这就要求职教教师必须具备团队合作能力，能够与同事分享彼此的专长、资源与经验。从个人到合作的文化计划便是为培养职教教师团队合作能力所做出的一个努力。该计划旨在更新职教教师的工作方式，发展永久性合作文化，汇聚人力资源、技能和设备以更好地为行业、企业提供优质服务。它注重职教教师团队合作能力的培养和团队精神的建设，倡导职教机构建构学习型组织，从而为职教教师分享知识、经验和专长提供良好的平台，营造共同奋进的组织氛围。

（3）强调职教教师经济、管理能力。芬兰职教教师在职教机构内、外部的合作中往往要承担一些管理工作，这对职教教师的经济、管理能力提出了要求。他们必须具备经济学基础知识及财政预算、项目管理的知识和技能。随着信息通信技术在职教机构中的广泛应用，职教教师也承担了部分原本只属于特定行政管理人员的工作，比如撰写项目申请、寻求资金赞助、制定财政规划以及跟踪出纳情况等。[14]

（4）关注职教教师专业实践发展能力。专业实践发展能力在芬兰职教教师能力结构中受到关注，并在许多职教教师的培养计划中得到体现。芬兰五个职教教师教育学院联合制定的“职教教师教育学院 2010 年策略”的职教教师能力发展目标中，特别强调反思性思维和革新、发展技能的培养，要求职教教师能为自己长期的专业实践发展制定计划，主动寻求继续发展深造的机会，并积极参加专业实践发展活动。在芬兰职教教师专业实践发展能力中，社会各界尤其关注职教教师价值意识和道德选择能力的提升，强调职教教师必须明确意识到专业实践发展对其自身工作的重要性，能够反思自身实践，识别技能需求，能够不断学习新知识与新技能，并能够将最新获取的知识、技能应用到教学培训中。

二、芬兰职业学科教师培养模式

芬兰从17世纪40年代开始出现大学这一教育机构，一直到1863年才有专门培养中小学教师的教师培训学院。而担任培养职业教师任务的职业教师培训学院则是从1951年才出现的，主要由临时性职业学校来负责。后来芬兰的职业教师则由二十多所职业教师培训学院来培养，每个学院专门负责一个或两个专业的职业教师。1985年，芬兰职教师资培养模式逐渐走向统一。1996年芬兰颁布了《职业教师教育法案》(452/96)，规定将之前的职业教师培训学院合并成5所职业教师教育学院。由于多科技术学院是一种应用型的高等教育机构，这样有利于将职业教师培养与工商业更紧密地联系起来，有利于推动职业教育的发展。所有的多科技术学院可以自行制定所属职业教师教育学院的教师培训计划(包括35学分的教育类课程)，国家教育委员会对其进行审批。职业教师教育必须具备硕士学位或高级职业资格，并至少具备3年在相关专业工作的经验。随着博隆尼亚进程的推进，芬兰于2005年开始展开了对高等教育进行改革，而教师教育则成为其中的一部分，并将教师教育学位课程改为60ECTS(欧洲学分)。

(一) 培养机构

在芬兰，职业学科教师培养通常是分阶段进行的，采取两阶段培养模式，即首先进入综合性大学或多科技术学院接受第一阶段专业学科的学习。学成后取得相应的专业学位，成为某个领域的专业人才；然后进入职业教师教育学院进行第二阶段的学习，掌握有关教育教学的理论知识与技能技巧，从而提高教学实践能力。通过这种分阶段的培养模式，可以让学生在不同阶段专注于不同课程的学习。从1996年8月1日起，芬兰的职业教师由五所职业教师教育学院专门来培养。而这五所职业教师专业培养机构分别附属于五所多科技术学院。师范生在教育学院修习完教育教学类课程后，即将进入不同的职业学校进行教学实习。芬兰是一个双语国家，官方语言除了芬兰语还有瑞典语。为了培养瑞典语的职业教师，芬兰还成立了一个以瑞典语为教学语言的职业教师教育机构——阿波阿基米德大学的教育学院，开设瑞典语职业教师培训课程。所有职业教师教育学院都提供多种学科领域的培训课程，并充分利用多科技术学院的资源来培养各个职业领域的师资队伍。在芬兰，多科技术学院与其他高等教育机构一样都拥有高度的自治权，其附属的职业教师教育学院也都由多科技术学院自主制定培养计划。

(二) 招生制度

职业教育师资教育学院在招生方面拥有很大的自主权，可以自行制定选拔标准对申请者进行筛选。考虑到不同专业教师的需求情况，职业教师教育学院在申请者筛选方面分工合作，于2003年通过了共同的申请程序，其中包括职业教师、职业学生顾问教育和职业特殊需要教师等专业的申请。目前大部分申请者都通过互联网申请系统来申请。申请职业教师专业的学生必须满足两个基本条件：一是已取得硕士学位或多科技术学院学位；另外还须在其专业领域具备至少3年的工作经验。这有利于保证未来培养的职业教师具备熟练的职业能力。然后，由职业教师教育学院根据共同制定的选拔标准对申请者进行筛选，具体程序如下(以2010年为例)：

首先，根据申请表进行筛选。申请者可以选择两所学校，职业教师教育学院将根据申请者的第一志愿，按照统一的衡量标准对申请者的情况进行评分。

如果申请者得分一样，将根据以下标准依次进行筛选：① 优先选择第一志愿报考学校；② 成为新任全职职业教师；③ 具有24个月以上的全职教师经验；④ 具有17～24个月的全职教师经验；⑤ 具有16个月的全职教师经验；⑥ 具有10年以上与教育有关工作经验；⑦ 具有5年以上与教育有关工作经验。

被录取者将由职业教师教育学院寄发附有一封接收信的入学证明，并按规定日期寄回所申请的教育学院否则申请者将失去其入学资格。如果因被录取的申请者回绝入学资格而造成名额空缺，还可以进行补录。申请者通常只能申请一个名额，如在一个教师教育机构已同意入学就不能取消而占用其他教师教育机构的名额。如果申请者认为筛选过程中未按照筛选标准实施，可以与职业教师教育学院联系。

(三) 培养目标

根据《职业教师教育法》(357/2003)规定，职业教师教育的目标是将师范生培养成具有一定的知识和技能来指导不同专业的学习者，根据不同专业的发展情况和职业概况来提高自身的专业教学水平。基于这一核心目标，芬兰五所职业教师教育学院对其进行了不同的诠释，自行制定相应的课程。欧洲联盟教师能力总框架指出，教师必须具备以下能力：能够通过各种信息资源来有效地运用知识和技术，与其他人合作。如与学生、同事和其他人员合作；能在地方、地区、国家、欧洲和全球范围内进行工作。基于这一框架，每个教育学院制定了以能力为本的培养目标。

(四) 资格制度

与许多国家不同，芬兰没有单独的教师资格认证机构，也没有严格的教师资格考试制度。要想成为一名职业学科教师，达到法律规定的要求亦可，即按照《教师资格条例》(986/1998号法令)规定，职业学科教师必须具备以下条件：取得硕士学位或多科技术学院学位，如果没有相关学位则须取得与教学专业相关领域的最高资格；修满60学分的教师教育学类课程；在教学专业相关领域具备至少3年的工作经验。如不具备第二个条件，如能在工作3年内修满教育类课程亦可在职业学校担任职业学科教师。

职业师范院校的师范生在修满60学分的教育类课程后，即可获得由其所在教育学院授予的职业教师资格。这意味着职业教师教育学院在职业教师资格制度中拥有相当大的自主权和决定权。当然这种权力的赋予不是凭空而设的，而是有其前提条件的。首先，申请进入职业师范院校修习教育类课程的学生都是从事工作多年，拥有丰富工作经验的专业人员，具备一定的专业素质。他们不再仅仅以就业为目的，而是抱有成为职业教师的愿望，乐于从教。其次，对职业师范院校进行公开透明的评估，院校水平较为一致。一方面，职业师范院校通过多科技术学院所展开的自我评估来来保障职业教师教育质量。根据《多科技术学院法》(351/2003)规定，多科技术学院应该负责学院的教育及其他活动的质量水平，推动学院可持续发展；应该定期参与外部评估；并将评估结果公开发表。职业教师师范学院作为多科技术学院的一部分，也成为多科技术学院自我评估的一部分；另一方面，芬兰高等教育评估会还对职业教师教育学院进行不定期的外部评估，并提出许多建设性的建议。如2000年该评估会对全国的教师教育(包括职业教师)质量进行评估，并将Hamenlinna(HAMK)评为芬兰职业教师教育的先进单位。

(五)经费来源

在芬兰，接受职业教师教育是免费的，而且学生还可以得到财政资助，从而最大限度地实现教育平等。职业教师教育的经费主要来源于中央政府和地方财政。大部分多科技术学院都是由市政当局或市政联邦承办，另外学院每年还接受国家补助用于职业教师教育。2002年国家用于中等职业教师教育和培训达到近959万欧元，到2005年国家给职业教师教育拨款达1 150万欧元。与普通教师教育与培训拨款方式不同的是，国家每年自行决定为职业教师教育与培训拨款的数额。根据教育部与多科技术学院签订绩效合同，规定了绩效目标，其中包括教师教育学院的学生人数和修满课程情况，然后国家根据这些数据为教师教育学提供经费补助。

三、芬兰工作场所导师的培养

在校企合作框架内，芬兰工作场所导师的培养包括三个内容模块：制定工作场所训练、职业技能展示与能力考试的计划；指导学生和评估学习；评估学生或考生的能力。对技能型人才的培养过程涵盖计划、实施、评估与发展三个阶段，表现为国家层面高度重视、培养内容具体明确、校企双方密切合作、操作性与灵活性相结合四个特点。除职业教育教师外，工作场所导师的作用和培养工作日益受到重视。

（一）芬兰工作场所导师培养的背景

21世纪以来，在芬兰职业教育领域，“工作场所学习”的理念与实践持续发展，企业工作场所的职业教育功能日益突出。《芬兰职业教育法》明确要求，提供职业教育学生技能训练的工作场所必须拥有充足数量的具备相关职业技能、教育和工作经验的员工，这些员工需获得相应训练资格。在芬兰职业教育领域，这类员工有个专门称谓，即“workplace instructors”，中文译名为“工作场所导师”“工作场所教练”“职场教练”或“职场导师”，学徒制培训的“企业培训师”与工作本位学习的“在岗导师”等均包含其中。工作场所导师担任工作场所、学生（或技能考试者）、教育提供者之间联系的角色，就工作场所学习质量而言，工作场所导师的活动和教学技能起着重要作用。工作场所导师与职业学校指导教师共同确保工作场所学习目标的达成。工作场所导师通常是职业学校学生在工作领域首先接触的专业人员，因此，被视为学生学习的榜样和行为楷模。

近年来，在芬兰校企合作过程中，工作场所导师发挥着重要作用，其地位不断提升，并在芬兰国家政策层面得到重视。芬兰《教育和研究发展规划（2007～2012年）》要求“采取措施开展工作场所导师的培养工作，保证其有足够的供给”；《教育和研究发展规划（2011～2016年）》进一步提出，基于工作场所导师在职业教育工作本位学习中的重要作用，必须采取措施确保工作场所导师获得充足的培养机会，要探索和创设一个永久的拨款模式，发掘工作场所导师培养的各种可供选择的方法；工作场所导师培养的内容将在国家层面发展，以便广泛地满足各级教育的工作本位学习和在岗实践的需求，同时为每个工作场所导师的职业能力评估和知识要求做好准备。芬兰《职业教育和培训质量策略（2011～2020年）》提出，教育将越来越多地在工作场所实施以及与工作场所进行联系与合作；工作场所导师的工作将获得支持，他们的技能将通过教育提供者与企业雇主间的合作得到提升。为了更好地指导工作场所导师培养工作，芬兰国家教育委员会（FNBE）于2012～2013年连续发布三个相关指南与建议，即《工作场所导师培养的建议（3学分）》《工作场所导师培养实施指南》和《工作场所导师能力地图》，有效提升了工作场所导师培养的质量。

（二）芬兰工作场所导师培养的内容

基于上述政策背景，芬兰工作场所导师培养的内容主要包括三个模块：制定工作场所训练、职业技能展示和能力考试的计划；指导学生和评估学习；评估学生或考生的能力。每个模块各1学分，共计3学分。

（1）制订工作场所训练、职业技能展示和能力考试的计划。在芬兰工作场所导师的培养内容中，本模块包括7个工作目标和15项工作标准。在制定工作场所训练时，既要考虑职业领域、具体工作场所的要求和学生具体能力的需求，还要考虑需要特殊支持的学生、具有各种语言和文化背景的学生的需求。

(2) 指导学生和评估学习。本模块包括 3 个工作目标，涵盖工作场所导师对学生进行入职培训、训练和指导学生学习以及评估学生学习状况等 18 项具体工作标准。

(3) 评估学生(或考生)的能力。本模块的目标是工作场所导师能够在职业技能展示中评估学生的能力或在能力考试中评估考生的能力，共包含 14 项具体工作标准。

(三) 芬兰工作场所导师培养的过程

芬兰工作场所导师培养的内容通过计划、实施、评估与发展等三个阶段得以开展。

1. 计划阶段

这一阶段工作事项包括制订计划与提出思路(实施培训的各种方法)、寻找可能的合作伙伴、宣传与交流活动、制订个人培训计划(参训者、目标、内容、方法、资料、评估)培训前的实践安排等。

2. 实施阶段

这一阶段工作事项包括根据参训者情况详细阐述培养目标、培训内容和方法，先前学习的认可与认证、个人学习计划，实施培训，根据目标促进学习的指南，持续评估与监控学习表现，培训期间的学习安排，培训评估等。

3. 评估与发展阶段

这一阶段工作事项包括完成工作场所导师能力评估总结报告，学习表现监控的终止与颁发证书，完成来自参训者与其他评估资料的反馈，在发展工作中使用这些反馈资料，伴随培训的其他安排等。

为保证工作场所导师培养过程顺利实施，芬兰教育提供者常对以上各阶段的各项行动进行整体规划，并逐条列出责任分工，以于韦斯屈莱职业学院的工作场所导师培养为例。

芬兰工作场所导师培养可由职业教育提供者自行安排，或在地区层面上与其他教育提供者合作进行，也可由提供继续教育的机构或教育企业处开展。参加工作场所导师培养的人员由在不同机构工作、拥有不同地位的人组成。受训学员目标群体首先针对校企合作框架内承担学生指导责任的那些“工作场所导师”，包括学徒制培训体系中的企业培养师在内。在计划阶段充分考虑职业教育机构和各特定工作场所的需求量身定做，以此来最大限度满足职业教育领域各部门、各工作场所及工作场所导师的需求，并体现个性化原则。

根据工作场所导师当前的状况和能力需求，芬兰工作场所导师的培训可以灵活的方式实施，一次培训完成一个单元的内容，单元的顺序安排不作特别限定，培养方法则多样化。实施形式包括以多种方法建立的多种培训课程、职教教师工作实习期间实施的工作场所培训、学生在岗学习期间的培训等。考虑到参训人员早期的知识和技能积累，培训实施前必须预先拟定计划，详细说明受训学员先前所获得的技能和知识的鉴别和认定方法。实现培养目标需大约3周时间，由于参训学员可以选择完成部分的培训且培训模块没有固定的次序，职业教育提供者就能选择在职业教育教师工作实习期间培养工作场所导师；职业教育教师也可在学生在岗学习期，借助对工作场所进行的指导访问来完成工作场所导师培训。芬兰工作场所导师培养的经费有多种来源，包括企业、国家教育行政部门、教育提供者和资格提供者提供等。工作场所导师培训也可作为发展项目的组成部分来实施，前提是这种培训有助于达成该发展项目所设定的目标。欧洲社会基金也对其提供拨款支持，并特别针对中等职业教育和培训的工作场所导师培养。

（四）芬兰工作场所导师培养的特点

（1）国家层面高度重视。《芬兰职业教育法》明确规定职业教育框架内工作场所导师的配置要求及其能力资格要求。在芬兰教育发展的纲领性政策文件《教育和研究发展规划》中，提出在国家层面重视工作场所导师的培养工作，涵盖内容、方法、拨款等诸多要素。在工作场所导师培养的内容标准方面，芬兰国家教育委员会于近三年先后颁布了培养建议、实施指南和能力地图三个文本，以此促进芬兰职业教育部门和企业工作场所双方共同合作培养称职的工作场所导师，更好地满足各级各类职业教育的学生工作本位学习和在岗实践的需求。

（2）培养内容具体明确。芬兰工作场所导师培养的内容包括三个模块，体现在培养目标与培养标准两个维度，与工作场所导师指导学生所需的能力相一致，明确具体且具有较强的针对性。如模块“指导学生和评估学习”共有3个目标，每个目标之后详细列出具体的评估标准，其中“学生的指导”的目标涵盖10项内容标准：学习目标制定、工作过程描述、工作任务分解、个性化需求、学习监控、指导气氛、学习困境、安全与健康、指导方法、指导工具，等等，每个标准均具有明确的任务、能力要求。

（3）校企双方密切合作。芬兰工作场所导师的培养并非企业工作场所的“私事”，而是被纳入职业教育发展政策与规划中，是基于职业教育发展需求、学生工作场所学习需求和各级职业资格制度要求的。工作场所导师的培养工作往往由职业教育提供者负责，并与企业工作场所进行联系与合作，以确保培养工作顺利实施并取得预期成效，职业教育教师在其中扮演着主要角色并发挥了重要的作用（特别是通过教师工作实习期来实现）。在工作场所导师培养过程中，职业教育教师和企业工作场所导师展开充分的互动与对话，共同服务于学生工作本位学习目标的达成。

(4) 操作性与灵活性相结合。芬兰工作场所导师的培养过程分为计划、实施、评估与发展等前后衔接的三个阶段，每个阶段的实施事项与行动任务和责任分工相对应，使得培养过程具有较强的操作性。在共同目标与标准框架下，工作场所导师培养的具体形式和方法则不限，具有较大的灵活性，由此企业工作场所和职业教育机构可以选择个性化的培养方式，以提升培养质量和效果。

参考文献

[1] 张德伟，梁忠义. 国际后期中等教育比较研究[M]. 北京：人民教育出版社，2006：467.

[2] Leonardo da Vinci. Developments and Trends in Vocational Education and Training in Finland. Helsinki：Center for International Mobility. 2003.

[3] 曹大辉，20 世纪 90 年代以来芬兰中等职业教育改革研究[D]. 重庆：西南大学，2007.

[4] 张德伟，梁忠义. 国际后期中等教育比较研究[M]. 北京：人民教育出版社，2006.

[5] 楚杰. 芬兰的职业教育与培训的形式[J]. 世界教育信息，2004(2).

[6] 芬兰国家教育委员会(FNBE)，芬兰的教育体系的结构. http：www. oph. fi.

[7] 芬兰国家统计局(2005) http：//tilastokeskus. fi/index_en. html/，2009-10-2.

[8] VET Teachers and Trainers in Finland. Ministry of Education，2006. 20.

[9] Ministry of Education and Culture. VET Quality strategy 2011-2020[R]. Helsinki：Ministry of Education and Culture，2011：12.

[10] Attracting，Developing and Retaining Effective Teachers (Finland's country background report for OECD Teacher Project) [R/OL]. http：//www. edu. fi. 2003.

[11] Aapo Koukku，Matti Kyrö，Paula Paronen，Kris-tiina Volmari. Finland VET in Europe-Country re-port 2013[R]. Thessaloniki：Cedefop，2013：22.

[12] Anne Lammi. Guide on Implementing Workplace Instructor Training [M]. Tamper：Suomen Yliopistopaino Oy，2014.

[13] Ministry of Education. Education and Research 2007-2012. Development Plan[R]. Helsinki：Minis-try of Education，2008.

[14] Ministry of Education and Culture. Education and Research 2011-2016. A Development Plan [R]. Helsinki：Ministry of Education and Culture，2012.

第八章 芬兰技职教育的质量管理机制、评估机制和保障机制

在芬兰，技职教育主要由芬兰政府和地方当局共同出资支持，采取契约制的管理方式，即与技职教育院校和机构签署协议，规定教育目的、生源、教育活动管理、各类教育项目及基金等。这种方式明确了职业院校和机构的责任，便于评价和管理，并确保了优质高效的教学效果。芬兰注重用政策和法令来推动技职教育的发展，先后颁布了一系列针对性非常强的法案。

第一节 芬兰技职教育质量管理

芬兰围绕提升技职教育质量的目标，开展了许多卓有成效的改革，构建了较为完善的技职教育质量管理机制，增强了芬兰技职教育吸引力，极大地推动了芬兰经济的发展，提升了其国际竞争力。2012 年 4 月 24 日，“职业教育和培训的质量与吸引力”国际研讨会在芬兰首都赫尔辛基召开。芬兰技职教育质量管理的实践及其成果得到与会专家学者的高度评价和重视。

芬兰技能型人才培养与开发的质量保障体系包括国家指导、教育提供方内部质量管理以及外部评价三部分。在国家指导方面，除了法律法规，芬兰政府采纳的教育与研究发展规划、国家财政预算、技职教育与培训的授权、技职教育的资格框架和国家核心课程、基于能力的资格要求、拨款标准、教学人员资格要求等均对芬兰职业教育的质量管理起到了指导作用。进行劳动力市场需求预测，加强技职教育与劳动力市场的联系也是芬兰提升职业教育质量的重要保障机制。在教育提供方的内部质量管理方面，教育提供方要依法对自己举办的技职教育与培训开展内部自评，且将关键评价结果予以公布。在外部评价方面，芬兰没有专门的教育督导制度，但教育提供方须依法参加国家组织的一系列外部评价，包括芬兰教育评价委员会负责的基于职业能力展示的学习成果国家监测，以及芬兰教育评价委员会或教育与文化部任命的其他审计机构和组织开展的外部评价。除了上述带有强制性的质量保障机制，以“欧洲职业教育与培训质量保障参照框架”、欧洲职业教育与培训“共同质量保障框架”为代表的国际技职教育质

量管理政策，以及芬兰本国制定的《国家职业教育与培训质量管理建议》等非强制性质量标准也为中央政府以及教育提供方保障技能型人才培养质量提供了重要的参考框架和管理工具。

一、芬兰技职教育质量管理的政策背景

近10多年来，为了应对全球性竞争压力，芬兰持续进行各项教育改革，教育决策权不断向地方下放。与此相应，质量管理在芬兰技职教育领域日益受到重视，并被认为是影响技职教育吸引力的最主要因素之一。[1]1998年，芬兰为了扩大地方自主权，提升技职教育质量，颁布了《职业教育法》、《职业教育法令》、《成人教育法》和《成人教育法令》等一系列法律及其他相关法规，要求技职教育提供者对技职教育质量和效率进行内部评估并参与外部评估，建立质量管理体系。2003年，芬兰教育部颁布《教育和研究发展规划(2003～2008年)》，把提高质量作为技职教育发展的主要目标之一，并作为增强技职教育吸引力的一个主要手段。2006年，《职业教育和培训质量管理建议》由芬兰国家教育委员会、职业教育提供者、工作领域、商业以及学生等利益相关者的代表合作开发出来，经芬兰教育部确认批准后颁布，并于2008年进行修订。该建议为芬兰各类技职教育的长期质量管理提供了一个指导性框架，适用各级、各类技职教育质量管理的各阶段。[2]2008年，芬兰《教育和研究发展规划(2007～2012年)》提出“要对职业教育质量保障给予特别重视”，要通过发展在岗学习、职业技能展示和学徒制培训等来加强工作本位学习，以提高技职教育质量，还需通过重视和更新技职教育教师职业技能和能力以及现代职场实践的知识来确保教师队伍质量。[3]2011年3月4日，芬兰教育文化部公布《职业教育和培训质量策略(2011～2020年)》。该策略涵盖各种形式的技职教育供给及技职教育质量保障体系的所有领域。2011年6月22日，《于尔基·卡泰宁总理政府规划》在其第六章“教育、文化和科学政策”中明确要求提高芬兰技职教育质量，提出要对技职教育质量水平提升的技职教育机构进行相应奖励。[4]2012年初，芬兰教育文化部发布《教育和研究发展规划(2011～2016年)》。该规划首次把“职业教育和培训质量管理”单列一节，指出将“继续采取多样化、具有广泛基础的行动来提高技职教育质量”，要求到2015年，所有技职教育提供者必须拥有一套运行良好的质量保障体系，以便为技职教育质量的不断提高提供支持，必须采取多种措施(如系统的支持步骤、工具和形式)，在技职教育提供者开展质量管理工作的各个阶段均给予激励，以保障芬兰技职教育质量的持续提升。[5]芬兰政策理念中，加强技职教育质量管理工作，是为了增强技职教育吸引力，提升技职教育效率及其服务工作领域的能力。进行技职教育质量管理，就是要努力使技职教育质量管理和评估在各级水平上形成一个整体，并寻求全芬兰技职教育质量的同质性。芬兰技职教育在追求最佳质量的同时也要求确保最低质量标准，其目的是为了更好地参与全球经济、教育竞争。[6]芬兰技职教育质量管理的政策及其蕴含的理念直接影响芬兰技职教育质量管理机制的实践选择。随着欧盟各成员国间技职教育领域合作的不断加强，作为欧盟成员国之一的芬兰，其技职教育质量管理必然会受到欧盟相关理念与工具的影响。

二、技职教育质量管理的渠道

在技职教育质量管理方面，芬兰一直在不断进行改革和创新，形成了一套完善的体制，以保障技职教育的质量。主要有以下几个方面：教育立法、质量鉴定合格标准、课程管理、技能测验和职业资格证书、激励性资金拨款、教育评价、质量奖。

(1) 教育立法。芬兰重视技职教育的质量管理和质量评估。教育的发展也日益要求技职教育由积极主动的管理向以教育成效为基础的教育立法的转变。因此，芬兰在技职教育的改革中颁布了很多法律，以加强对其进行质量管理。目前的技职教育主要是由《职业教育法》和《职业教育法令》所管理，对象是青年学生和成年，技职教育资格证书是由《成人教育法》和《成人教育法令》管理的，还有其他相关的立法。这些立法为技职教育及其技职教育的结构框架提供了法律保障。

(2) 质量鉴定合格标准。技职教育的质量鉴定主要包括技职教育的专业领域、每年学生的最多数量和其他的要求与供给等几方面。教育部还准许他们安排特殊技职教育和其他的专门任务，例如为外来的移民提供技职教育。

(3) 国家课程管理。在课程管理方面，国家政府制定中等技职教育的基本目标、学习内容以及基本结构。教育部负责学习项目的具体内容和范围。芬兰FNBE颁布国家核心课程，确定学习目标和主要内容。核心课程的制定还涉及专家团体和培训委员会(他们是教育部为了计划和发展职业教育而成立的)。在此基础上，每个教育提供者可以灵活地安排本校的课程，其中有1/3的课程设置自主权。教育提供者也有三方专家团体和咨询委员会。

(4) 技能测验和职业资格证书。质量保障中非常重要的机制是技能测试。技能测试形成于1994年，是成人职业教育的一部分，2006年技职教育的职业资格证书将其作为一项要求，目的是测验学生是否达到工作生活与产业界所要求的职业技能。通过技能测验而取得的各种职业资格证书也是质量保障体制的一项重要内容。资格证书的授予是以技能展示为基础的，也就意味着学生能力的形成，也是作为个人能力的质量评定标准。

(5) 质量奖。质量奖是用于支持和鼓励教育提供者进行持续的教育评价和提升教育质量的。另外一个目的是试图找出最佳的技职教育实践经验以供其他技职教育机构学习。并且质量奖旨在增强人们对技职教育的普遍认识和理解，提升技职教育的吸引力。目前的质量奖按以前的标准，是以技职教育提供者自我表现的内部评定和外部的评估为基础的。欧洲质量奖标准被作为质量奖的一个评定标准。其实每年的评定标准也都会增加一些新的内容。技职教育的质量奖目标是：鼓励和提高质量和教育评价；技职教育成功经验的交流；强调技职教育的作用；提升技职教育的形象。

(6) 教育评价。教育评价有外部评价、教育提供者的自我评价和对学生学习效果的评价等几个方面。

① 外部评价。技职教育法要求每个教育提供者对自身提供的教育进行有效的评价(自我评价)，并且还要参加外部评价。国家教育委员会分别在 1999 年和 2002 年出版了《职业教育质量管理的推荐方案》和《学徒制培训的质量管理推荐方案》，这两个推荐方案要求教育提供者每隔 3 年要进行一次外部评价。为了进行教育评价，芬兰政府在 2003 年专门成立了教育评价董事会。在岗培训学习期间的技能展示也是一种外部评价，技能展示是在学习中进行组织的，并尽可能地和在岗培训学习一起组织，或安排在车间内，或在实际的工作任务中。学校和产业界代表共同设计实施和评价技能演示。评价必须对学生有指导价值和促进作用，并有助于学生进行自我评价。

② 内部评价。技职教育提供者在内部评价模式和框架方面有选择权，他们一般根据学校的实际情况，灵活地选择评价模式、评价框架和评价工具。并且他们在实施内部评价中，也把同行的汇报和评价或开展活动也作为评价的一部分。技职教育提供者虽然在内部评价方面有选择权，但芬兰政府还是给予一定建议和推荐一些评价模式，以供他们参考使用。技职教育内部评价还涉及一些与主题相关的评价和几个学习领域的评价。例如，学生咨询指导的评价，基本科目学习效果的评价，如数学技能、语文和外语、自然科学和学会学习技能等。根据学生的表现和考试情况，成绩分为：优秀，良好，一般。选修课程没有分数，只有及格线。此外，一旦完成了包括在资格证书中的学习模块，并达到一定的标准，就可以获得职业资格证书，否则只是取得结业证书。

③ 自我评价。芬兰技职教育还注重学生自我评价，并把学生的自我评价作为整体评价的一个完整部分，目的是通过运用自我评价的技能锻炼其对职业进行反思的能力。

三、技职教育质量管理的主要机制

在芬兰技职教育领域，质量管理指的是用于确保和改进技职教育提供者行动质量的那些程序、过程或体系。芬兰技职教育质量管理体系由教育政策指导体系、技职教育提供者质量保障体系以及外部评估体系等三大部分构成。[7] 芬兰技职教育质量管理体系涉及国家和技职教育提供者两个层面，涵盖强制性机制和自愿性机制等两大机制。

（一）强制性机制

强制性机制是芬兰技职教育提供者和技职教育机构依法必须执行的质量管理机制，主要包括法律法规机制、绩效本位拨款机制、供需匹配预测机制、国家核心课程、技能展示系统、质量评估机制等。

(1) 法律法规机制。芬兰在1998年颁布了《职业教育法》等一系列法律法规，以扩大技职教育办学的地方自主权，促进芬兰技职教育质量的提高。这些法律法规为芬兰技职教育发展设定了总目标，要求技职教育提供者建立技职教育质量管理体系，但是没有限制其选择具体措施方面的自由空间。芬兰技职教育法律对技职教育领域的办学资格认证、资金管理、国家核心课程、职业资格认定、职业技能考试、教师能力要求等均有明确的规定和要求，以此来保障芬兰技职教育质量。机构资格认证就对职业学校的教学领域、每年最多学生数以及其他方面提出了明确要求。国家拨款是根据职业学校学生人数、核心课程数量以及所颁发的职业资格种类和数量来估算的，以此来保障技职教育质量，同时满足工作领域的能力要求。在芬兰国家核心课程和职业资格相关法律条文中，详细规定了工作生活所需的专业能力。由于芬兰职业资格证书的取得是以技能考试为基础的，由此保证了教育质量。技职教育教师队伍建设在芬兰历来受到重视，从教师资格要求（能力标准）、在职培养和专业发展等方面都有严格的规定或建议。教师队伍的高要求与高素质为芬兰技职教育质量提供了强有力的保障。

(2) 绩效本位拨款机制。在芬兰，原有技职教育拨款体系是建立在具体学生单位成本基础上（法定核心拨款）的。该拨款体系的优点是分配公平，然而却缺乏对技职教育质量的关注，影响到芬兰技职教育的办学效率，由此导致了2002年绩效本位拨款机制的引入，其目标是为技职教育提供者实现所设定的质量绩效和持续的质量提升提供支持。该机制以芬兰技职教育各地统计数据和质量评估（质量奖）的量化指标（绩效拨款部分）为基础，为技职教育管理部门和技职教育机构提供发展和指导的信息。绩效本位拨款由基于统计指标的成果本位拨款与质量奖构成。成果本位拨款以绩效指标为依据；质量奖则基于更大主题实体上的成就。绩效本位拨款占技职教育拨款总额的3%，其中，成果本位拨款占70%～90%，质量奖占10%～30%。良性的拨款机制为芬兰技职教育质量提高提供了动力机制和基本条件。[8]

(3) 供需匹配预测机制。芬兰有强调技职教育机构与工作领域合作的历史传统。芬兰技职教育政策的一个主要目标是平稳地为劳动力市场提供具有熟练技能的合格劳动力。加强技职教育与劳动力市场的联系是实现该目标的关键，其核心工作是进行技职教育供给与工作领域需求匹配的预测，这是芬兰提升技职教育质量最重要机制之一。加强技职教育供给和劳动力市场技能需求预测工作的目的是为技职教育决策提供充分依据，以实现技职教育供给与劳动力市场需求的相互匹配，由此保障技职教育质量。该预测工作的组织涉及芬兰多部委和众多利益相关者，重点提供关于工作领域未来技能需求变化、新兴能力领域、职业能力新组合等方面的信息，并把这些信息作为技职教育供给的重要依据。技职教育与劳动力市场供需匹配预测工作在国家、地区层面上为芬兰技职教育质量提供了有力保障。

(4) 国家核心课程。在芬兰技职教育领域，颁布国家核心课程并定期(间隔期约10年)进行修订，是质量管理的重要机制之一。国家核心课程为芬兰技职教育机构办学确立了法定标准，其目的是反映国家教育目标，对职业能力、学会学习能力和公民能力等做全国统一要求。核心课程也可作为学生学习成果的国家评估依据。芬兰国家核心课程的拟定由芬兰国家教育委员会与雇主组织、产业界、教育工会以及学生会等合作完成，其制定依据是：某项资格必须为完成某领域的各种任务提供宽广的基础职业技能，能为学习者从事该资格的某一部门工作生活提供所需的专业能力和职业技能。职业技能由工作生活的功能模块来确定。另外，地方课程内容也在国家核心课程中给予规定。芬兰新一轮的技职教育国家核心课程改革中，主要修订内容是资格要求、课程结构、技能要求、评估目标和标准，另外也加强了全球化、多元文化背景、可持续发展等方面的能力要求。国家核心课程的规定和定期修订为芬兰全国技职教育质量的一致性和与时俱进提供了重要保证。

(5) 技能展示系统。21世纪以来，芬兰技职教育领域最引人注目的改革是在2006年把技能展示系统引入芬兰所有职业资格(职业学习模块)中。技能展示系统的首要目标是确保和提升技职教育质量、改进学生评估质量。该项改革力求使技职教育机构和工作领域彼此联系更加紧密，以确保技职教育能实现预定目标并与劳动力市场需求相匹配。改革要求工作领域代表高度关切并积极参与技能展示、技能考试的计划、实施与评估的工作。教师、企业代表和学生对技能展示的共同评估保证了技能考试的效度和信度。这些考试与技职教育课程目标以及劳动力市场所要求的技能熟练水平密切相关。在技能展示系统中，学生能力评估的情境同学生进入工作生活即将面临的真实情境相类似。2010年3月，芬兰教育评估委员会公布了技能展示系统的评估结果：技能展示系统使学生评估工作更趋一致，同时加强了与工作领域的联系，提升了芬兰技职教育质量。

(6) 质量评估机制。在芬兰技职教育质量管理体系中，质量评估是重要组成部分之一，包括外部评估、国家评估、技职教育提供者和技职教育机构的自我评估等三方面。芬兰法律也赋予职业学校进行自我评估、外部评估和参加国家评估的权利和义务。外部评估由芬兰教育评估委员会或教育文化部任命的其他评估机构来组织。评估计划由芬兰教育文化部审批。外部评估通常以发展为导向,并能为教育提供者和教育管理部门提供决策所需的支持性信息。同行评估是由同行实施的一种外部评估模式,常采取合作形式。同行评估主体包括技职教育提供者、研究机构、公共权威机构、社会伙伴以及企业等;芬兰国家教育委员会则以协调者的身份负责芬兰同行评估的国家网络。芬兰技职教育国家评估的目的是提供学习成果质量方面的信息。这些信息常用于国家核心课程的发展,也可为技职教育提供者的持续质量改进以及实践教学反馈提供服务,并能监督芬兰教育平等的目标是否在职业学校真正落实。

芬兰技职教育提供者在进行自我评估时,拥有较强的灵活性和自由度,没有一定要使用某种具体评估模式或框架的规定。由此,技职教育提供者在开展自我评估工作时,就可充分考虑到技职教育领域和工作领域二者的真实需求,以发现自身存在的问题和差距。当然,芬兰政府对技职教育提供者的自我评估工作也并非无所作为,而是常为技职教育提供者推荐某些评价模式或提出建设性的建议。总体来说,芬兰技职教育提供者和技职教育机构在质量评估工作中趋向于经常选择外部评估。尽管如此,外部评估并没有脱离自我评估,而必须以之为基础。

（二）自愿性机制

除了强制性机制外,自愿性机制也是芬兰技职教育质量管理重要机制之一。该机制与芬兰技职教育的客户导向性原则、信任性原则、透明性原则、以卓越为目标的原则等质量管理原则的精神相吻合。自愿性机制主要包括建议性机制和技能竞赛机制;"质量奖"以及各种激励性项目也可归入自愿性机制。建议性机制突出体现在《职业教育和培训质量管理建议》这份报告中。

1. 建议性机制

芬兰《职业教育和培训质量管理建议》(以下简称《建议》)为芬兰各类职业教育的长期质量管理提供了一个指导性框架,适用于芬兰各级、各类技职教育质量管理的各阶段。《建议》蕴含的理念与欧洲职业教育和培训的"共同质量保障框架"和"职业教育和培训质量保障参考框架"趋于一致,即指南性的"建议"并非强制性的标准;它没有提供现成的解决方案、方法或提出质量管理的任何最低标准,也没有取代芬兰现有的职业教育质量管理体系或者规定使用者必须运用任何具体质量管理体系的要求;它是可供不同职业教育提供者根据自身情况灵活选择的指导性框架和策略性工具,与芬兰现有各种质量管理体系相互兼容,其使用方式由使用者自行决定。《建议》以共同质量保障框架为基础,是芬兰实施欧盟“哥本哈根进程”的重要进展。《建议》根据“共同质量保障框架”的不同阶段进行分组，呈现与此框架各阶段（包括计划、实施、评估以及检讨等）相关的建议。《建议》的内容结构做如此安排的目的是为了便于《建议》在不同类型职业教育提供者内部得到应用，同时也考虑到芬兰国家职业教育发展政策中所确定的职业教育具体特征、关键点和发展目标的要求。与个别建议一起，《建议》也列出样本和范例，其目的是帮助职业教育提供者把这些建议付诸行动。范例是指示性的，没有涵盖职业教育的所有形式和各种可能情况。每个职业教育提供者可以自行决定实施《建议》的具体方法，但是为了保证实施效果，职业教育提供者往往需要与其他当事方进行合作。2009 年，芬兰国家教育委员会对《建议》的使用情况和成效进行评估。初步调查结果显示，对调查做出回应的大多数芬兰职业教育提供者均已长期、系统地开展了质量管理工作，其中超过 50％的教育提供者在系统质量工作方面的实践已超过 6 年（有半数超过 10 年），且大多数都利用了《建议》；38％的职业教育提供者在质量管理工作中较大程度上使用了《建议》。

2. 技能竞赛机制

在芬兰，技能竞赛是一类测试和提升行业企业、服务部门员工技能和能力差别性的竞赛。芬兰举办技能竞赛的主要目标包括：加强职业教育和工作领域的合作；发展职业技能示范系统；提供国家、国际技能参照标准与质量自我评估机会；提供学习新机遇，促进职业卓越；支持行业导向的革新；构建地区、国家、国际职业教育交流新网络；提升职业教育质量，增强职业教育吸引力，提升职业教育对工作生活的反应力等。芬兰职业技能竞赛主要包括九年级学生技能竞赛、中等职业教育国家技能竞赛、特殊需要学生技能竞赛、欧洲技能大赛、世界技能大赛、残疾人职业技能国际大赛等。技能竞赛机制对提升芬兰职业教育质量所起的作用隐蔽而广泛，涉及平台、宣传、榜样、激励、合作等等诸多因素。

四、芬兰技职教育质量管理机制的启示

芬兰技职教育质量管理机制呈现出多元参与、多方共治的格局。20 世纪 90 年代以前，中央政府对全国教育进行统一规划和严格管控，并建立了以督导为基础的教育质量保障体系。1988 年学校立法改革后，中央集权式的教育管理体制开始松动，教育决策、管理权下放至省、自治市乃至学校，各级管理方式和职责是：① 国家层面。教育与文化部作为最高责任机构，委托芬兰高等教育评估委员会、国家教育委员会和芬兰教育评估委员会承担外部评估职能。为简化机构、集中资源，自 2014 年起，芬兰将以上三个评估机构进行了整合，成立了国家教育评估中心，作为独立的第三方评估机构统筹负责各级教育外部评估工作。② 地方层面。省办公厅、教育与文化局组织市区委员会、市政当局、工商业代表、非政府组织等共同对所辖区的技职教育进行规划与评估，评估模式、方案、方法自主

决定。参与评估的院校没有排名和等级，但需要接受来自外部评估的反馈，以改进自身发展状况。③ 学校层面。通常由学校自评、教师自评和学生自评三部分组成，以学生学习成就评估为主，评估机制灵活多。

技职教育质量管理是芬兰技职教育政策背景的中心。在芬兰开展的各项技职教育改革中，质量是根本要素。为了提高技职教育质量，增强技职教育吸引力，提升技职教育效率及其服务工作领域的能力，芬兰构建了一整套完善的技职教育质量管理机制，从而保证了芬兰技职教育供给的质量符合劳动力市场的真实需求，提高了其国际竞争力。在芬兰，技职教育质量管理并非人为创造，而是基于真实的市场需求，是与行业企业紧密联系的。

芬兰技职教育质量管理机制及其实践对我国具有借鉴意义。我国技职教育规模迅速发展，然而技职教育质量并未同步提升。我国技职教育领域尚未有一套完整的质量管理体系和健全的运行机制。技职教育质量不高将从根本上制约我国技职教育的服务能力、声誉和吸引力。须建立健全技职教育质量管理的相关配套法律法规，构建技职教育质量管理、监督体系，努力使我国技职教育质量管理和评估在各级水平形成一个整体，以此促进我国技职教育地位、声望和吸引力的整体提升。需加大技职教育资金投入，建立严格的绩效考核机制；建立科学、全面的技职教育质量评估体系，使质量自我评估成为技职教育机构的日常工作，并加强信息的透明度；严格职业院校办学资格认证标准和程序；以客户、市场为导向，紧密联系劳动力市场主体（主要是行业企业）并加强合作，调查和预测劳动力市场（在专业、知识、技能和数量方面）需求并把这些需求融入技职教育供给中，特别是要重视发挥劳动力市场主体在技职教育质量管理工作中的重要作用；积极创造优质实训条件，开展以工作为本位的教学改革和实践，构建技能考试系统，严格职业资格证书的考核、颁发标准，保证其“含金量”；举办形式多样的职业技能竞赛；制定体现技职教育特色的专业学科教师资格标准，提高技职教育教师的能力要求，开展教师能力管理工作并保证教师持续专业发展。

第二节　芬兰高等教育评估和多科技术学院评估

据世界经济论坛公布的《2006～2007 年全球竞争力报告》，芬兰在全球国家和地区中名列第二。而此前芬兰连续三年在该报告中排名第一。芬兰长期以来占据着该报告中高等教育排名的最高位置，可见其充满活力的高等教育体系功不可没。质量是芬兰高等教育的灵魂，而作为高等教育质量保障的重要力量的高等教育评估体系也发挥了重要的作用。高等教育评鉴委员会提供各校在自我评鉴时的协助。高等教育评鉴委员会提供教育部所负责的大专校院及技术学院提出的教育卓越计划，作为审查时的意见参考。芬兰科学院是全国最高学术研究机关，负责学术研究的评鉴业务。而艺术研究活动是由芬兰艺术委员会统筹负责。

一、芬兰高等教育评估概述

从20世纪80年代中期以后，芬兰政府开始改革高等教育体系，给高校以更大的自主权，开发新的质量管理系统。作为一项新的政策，政府将高等级教育机构的自我管理权下放，同时也要求高等院校必须以质量来换取管理上的自主权。为了监督和保障高等教育的质量，1995年底，由芬兰教育部投资成立了芬兰高等教育评估委员会，并任命了12名成员，其中5名来自大学，3名来自技术学院，2名来自工商贸易界，还有2名是学生。该委员会独立于高等教育行政机构和高等院校，负责对全国高等院校的教学、科研和服务进行评估。

高等教育评估委员会将高等教育评估的目的解释为：提高高等学校的办学质量；向高等教育的投资者及用户反映高等学校的成就和努力；提高学校进行自我评估的意识和能力。他们的主要职责是：第一，负责评估具有社会或教育意义的问题，以及迅速扩张、发展的问题或悬而未决的问题，承担教育部和高校与评价相关的任务。第二，提供专家与经费资助，以鼓励高校参与评估，协助和支持高校设计质量保障评估体系。第三，评估多科技术学院的建立与认证。第四，评估高校提供的专业课程，评价注册课程并对评估合格的课程继续进行注册。第五，为高校间的网络教学以及国际交流学生提供认证服务。第六，开展高等教育评估的理论研究。第七，负责高质量教育单位和地区优秀中心的评选。第八，收集、整理和分析高等教育发展数据。第九，参与高等教育的国际合作与评估。第十，根据协定服务的原则，参与高校之外的教育部的评估或其他部门组织的评估。FINHEEC始终坚持着独立、互动、透明、多样化、专家鉴定、注重效果的原则，对芬兰的大学实施各方面的评估活动。

二、芬兰高等教育外部质量保障

芬兰的大学与多科技术学院的职责界限分明，除了共同的教学与科研任务外，主要区别体现在与社会的关系上。大学强调与社会的交互作用，多科技术学院强调科研开发以及对地区的作用与影响。芬兰大学的教育经费有70%来自国家财政，另外30%来自公共资源，如芬兰科学研究院、芬兰科技开发中心等。芬兰多科技术学院的教育经费有90%来自国家及市级财政，其他经费来源仅占10%。与英国、美国、澳大利亚等国相比，芬兰的高等教育体制处于相对封闭的状态，目前它们已经充分意识到这一点，而且感受到了来自各方面的挑战，如国际高等教育环境的变化与发展，芬兰国内产业的发展需求，欧洲高等教育区的建立，提高欧洲高等教育在国际市场的竞争力，增强欧洲高等教育质量，提高高等教育学位的可比性以及在世界高等教育市场不平衡状态中求发展等。芬兰政府对未来高等教育的发展充满信心，并提出会加倍重视高等院校教育与科研的质量保障工作，重视外语语言教学和弹性入学制度等。

第一，国内外的双重动因推动质量保障的发展。高等教育外部质量保障机构在国内高等教育改革要求的基础上建立起来的，并随着外部质量保障合作发展的国际趋势逐步得到加强和完善。

第二，依法行使质量保障权力。芬兰依法成立了全国性的高等教育外部质量保障机构，质量保障机构具有明确的法定地位和职责，这为其依法行使高等教育质量保障权力提供了强有力的法律支撑。

第三，质量保障方式多样化。高等教育外部教育质量保障方式都比较多样化，既有评估，又有认证，还有审核，这三种方式综合交叉使用，相得益彰，发挥不同的功效。

第四，外部教育质量保障机构的职能多元化。高等教育外部质量保障机构都是以评估为主业，兼顾信息服务、咨询服务等。

第五，门槛保障与选优评估兼而有之。高等教育外部质量保障是将院校整体评估与单项评估相结合，质量保障机制的审核与奖优评估并行，体现了基本质量控制与竞争选优性评估相融的特点。

第六，凸显主题评估、学生担任评估成员的特色。以某一专题进行的主题评估与学生担任评估成员是芬兰高等教育评估的特色之一。特别是主题评估，它与我国的专题调研项目有些类似，但不是以课题研究的形式出现，而是以评估项目的形式进行。

第七，评估结果公开透明。现场评估结果及后续的跟踪评估结果都按时按程序向社会、学校公开。这不仅有利于被评院校的相互比较和研究人员的信息共享，也有利于公众了解高等院校的现实情况，树立高等院校的社会声誉。

第八，国际化程度较高。芬兰高等教育外部质量保障机构参与了地区性、国际性的教育质量保障网络。在评估专家资源共享、国际优秀经验互补、方法技术改进等方面突出国家间的合作与交流，时刻保持与国际接轨，与时俱进，体现出了较强的国际化特征。

三、内部质量保障与外部质量保障

芬兰高等高等教育系统通过内部和外部两种途径来监督、审查、认证及评估高等教育的质量，目的在于在高等教育机构中构建真实的质量文化。作为质量保障体系本身的一部分，认证的运用也成为监测、评价和开发质量保证体系的动力。而且由于评估是定期的，所以确保了系统的周期性审查。芬兰高等教育评估委员会进行的外部评估往往是建立在内部评估的基础上。从芬兰高等教育整体来说，在这种内外部评估结合的高教评估体系中，政府扮演着宏观调控的角色。尽管无权过问高等教育机构的活动，也无法干涉评估委员会的评估活动和决议，但是当评估演变成国家管理高等教育的一种政策工具时，政府可以根据评估结果决定对大学的拨款，出台高教领域的政策等，从而间接对高等教育起着宏观调控、导向和监督作用。另一方面，学校的主动性是高校保障和改进质量的根本动力所在。

芬兰高等教育机构接受外部评估与审核并不具有强制性，为了不断完善内部质量保障机制，提高在高等教育市场中的竞争力，芬兰高等教育机构仍然主动参与。在整个评估过程中，高校机构积极响应国家的高等教育发展政策，从评估的申请，文件材料的提供，以及评估过程中多次的提议、反馈、说明、研讨与修改，无一不体现高校本身才是质量保障评估的主导。

四、资格认证与审查(院校评估)

从评估目的与结果来说，资格认证重在说明高校教学内容的性质，对于申请资格认证的机构，要么获得相关的专业教学资格，要么不通过资格认证，两者必居其一；审查则注重高等教育机构的自我批判，由中介评估机构提出改进的建议和意见，促进高等教育机构的完善。新兴或发展中的高等教育机构急迫需要通过资格证明获得某些“高教市场准入证书”，以便吸收和培养更多优秀的专业性人才；已经拥有了资格认证或者发展较成熟的高等教育机构，则通过审核和评价过去及当前学校运行的表现、绩效等，查找问题，商讨对策，不断完善自身。尽管同样都是外部评价，但资格认证的评估标准往往由评估机构设定，相同类型和级别的资格认证往往标准都相同或相近，具有横向可比性；而审核的标准往往由高等教育机构自己设定，由评估机构审核和评定高等教育机构是否达到自己设定的标准，对参加审核的高等教育机构来说具有历史可比性和发展性。资格认证和审查审核这两种评估的方式相互结合，相互补充，分别服务于不同的评价目的，采用不同评估手段对不同的评估对象实施评估，共同构建芬兰高等教育评估体系。

五、评估重心的转移：由输入性转向产出性

高等教育评估的重心由输入性转向产出性，体现了对教育效果和效益的重视，这也是教育评估发展的大势所趋。评估重心的转移主要表现在评估内容和评价标准的确定上。芬兰高等教育评估委员会评估内容多元，高校的办学使命及目标、课程设计、学生数量、教学与学习等方面的评估一直是传统的评估重点。

从 20 世纪 90 年代开始，随着各种教育质量标准的出台和有关评估机构的兴起，整个欧洲都掀起了一股教育质量风潮，芬兰也越来越重视教育质量，对高校质量保障体系的审查成为了评估委员会的重要职责。评价标准的设计，关注质量保障程序和结构的完整性及有效性，关注质量保障体系中的不同团体的人员的参与情况和效果等，都是在效果和产出方面的指标。“产出”不仅表示最终的结果，也体现在质量保障体系运作过程中每一个环节产生的作用。重视产出性，也就是重视了整个质量保障的过程，促进了评估的完整化和系统化，提高了评估的效率，也提升了评估结论的价值。

六、高教评估带着浓重官方色彩

根据法律，芬兰多科技术学院应该自我评估教育质量，并参与到外部评估过程之中。高等教育评估委员会作为独立的专家实体，研究开发高等教育评估的程序与标准，帮助多科技术学院进行评估，并作为教育部咨询机关评价和保证高等教育质量。高等教育评估理事会主要有两项具体职能，即评估认证高等教育机构提供的职业课程与多科技术学院的各种许可申请，评估范围包括 27 所多科技术学院。理事会成员由教育部任命，任期 4 年。高等教育评估委员会有关评估的步骤和规定包括：第一，高等院校在自愿基础上填写申请表，申请高等教育理事会评估与认证。第二，收到申请表后，理事会任命 2 至 3 名外部专家进行实地考察，与不同团体交流，如大学校长、职业课程协调员、主讲教师、学生以及用人单位代表等。专家应该既有职业课程内容方面的也有教育方面的。在充分听取各种意见的基础上，确定需要正式现场考察评估的问题，提出评估报告建议。然后进行现场考察，向理事会提供建议。理事会根据评估与认证标准独立做出最终决定。第三，评估最长时间不得超过 4 个月，评估决定与报告的内容应包括评估对象的优势以及今后发展方向。评估与认证的有效期为 4 年。第四，申请评估的高等院校根据评估与认证的类别和项目，需要交纳一定费用。芬兰教育部特别顾问伊卡·特恩鲁纳认为，芬兰高等教育评估的显著特征是其官方性质。但是，对于评估与认证又采取自愿方式，不强制评估。对于大学的学术性课程，则由各个大学内部的质量保证体系负责评估，并保证其质量。通过评估，整合高等院校发展所需的各种力量，提高高等教育的整体质量，赢得国际社会认同。

芬兰国家教育委员会会对在国外完成的职业学位给出专家评估。这种专家评估不能作为个人申请中央政府或地方政府公职的资质证明，但由于专家评估中写明了当事人相当于完成了芬兰的哪一级别的学历，因此对他在申请学校或者找工作的过程中有一定的帮助。如果员工需要在芬兰提高自身的专业技能，那么在招聘阶段，雇主会和他讨论相关事宜。在芬兰，员工可以通过多种方式来更新自身的专业技能，以适应芬兰职业生活的需要。展示性学位对于从国外来芬兰工作的人员来说，也是很好的提高职业技能的受教育方式。私人企业的雇主在招聘员工时，可以自己判断员工在芬兰境外所修的学历的价值。雇主可以评估员工在其他国家所完成的学位能说明员工具备哪些职业能力，最终决定雇佣哪些人工作。

第三节　芬兰中等职业教育质量评估机制

一、芬兰中等职业教育质量评估机制简介

灵活的体系和管理机制使芬兰中等职业教育质量评估呈现出多样化、灵活性、可操作性、产出导向等特点。

（一）学习结果评估

为促进职业教育质量进一步提升，芬兰在2006年对职业教育学生的学习结果评估机制进行了改革。通过学习结果评估，可以了解到学生在学习过程中学到了什么，能够做什么，教育目标达到了何种程度。此次改革后的学习结果评估原则主要体现在以下几个方面：评估更加注重职业技能考核，强调以国家核心课程、职业技能展示和职业资格要求为导向；评估形式从以考试为主向收集职业技能展示的信息为主转变；评估目标从检查工作向资格能力为目标转变；评估机制从强调考试向侧重职业技能考核转变，评估方法更加强调质的取向的评估信息的收集；评估参与者强调多方利益主体的共同参与；评估结果不仅包括自身发展状况，还强调教育机构之间的比较情况。

（二）以国家核心课程为基础的评估

国家核心课程是学生学习成果评估的法定依据，也是质量评估的重要机制之一。课程的拟定由国家教育委员会与企业、行业组织、教育工会以及学生会等共同制定，制定的基本原则是：某一课程模块（国家核心课程以模块形式组织）必须能够为完成该职业领域的各种任务提供宽广的基础职业技能和专业能力。职业学校在国家核心课程框架下制定校本课程。国家核心课程为芬兰职业教育机构教学和评估确立了法定标准，对职业能力、学习能力和公民能力做出全国统一要求。在芬兰职业教育国家核心课程改革中（间隔期约10年修订一次），除了资格要求、课程结构、技能要求、评估目标和标准外，还加强了全球化、多元文化背景、可持续发展等方面的能力要求[9]。

以芬兰的中职教育与培训为例，完成国家核心课程，学生要用三年时间修满120学分（1学分学习40小时），其中至少20学分（即800小时）要到企业进行在职学习。多科技术学院要求攻读学士学位的学生通过3.5～4年的全日制学习修满140～180学分，其中至少包括20学分的在职实习，社会福利领域的专业要求实习30学分，健康护理领域的专业要求实习50学分。[10]加强在职实习学分比例可以帮助学生尽早熟悉工作环境，提高毕业生就业的适应力。

（三）职业技能评估

为加强教育机构和工作场所的紧密联系，使人才培养质量满足劳动力市场

需求，2002～2007年，芬兰将“职业技能展示”系统作为评估改革试点项目开始实行，2006年职业技能展示成为职业教育评估体系的制度性内容，要求所有职业资格（职业学习模块）的学习结果评估都要进行职业技能展示。[11]职业技能展示是学习结果评估的重要形式，考查学生获得了哪些技能，是否达到了国家核心课程规定的职业资格模块的要求。评估内容主要包括工作过程、工作方法、工具和材料、工作基础知识和终身学习的关键技能。技能展示必须在真实的情境中进行，特别强调学生如何做的能力，这对企业和行业代表提出了较高的要求，作为实践领域的专家，他们必须全程参与职业技能展示的计划、实施与评估的整个过程。为保证职业技能展示评估的有效性，职业教育提供者设立了专门机构，由地方职业技能展示委员会全面负责评估活动。委员会成员来自教育机构、企业、行业和学生代表。在评估过程中，委员会负责监控评估的整个过程，鉴定评估结果，并根据评估结果制定相关决策。2010年，教育评估委员会对职业技能展示的研究结果表明：职业技能展示评估机制加强了职业教育与工作世界的联系，有助于促进学生学习和技能提升，保障了芬兰职业教育质量。[12]

（四）能力导向的资格评估

能力导向的资格评估（认证）为所有人特别是成人获得职业技能训练和继续教育提供了通道。1994年，芬兰引入与传统的“学历资格系统”并行的“能力导向职业资格”。能力导向职业资格申请者需要在“能力测评”中完成特定职业领域“资格要求”所规定的一系列技能模块（由每一行业的实践专家提炼出的真实工作任务），达到要求者方可获得相应的职业资格。能力测评时，由成人教育专家小组、行业代表、实践专家以及申请者个人共同对能力资格进行评估。评估过程参考“个人学习计划”，计划中明确了参加者接受教育或学徒培训的时间、地点和形式，对评判其目前能力发展状况提供参考和依据。[13]

能力导向的职业资格注重“能力产出”，对能力获得途径不做任何硬性要求，即申请者可以通过正规学校教育获取职业资格，也可通过学徒制培训、单位组织的在职培训班、网络课程等其他多种途径参加技能考试，达到要求即可获得相应的职业资格。据统计，芬兰每年约有3.6万份职业资格申请获批，其中6 670份是通过这种“基于能力的资格系统”获得的资格认证，这类申请者中约有5%并未在“能力测试”之前接受任何培训。

二、芬兰中等职业教育质量评估机制的特点

（一）注重产出导向职业教育质量评估

以投入控制为主转向产出控制的评估范式，已为国际所认可[14]。芬兰在产出导向职业教育质量评估方面提供了最佳实践，具体体现在：第一，国家核心课程的标准是社会和用人单位对学生职业能力考核的最低标准，凡是达到该标准

的学生说明已经具备了一定的职业资格。第二,学习结果评估和职业技能展示都将教育产出作为重要的评价指标,重点考核学生是否具备了该领域所需的能力,对于获得能力的时间、地点、形式不作要求。第三,能力导向职业资格认证也是产出导向的,无论通过何种方式学习,达到要求者被授予相应的资格证书。通过产出导向质量评估机制,可以系统收集评估信息,发现教育过程中存在的问题并提出改进措施,从而提高职业教育质量。

（二）建立了教育领域与工作世界的对话机制

芬兰职业教育质量评估的关键是职业教育与工作世界的紧密结合。芬兰每一级的学校职业教育都要求学生必须参与真实的工作实践,通过在工作场所中企业技术人员指导,学生不仅能学到实践技能,还能培养其沟通、合作能力和职业认同感。职业教育课程对成人的在职学习做了详细规定,特别要求职业技能学习的情境性。职业技能展示评估机制为校企合作建立了良好的对话平台,有效促进了劳动力市场需求和教育目标的实现。

（三）重视学生在评估中的参与

芬兰职业教育内部和外部评估均重视学生参与。多科技术学院外部质量评估由高等教育评估委员会实施,委员会成员中有 2 名学生代表参与计划制定与决策过程。该机构通过多种方式与学生会建立合作评估机制,如将评估计划发布在芬兰多科技术学院的学生联合会公报上,以征求学生意见;评估委员会在指导学校评估时,会有学生代表通过访谈或是研讨会等形式参与评估[15]。相比之下,学生作为职业教育的直接利益相关方在我国的评估主体中的话语权被严重忽视。

三、芬兰中等职业教育质量评估机制的启示

为进一步促进职业教育质量提高,我国教育部印发《高等职业院校内部质量保证体系诊断与改进指导方案》(教职成司函〔2015〕168 号,下文简称《诊改方案》),按照“需求导向、自我保证,多元诊断、重在改进”的方针,引导职业院校建立“常态化的内部质量保证体系和可持续的诊断与改进工作机制”,这对职业教育质量保障提出了新的更高的要求。结合芬兰经验,我国构建完善的现代职业教育质量评估机制,应做好以下工作:

（一）加强职业教育质量评估机构建设及相关工作

芬兰经验表明,政府统筹引导和多部门合作是职业教育质量提升的保障。目前我国教育部和劳动保障部分管不同类型的职业院校。这种分散和各自为政的管理模式,不利于整体设计、分类指导和系统衔接的评估体系的建立,因此建议:建立超越教育部门和劳动保障部门职能的质量保障机构,负责设计、制定、实施全国职业教育质量评估工作的总体规划、指导和协调;制定国家、地方和行业

管理协调统一的法律法规体系，建立对职业学校和工作世界都具有约束力的法律规章制度；出台企业和其他利益相关者参与职业教育质量评估的操作性方案，制定激励制度和约束机制，引导企业、行业组织主动参与职业教育质量评估工作；建立适应职业院校发展的内部质量评估的指导方案，职业院校根据自身特点，建立自我诊断与改进教育教学现状，外部机构履行抽检与指导职能。

（二）建立多方共治的职业教育质量评估机制

职业教育是一个复杂的系统，与很多利益相关方发生着千丝万缕的联系。在现代社会多元发展的背景下，应打破政府在评估中同时扮演运动员、教练员、裁判员和解说员等多种角色的局面，推动各主体之间话语竞争和机制共建。应以职业院校为评估主体，建立内部质量评估机制并将其常态化；管理者的角色转变为指导者和协调者，社会及其他各方通过多种途径参与学校的自我评估和专业教学评估等工作，关注评估结果，帮助学校及时发现问题与差距，实现有效调试与改进。共治主体需加强学生代表的参与，使处于制衡机制中的被评估者（特别是弱势群体）成为影响评估决策制定的重要参与者。

（三）加强产出导向的职业能力评估工作

目前，通过产出导向的评估加强质量控制已成为国际职业教育质量管理的共识，表现在教育领域就是对学生的学习结果和职业能力进行评估。由北京师范大学领衔开展的 COMET 大规模职业能力诊断研究结果表明，通过对职业能力这一“产出指标”的测评，可以实现对职业教育质量产出进行全面和科学的评估。COMET 测评结果不但可以实现院校、地区与学生之间的多维比较，而且可以对课程和教学实施过程、专业建设情况、校企合作状况等进行过程性监控，从而为学校管理和教学改革提供实时依据，也为职业教育考试方式改革提供技术支持。产出导向评估要想在职业教育质量评估机制建设方面取得突破性进展，需要解决的问题是：一是产出和投入的因果关系分析；二是评估工具的开发；三是制定相关政策，加大产出导向评估的试点工作并广泛推广。

（四）评估结果以描述性诊断报告为主

芬兰职业教育质量评估结果，不公布院校排名，只以评估报告的形式将评估意见写入其中。政府在制定教育决策和目标时，必须参考或运用评估结果。我国目前职业教育质量评估方案（包括最新的《诊改方案》），无论外部还是内部的，在本质上仍是鉴定性的。评估的结果（如通过和暂缓通过）缺乏对改进工作的有效指导和监控。根据国际评估理念，现代职业教育评估结果不只是一个具体结论，而是针对评估对象各指标的深入描述和分析。例如重庆教育评估院等开展的 COMET 职业能力大规模诊断研究，其职业能力诊断报告是对参评学生职业能力和职业认同感等发展情况的表述性评估，带有大量图形和表格解释。阅读者在此基础上不但可以从多方面了解不同院校人才培养质量，而且可以分析课程设置和实施过程以及校企合作状况，从而为教育管理和教学改革提供依据。[16]

第四节　芬兰技职教育财政保障

除了大学教育完全由中央政府出资之外，芬兰的教育主要由中央政府和市政府共同出资。芬兰中央政府和市政当局共同为其技职体系的发展和技能型人才的培养与开发提供经费支持。芬兰技职的支出额呈现逐年稳步增长趋势，且占全国教育总支出的比例不断提高，这从一个侧面反映出芬兰对技能型人才培养的高度重视。

一、芬兰对职业教育的主要拨款方式

从拨款方式来看，芬兰中央政府主要通过“转移支付”向教育提供方提供办学经费，分担了教育提供方大约45.3%的学生培养成本。影响这一拨款额度的主要因素是办学成本和学生数量，而与教育提供方的所有权无关。芬兰教育与文化部每年委托国家教育委员会根据各领域的实际学生培养成本确定相应的“生年均拨款量”，再乘以学生数量，最终确定总拨款额，并一次性全额拨给教育提供方。这笔拨款的用途不受任何限制，各教育提供方可根据自己的需要自由支配。除了最为主要的转移支付，芬兰就业与经济部为失业或面临失业威胁的公民向教育提供方购买“就业培训”，这也是芬兰中央政府为技能型人才的培养与开发提供经费支持的一种重要方式。

自2002年起，芬兰中央政府根据培养机构的绩效，在转移支付以外，还额外对约五分之四的教育提供方提供一笔绩效拨款，这一拨款约占芬兰职业教育公共经费总额的3%。教育提供方所能获得的绩效拨款额度由职业资格获得者的就业情况、进入高等教育深造的毕业生人数、辍学率、获得职业资格的学生比例、拥有正式教学资格的职工比例等指标决定。

技职的资助42%由国家预算提供，58%由自治市联合资助，资助基于单位成本计算并直接授权给VET机构。资助标准同样不考虑所有权的形式。每年的资助都基于学生的数量和单位计算成本(基于不同领域的培训花费并对每个机构进行单独计算)。VET机构在财政决策上是独立的(“整笔拨款”)。基于绩效的资助构成了所有技职机构全部资助的3%(2012年PBF总数为五千四百万欧元)。虽然教育经费的补助大多由中央与地方一起负担，不过有些职业训练和大专校院不在此限。地方政府负担54.7%的义务教育、高级中学教育、职业教育与训练以及技术学院的经费。除了平均分摊45.3%的法定经费支出之外，中

央政府无条件补助教育的发展、义务教育与高级中学教育的相关建设。只要经费的使用没有特定用途,相关教育机构或训练单位可以自行运用该补助款。除了公家经费以外,职业训练机构和技术学院还有增加收入的方法,例如特别提供付费的教育服务和承接研究。

接受教育只要交教科书的钱、餐旅费就可以了。通常高级中学及职业类别学校的餐费是免费的,如果学校有举办校外参观也可以申请相关的补助。再继续教育阶段和成人通识教育可能就需要收取些许的费用了,后期义务教育阶段的学生可以申请就学补助,每年都特别编列成年学生的补助可供有需要的人申请。

二、多科技术学院财政拨款体制

政府以核心经费的方式来分配资金,这种资金分配基于每个学生的单位成本、项目经费和绩效拨款。多科技术学院拥有外部资金来源,在职业培训和对多科技术学院的资助中政府都鼓励教育机构通过绩效拨款提高他们的成果。

(1) 财政拨款的数额比较。在芬兰的公立学校,学生从学前教育到高等教育都是免费学习,所以就多科技术学院而言,政府几乎承担了所有教育经费。相关数据显示,芬兰职业学校的教育支出“2006 年为 122 848 万欧元,2008 年为 141 304 万欧元,2010 年为 160 774 万欧元”,5 年间增长了 13.1%;生均教育成本在“2007～2009 年间从 8 400 欧元上升到 10 000 欧元”,这正是政府加大财政投入的结果。

(2) 财政拨款的来源比较。由于政治经济体制和国土面积不同,芬兰多科技术学院各级政府的财政拨款比重也存在显著差异。芬兰分为“中央”政府和“地方”政府两级。《芬兰:职业教育与培训发展国家报告 2011》中显示,中央政府对多科技术学院经费投入所占比重为 42%,地方政府或市政当局则 58%。[17]芬兰多科技术学院各级政府的财政拨款比重数据表明,州政府(地方政府)比联邦政府(中央政府)的比重略高,州政府财政拨款才是其多科技术学院投入的首要来源。

(3) 财政拨款的绩效比较。将绩效管理引入多科技术学院投入体制中已成为政府财政拨款模式的改革方向,这在芬兰多科技术学院体系中也有所表现。芬兰已经形成较为成熟的绩效本位拨款体系,2002 年,芬兰多科技术学院开始实行绩效本位拨款体系,即政府承诺每一个区域的教育提供者可以根据他们的绩效得到补助金[18],并于 2006 年被扩大和融入整个财政系统。芬兰基于绩效的拨款总额大约占整个职业教育投入的 3%,在绩效本位拨款体系中以“效益”(学员就业安置、继续学习、辍学率、毕业率等)和“师资”(正式教师和师资培训)为计算指标,在计算绩效基金指标时,指标配置有不同的权重,“效益”约占 90%,“师资”约占 10%。[19]

(4) 财政拨款的法案比较。多科技术学院财政拨款不仅是国家政府的一种有力承担,而且还受到相关法律法规的保障,这是芬兰高职教育财政拨款体制的主要特点。1991 年随着《中等和高等职业教育法》的颁布,芬兰通过立法财力支持高职教育发展,并在 1998 年《多科技术学院法》的修订中关注教育投入机制的建立,随后在 2003 年《多科技术学院法》的再次修订中直接提出了财政拨款方式和绩效本位管理,形成了较为健全的财政拨款法规体系。

三、中等职业教育的财政支持方式

芬兰从 2006 年以来,基于表现性测量标准奖励高中阶段的职业教育,这些表现标准包括毕业率、辍学率、就业率、升学率以及学生的个人发展程度。这里重点介绍芬兰公共经费的拨款情况。

市政府约承担基础教育、普通高级中等教育、中等职业教育与培训,以及多科技术学院总经费支出的 60%,中央政府通过法定转移支付约承担 40%。法定转移支付并非专项拨款,教育举办者可以自行决定如何分配和使用拨款。对于中等职业教育与培训,中央政府的法定转移支付约占 42%,市政府承担约 58%。芬兰职业教育的拨款机制是"生均拨款+绩效拨款"。影响教育举办者获得的转移支付额度的最重要的因素是学生数量和地方财力。学生数量由各教育举办者估算并上报,学生单位成本由教育与文化部根据实际成本(支出)来测算。考虑到不同教育领域所需要的成本不同,单位成本的计算以不同教育举办者及其能够提供的职业资格为基础。因此,财政资助的额度受教育举办者提供的教育类型、不同教育领域的学生数量的影响。学徒培训的生均单位成本,约为基于学校的教育的生均单位成本的 63%。基于绩效分配的资金约占中央政府转移支付总额的 3%。绩效拨款基于如下指标计算:毕业生就业率、高等教育升学率、辍学率下降程度、职业教育与培训完成率(以取得资格证书为准)、教师的资格,以及人力资源发展的情况。关于学徒培训的成本,雇主根据相关的集体劳动协议对学徒的工作场所培训时间予以支付报酬。不同职业领域支付报酬的额度不同,通常约为其所在领域熟练工人的 80%。除非另有协议,学徒的理论学习时间雇主不予支付报酬。对于理论学习时间,学徒可获得国家提供的各种社会福利,包括每日津贴、家庭津贴、交通和住宿补贴。对于工作场所的培训成本,雇主可从政府获得培训补偿金,以补偿其为学徒在工作场所的培训支出。补偿金的额度会作为每一份学徒合同中的一部分予以单独议定。

四、芬兰职业教育绩效本位拨款体系

绩效本位拨款体系的引入和实施是一个逐步深入和完善的过程。1997 年,芬兰中等职业教育领域开始实施新的拨款政策。在新政策框架下,芬兰教育文化部对职业教育拨款负全部责任(除劳动力市场培训由芬兰就业经济部负责外)[20],而款项的使用决定权则日益下放到地区和地方层面，由职业教育和培训提供者根据自己的办学实际独立支配。芬兰大多数职业教育和培训机构由地方当局和联合市政委员会维持。各种所有权形式的职业教育机构拨款实行同一标准。拨款总额的42%由政府承担，而市政当局则支付另外的58%。政府拨款涵盖学校本位中等职业教育的费用，并为雇主提供培训补偿金，用于补偿工作场所的培训费用。职业教育和培训提供者根据芬兰教育文化部确定的单位价格，接受法定政府转移款和市政当局的拨款，以支付其办学费用。单位价格按支付100%的平均成本来计算，由每个职业教育提供者均分，允许不同教育领域间的成本差异。每个职业教育提供者单独考虑诸如教育任务、特殊需要教育供给和绩效等方面的因素。2009年，学校本位中等职业教育的费用为平均每个学生10 000欧元，学徒制培训费用是5 500欧元。特殊需要教育机构平均费用是每个学生29 000欧元。

在芬兰职业教育拨款中，法定拨款以单位成本、学生人数和具体领域、特殊任务所支出的费用为依据，其优势在于保证分配的公平。基于法定拨款体系的不足，芬兰《1999～2004年教育和研究发展规划》提出要“改革芬兰职业学校拨款体系，提供更多激励因素，以促进职业学校更好地发展”。芬兰《2007～2012年教育和研究发展规划》提出，“要加大对职业教育和培训提供者的拨款力度，要考虑工作的质量和领域，要为提升职业教育提供者的绩效提供激励因素；应加强绩效本位拨款体系，持续提升绩效的品质”。该规划同时确定，自2009年起，将绩效本位拨款纳入芬兰继续职业教育和培训拨款体系中；作为一种拨款体系和标准，要更多关注职业资格的授予。2012年，芬兰教育文化部发布《2011～2016年教育和研究发展规划》，要求全面修订芬兰中等学校教育的质量标准，为绩效本位拨款体系的运行提供支持，强调在职业教育和培训领域的拨款改革中纳入更多激励因素，对职业教育质量提升者进行相应奖励。[21]

在芬兰职业教育绩效本位拨款体系中，成果本位拨款的绩效衡量标准是关键因素，以具体绩效指标的形式呈现并进行计算。质量奖的设置是绩效本位拨款机制的重要组成部分，是芬兰职业教育质量管理的重要机制（属外部评估机制）和工具，其初衷是为了促进芬兰《1999～2004年教育和研究发展规划》中预设目标的达成，重点表彰芬兰职业教育领域在工作质量和成果方面取得突出成就的楷模，以竞赛形式于2000年首度实施。

在芬兰中职学校中连续就读至少两个月、取得学业上的进步且确实需要财政资助的全日制学生，均可获得资助。学生资助的主要形式包括助学金、住宿补助金、政府担保的学生贷款——前两种是政府资助的福利，无需偿还，会按月拨付到学生的银行账户，其中助学金需要交税。从2005～2006学年开始，获得学生贷款且正常毕业的学生，可享受学生贷款的税款减免政策。中职学校学生都可以获得免费校餐。如果教育举办者安排了学生宿舍，学生可以选择免费住校。如果不住校，且住所和学校的距离超过 10 公里，学生则每月可获得至少 54 欧元的交通补助。

五、芬兰政府提供给私立中等职业学校的财政资助

芬兰的私立学校受《芬兰宪法》《教育和文化财政法》和《职业教育与培训法》等教育法管辖，只有在获得教育与文化部授予的办学许可权之后，才能够依法获得财政资助。私立教育机构不允许收费，有权获得公共财政资助，有权颁发官方资格证书，但是与公立教育机构一样，私立教育机构须服从教育与文化部的监管，遵守国家教育委员会制定的关于国家核心课程安排、教育质量要求和结业资格指导等规定。公共财政给予私立机构的财政资助与给予公立机构的财政资助的原则和标准相同；给予就读于私立机构的学生的资助（福利）与给予就读于公立机构的学生的资助也一样。也就是说，不论机构属性，财政资助原则和标准统一。[22]学校所有权形式不影响财政资助，因为财政资助以教育领域为标准。

参 考 文 献

[1] Finnish National Board of Education. A bridge to the future: European policy for vocational education and training 2002-2010. National policy report of Finland[R]. Helsinki: Finnish National Board of Education, 2010. 51.

[2] Finnish National Board of Education. Quality management recommendation for vocational education and training [R]. Helsinki: Yliopistopaino, 2008. 8.

[3] Ministry of Education. Education and research 2007-2012. Development plan[R]. Helsinki: Ministry of Education, 2008. 32.

[4] Prime Minister's Office. Programme of prime minister Jyrki Katainen's government [EB/OL]. http://valtioneuvosto. fi, 2011-06-22.

[5] Ministry of Education and Culture. Education and research 2011-2016. A development plan[R]. Helsinki: Ministry of Education and Culture, 2012.

[6] 刘其晴. 近十年来芬兰增强中等职业教育吸引力的改革研究[D]. 重庆：西南大学，2011.

[7] Ministry of Education and Culture, Finland. Education System in Finland [EB/OL]. http://www. minedu. fi, 2014.

[8] Performance-based financing in vocational education and training. English abstract[R]. Helsinki: Ministry of Education, 2002-1-11.

[9] Finnish National Board of Education. Curriculum reform 2016 [EB/OL]. http://www. oph. fi. 2016-3-30.

[10] Arcade. Polytechnic Education in Finland [EB/OL]. http://www. arcada. fi/en. 2014-1-2.

[11] Finnish National Board of Education/Evaluation. Project for Developing a National System of Evaluating Learning Results Based on Skills Demonstrations-Koppi, 2002.

[12] Finnish National Board of Education. A Bridge to the Future: European Policy for Vocational Education and Training 2002 -2010[R]. Helsinki, FNBE, 2010.

[13] Ministry of Education and Culture. Qualifications and Studies [EB/OL]. http://www. minedu. fi. 2014-1-3.

[14] Kurz. Output Orientation as Aspect of Quality Assurance. In: Rauner, F. And Maclaen [R]. Handbook of TVET Research. Dordrecht: Springer. 2008

[15] 方展画. 高等教育质量评估中的学生参与—以北欧五国为例[J]. 教育研究, 2007(1).

[16] 赵志群等. 产出导向的职业教育质量监控—职业院校的职业能力测评案例[J]. 中国职业技术教育, 2015(9).

[17] FNBE. Finland VET in Europe-Country Report 2011[R]. Thessaloniki: European Centre for the Development of Vocational Training, 2012.

[18] OECD. Reviews of National Policies for Education: Polytechnic Education in Finland [M]. Pairs: OECD Publications Service, 2003.

[19] Leena Koski. Performance Based Financing [EB/OL]. http://www. eqavet. nl. 2011-9-28.

[20] Cedefop ReferNet Finland. Finland. VET in Europe-Country report 2011 [R]. Thessaloniki: Cedefop, 2011.

[21] Ministry of Education and Culture. Education and Research 2011-2016: A Development Plan [R]. Helsinki: Ministry of Education and Culture, 2012.

[22] European Commission. Organization of the Education System in Finland [EB/OL]. http://www. catdem. org. 2009.

第九章　芬兰技职教育政策与管理

芬兰教育政策的主要目标是为全体公民提供平等的接受高质量教育的机会，而不受其年龄、居所、经济状况、性别或母语的限制。教育被看作是全体公民的基本权利之一。根据有关法律，每一个生活在芬兰的人都有权接受免费的教育。公共当局必须保证为每一个人提供平等的接受教育的机会以满足其能力和发展的需要。对移居芬兰的外国侨民，不管是孩子或成年人，实行教育平等和多元文化兼容并蓄的政策。由不同教育部门提供的移民教育，目标在于为移民融入芬兰教育体制和社会做准备，支持移民的文化传统，尽可能为移民提供良好的双语教育，以使其能够较好地掌握自己的民族语言。

第一节　芬兰技职教育立法与管理机构

在芬兰，议会颁布有关教育的法律、法规，决定国家总的教育方针、政策。政府和教育部具体负责在中央一级贯彻执行议会所颁布的有关法律、法规。政府和教育部之下设有若干专家机构，负责为政府和教育部提供各种咨询。所有公共基金投资的教育，从义务教育到高等教育均由教育部负责指导和监督。

芬兰的教育政策，主要由教育部、芬兰国家教育委员会和地方教育行政当局所负责。教育部是芬兰的最高教育指导当局，在教育部经费的赞助下，负责学前教育、基础教育、后期中学教育、职业教育与训练、成人教育和基础教育课外艺术等发展工作。在芬兰，地方行政当局有受教育部指导和监督的义务，但实际上，中小学等皆由地方政府实际管理，实际决定权在地方政府身上，授课方法与课本选择由教育现场负责。[1]

20 世纪 90 年代之后，全国性核心课程纲要成为芬兰教育政策推动的重要工具，并根据最新的评价结果定期更新修订其架构。国家核心课程制定主要是由芬兰国家教育委员会负责，但课程改革的研究与执行仍然需要学者专家、大众媒体、工会组织、教育机构、校长、教师、家长与出版商代表等团体进行公开对话、广纳意见。课程架构完成后，要经过很多次的公开听证会，将草案公布于国家教育委员会的网站，让提供社会大众掌握和了解，并接受反馈与建议。

一、芬兰教育部

芬兰教育部是掌管教育、研究、文化、青少年问题、体育及高等教育的机构。由两位部长所掌管：一位是教育科学部长，另一位是文化部长。所属的国家教育委员会掌管义务教育、职业教育和成人教育。所属的芬兰高等教育评鉴委员会掌管大学及技术学院事务。芬兰研究院主要是科学政策咨询机构、发展基础科学研究及协助科学研究的应用。科技政策委员会主要在研究和拟定科学、科技及科学训练相关重要议题，主席为芬兰首相，成员由各相关部会首长组成。国际交流中心的任务主要在于国际文化交流。[2]

教育部主管国家的教育、科技、文化、青年事务、体育和所有大学及多科技术学院。教育部的宗旨是不断改善公共管理机构的工作，调整管理体系和工作重点，改革政府教育管理机构工作程序，加快国家教育、科技事业的发展。

教育与文化部是芬兰教育领域的最高行政机关，它决定职业资格的细节、培训的范围，并且为教育机构提供职业教育的授权；它监管公共教育津贴与培训供给（从小学、普通中学、职业中学到多科技术大学、普通大学和成人教育）。教育与文化部和芬兰国家教育委员会负责国家教育政策的施行，国家资格标准由芬兰国家教育委员会与雇佣组织、工会、教育工会以及学生会共同合作起草。[3]

在芬兰，教育政策是由议会与政府制定的，除了立法，教育政策的目标在不同发展计划、文件以及政府预算中被明确说明与详细规定。政府决定职业教育的国家目标、资格框架与核心课程。国家教育委员会设计核心课程，同时也设置能力本位的资格要求。芬兰职业教育相关的重要立法主要有职业教育与培训法、职业成人教育法、教育与文化供给融资法等。

二、芬兰国家教育委员会

除了正规大学教育之外，几乎所有教育事务均属于芬兰国家教育委员会管辖范围，包括学前教育、基础教育、中等教育、职业教育、成人教育与训练等课程，及职业资格与以能力为主的各类资格鉴定等，由此可见其管辖范围之广及其在教育改革与发展中的重要地位，但是芬兰国家教育委员会对其所管辖的教育并不是通过命令或由上而下的方式；反之，该委员芬兰国家教育委员会只作原则性的规范。很明显地，这就是对学校、教师的尊重与信赖，目的是通过政策引导，促进各类各级学校的自主发展。

芬兰国家教育委员会是教育部下属的专家团体和业务机构，同时也是一个服务机构，它拥有350名各教育领域的专家。其主要职能是负责对除高等教育之外的全国义务教育、中等教育、职业教育和成人教育进行评价，承担教育发展规划，为教育部、地方政府和学校提供咨询和服务。现在，国家教育委员会每年的财政预算为2 200万欧元，还有3 500万欧元的国际、国内发展基金。

1. 制定教育发展规划

学校使用的教材不需要经过有关部门的审批，选择教材的权限在于学校和教师。芬兰国家教育委员会每年增补150～200种新的教科书和教学资料目录供学校选用。除了印刷品外，还提供视听产品和教育软件，为教育机构拓宽选择机会。为支持学校教育改革，芬兰国家教育委员会还出版有关课程发展、教学方法和教学评价等方面的多种指导用书。2001年，芬兰启动了面向六岁的儿童的学前教育。为此，芬兰国家教育委员会制定了学前教育核心课程，同时，着手修订综合学校和高中的核心课程。为了推行三年制基础职业教育，芬兰国家教育委员会修改了全部33项国家核心课程。

目前，芬兰国家教育委员会正积极发展职业教育与社会劳动生活之间的联系，强调实际工作训练的重要性。近期完成了为期六年的语言和教育国际化发展项目，从而使综合学校的学生对语言学习有了更广泛的选择，学校的国际化进程大大推进。随着"使芬兰成为信息社会"项目的完成，学校都配备了网络、电脑软件和其他设备。新的教育发展焦点集中在教育内容和教学方法上。目前的主要发展方向和研究项目包括：各类教育的国家核心课程；职业培训和语言培训的国家标准；以实际能力为基础的成人教育标准。目前正在进行的发展项目有：发展特殊教育；提高数学和自然科学的教学质量和标准；教育中如何利用数据交换和教育软件；推动学校和社会劳动生活之间的联系；与其他部门广泛沟通，贯彻国家教育政策；实施以提高教育质量和适应社会发展需要为导向的教育研究。

2. 开展教育评价

芬兰国家教育委员会目前正在开展一场有关教育组织部门缺乏教育自我评价能力的讨论。已完成的一项国际评估表明，芬兰成年人的文化水平在国际上处于较高水平。目前从事的主要评估项目有：确定质和量的评价指标；综合学校和职业学校中对数学和母语的定期评价；综合学校中第二官方语言的评估；有关教育状况的多项年度评估；PISA、TIMMS-R、COST 等诸多国际评估项目。

对 12 岁学生母语能力的评估显示，地区差异并不显著。综合学校学生的英语技能令人满意，12～15 岁学生的数学技能总体较好，女生各科的成绩好于男生。15 岁学生的学习能力与家长接受教育的程度密切相关。这种学习能力的差异在性别上也是女生优于男生，这一差异在各地区都同样存在。职业高中毕业的学生中，母语考试有将近十分之一达到优秀，三分之二成绩为满意。考试成绩女生比男生好，南方的学生比其他地区的学生成绩好；20 岁以上的学生比 20 岁以下学生的成绩好。以能力为基础的质量评估表明，成人职业教育发生了改变，教育部门和社会劳动部门的合作日益加强。

国际学生评价项目是经济合作与发展组织的 29 个成员国与其他非经济合作与发展组织成员国于 1998 年共同研制的国际性教育评价项目，其评价对象是即将完成义务教育的年龄在 15 岁左右的在校学生，评价的内容以评价对象必须掌握将来参加社会工作所必需的知识和技能为基础，主要包括三个领域：阅读素质、数学素质、科学素质。也是一项国际性教育评价项目，用来比较不同国家在数学和科学教育的成就和水平。欧洲科学技术研究领域中的国际合作是欧洲国家为确保其在世界科学技术研究领域中处于领先地位而达成的一项通过加强国际合作促进欧洲国家科学与技术研究的合作框架。

3．提供教育咨询与服务

芬兰国家教育委员会提供培训和咨询服务，服务形式包括报告会、专题研讨会、学术会议、短期培训、在职培训和为教师、校长、非教学人员提供咨询。这些服务的目的在于帮助学校有效地进行课程建设和开展与学科教学、评价教学质量有关的专题研究。同时还提供学生评估、学校管理、学校自我评价、学校财务、基础设施建设、学生指导、教育国际化和移民培训等服务。国家教育数据库在数据分析和教育报告方面进行了改革，提高了服务能力，改进了学生选择入学方式的服务。职业教育入学申请可以采用电子表格形式。一种新的信息化服务的职业教育财务管理系统即将投入使用。确认国外大学资格证书的数目比先前的 300 所又增加了三分之一。在欧洲联盟和欧洲经济区其他国家完成的短期培训和职业定向实践工作证书已开始签发。

在周边地区，与摩尔曼斯克等市的地区合作项目已经结束。新的合作项目正在筹建中。与爱沙尼亚、立陶宛、拉脱维亚、圣彼得堡市和列宁格勒地区的合作继续进行。

主要服务项目包括：全国范围的学生选拔服务；预测教育需求；确认和批准外国教育资格证书；为教师和其他行业提供继续教育和培训；提供教学资料和发

展教育技术;开展国际合作;为少数民族提供语言文化服务。

FINNISH NATIONAL
AGENCY FOR EDUCATION

二、芬兰国家教育和培训委员会

芬兰国家教育和培训委员会于2007年设立(全芬兰共计34个),其成员由国家教育和培训行政部门代表、教师、雇主、雇员的代表等组成,其任务如下:研究、评估、预测和分析劳动力市场技能需求的发展变化;提出技职教育和培训定性、定量的发展建议;调查技职教育核心课程和资格要求并做出陈述。国家教育培训协调组包括上述的培训委员会的主席代表以及雇主和雇员组织的代表在内,主要工作是协调处理大规模跨部门的问题。

国家教育和培训委员会是预期教育需求的专家机构。国家教育和培训委员会是教育和文化部为每个职业领域设立的三方机构,任期三年。他们的任务是监测和预期技能需求的发展。他们还提出改进培训和资格的内容[4]。

三、高等教育评估委员会

20世纪90年代芬兰政府在实施地方分权后,1994年教育部决定改革高等教育拨款体制，主要是把权利从教育部转给大学。改革分三部分：基本预算、项目预算和以工作成绩为基础的预算。这三部分占全部预算的90%，另一部分是基于年度水平，如硕士和博士生毕业人数，工资和其他必要开支。这些数字由大学在下一个三年工作计划中提出，由教育部讨论和确认。基本预算以大学各类数字为基础、项目预算是根据大学签订的合作协议，工作成绩为基础的预算虽然仅占大学年度预算的2%～5%，但这笔经费完全由大学支配。

教育部委托高等教育理事会在1994年、1995年、1996年、1997年、1998年四次评选了"高质量教育机构"，但各方面反应不一。为使组织评选和评估芬兰高等院校"高质量教育机构"的任务更客观、更科学，1995年底教育部成立了高等教育评估委员会[5]。高等教育评估委员会是教育部下属的一个职能部门。该委员会独立于高等教育行政机构和高等院校，由教育部任命5名大学代表、3名技术学院代表、2名贸易工业界代表和2名学生组织代表共12名专家组成，每届任期4年。其职能是对高校进行评估，并向教育部提供咨询；支持和帮助高校自我评估；对新成立机构进行可行性研究；负责发展和推动教育科研和国际合作；评估多科技术学院的现状和建立新校的可行性。高等教育评估委员会成立后，教育部就委托其制定评选标准并推荐1999～2000年"高质量教育机构"。1998年高等教育评估委员会做出评选和评估标准，并从39个申请机构中遴选出18个向教育部推荐作为1999～2000年"高质量教育机构"。委员会规定评选"高质量教育机构"的目的是为了促进教育质量的提高，改进教学方法和技术手段，促进教育和研究的结合，激发教育发展和创新，同时给予经费奖励。2000年又评选了20个2001～2003年的"高质量教育机构"。它们分布在10所大学，其中赫尔辛基大学、奥鲁大学各占4个。为鼓励更多的教学机构参与竞争，每个机构只能连续两次评选"高质量教育机构"，奥鲁大学的数学科学系就面临此挑战。赫尔辛基大学有3万多在校学生，每个"高质量教育机构"可获300万的经费，由学校决定如何分配和使用这笔经费，不仅限于"高质量教育机构"。1999和2000年以工作成绩为基础的预算，评判标准中包括了"高质量教育机构"、"卓越研究中心"、"国际化水平"和"毕业生就业比例"等综合指标。评估委员会由本国和外国专家组成，满分为7分。根据高等教育改革的要求，教育部又批准高等教育评估委员会成立了专业课程学分董事会，由委员和副委员各14名组成。根据高等教育评估委员会的调查，90%的高校愿意按国际标准进行评估。高等教育评估委员会和瑞典、挪威、丹麦、冰岛及其他欧洲国家均有高等教育评估的交流与合作。

第二节　芬兰技职教育管理体制

芬兰对教育的管理实行中央、地方与学校三级管理。按照芬兰《宪法》的规定，议会和总统享有国家最高立法权。芬兰的教育方针政策由议会决定，由教育部及其下属的各专业委员会负责贯彻执行。地方政府和学校拥有相当大的办学自主权。

一、中央对教育的管理

芬兰在国家事务的管理上，自瑞典统治时期即实行由政府各部和全国委员会双重管理体制。从 17 世纪开始，芬兰就已实行由全国委员会负责管理的体制。不同领域的决策权归属各专业领域的全国委员会。20 世纪 70 年代，全国委员会的数量逐渐增多。随后通过精简机构，有些委员会或被撤销或被合并或将部分职能移交政府各部和地方政府，工作效率有了明显提高，全国委员会的数量开始减少，政府对具体事务的管理转向由政府各部负责。政府各部由部长负责，各部之下设立全国委员会。一般来说，政府各部负责对其下属委员会的领导，但不干涉其具体的事务。这样，各全国委员会在各自领域内相对独立，各司其职又各负其责。芬兰国家教育委员会成立于 1869 年政教分离时期。到现在，芬兰国家教育委员会作为全国委员会管理教育事务已有一百多年的历史了。1968 年，芬兰成立了专门负责职业教育的全国委员会——全国职业教育事务委员会。20 世纪 90 年代，芬兰着手对公共管理事务进行改革，改革的主要目标在于重组和精简政府机构，精减人员，提高政府工作效率。在这种形势下，1991年，芬兰国家教育委员会和全国职业教育事务委员会合并成为今天的芬兰国家教育委员会。[6]

由全国事务委员会管理体制向内阁管理体制的转变也是其他欧盟国家共同的做法。这种转变加强了教育部的管理职能，提高了教育部对教育政策决策的影响。这一点在20世纪90年代体现得尤为突出。关于教育立法，国际上通行的做法是从制订纷繁庞杂、详尽具体的法律法规逐渐过渡到制订一个规范的指导性框架。芬兰有关教育的法规包括：教育体制的结构（年级构成），教育的总体目标，考试制度，学生与家长的权利与义务，对办学者的基本要求，教育的范围和内容（学科），特殊教育，教师和校长的资格认定，教育管理，资金筹措，教育评价。

芬兰《宪法》（731/1999）保护私人教育机构从事教育活动的权利，《义务教育条例》、《高级中学条例》以及指导职业教育的有关条例均有保护私立学校办学权利的条款。大多数私立学校都要受到公众的监督。换句话说，它们都要遵循国家核心课程的设置并执行国家教育事务委员会制订的课程标准。政府或教育部授权私立教育机构承办教育以满足人们对教育的不同需求。私立教育机构在没有得到国家的批准或没有向国家申请办学资格的情况下也可以办学，但它将不受公众的监督，也得不到公众的资助。这类学校在芬兰为数极少。接受公众监督的私立学校同其他市属学校一样可以得到国家的资助。由于国家是根据教育的领域进行资助，因此，能否得到国家资助与学校的所有权形式无关。各教育机构根据《教育与文化设施筹措资金条例》获得国家财政拨款。

1999年芬兰颁布了新修订的教育法规。它们包括《义务教育法》、《高级中等教育法》、《职业教育法》、《成人教育法》、《普通教育法》、《大学法和学院法》等。教育资金的来源由相应的法规做出规定。此次改革要求办学者对办学效果进行自我评价，并参加由全国教育事务委员会组织的外部评价。有关教育法规政策的解释在政府的各种规划文件及国家预算中有明确说明。有关教育领域的全国性规划文件是“教育部与大学科研管理领域中的教育发展计划”，该计划政府每年批准一次，有效期为5年。目前实行的计划是1999年底采纳的1999～2004计划。该发展计划包括各个领域的发展措施，教育水平以及教育与科研政策、资源配置的详细说明。[7]

教育资金筹措制度是一个国家兴办教育至关重要的基础，也是学校办学的先决条件之一。在芬兰，教育由公共部门资助（即由国家和市政部门出资）。对教育的资金投入按人均（生均）标准进行。对于不同的教育水平和不同的教育领域，实行不同的人均投入标准。教育部负责确定每年政府财政预算框架内的单位价格，并根据学生人数和单位价格直接向市政当局、城市联盟或私人办学者拨款。市政当局或城市联盟作为教育的举办者，从中央财政一次性得到教育补贴后，负责将这部分资金分配到各学校和教育机构。市政当局对学校所得款项的使用一般不予干涉。地方政府承担办学资金的 43%。目前，芬兰对教育进行财政补贴的趋势是在按人均标准拨款的基础上，参考该地区的表现因子，如持有合格证书的学生的就业率。FNBE 作为教育部的附属机构，负责教育财政拨款的统计工作。

在芬兰，教育部对所有的公共教育负责。教育部是全国教育的最高行政主管部门，负责全国的教育、科技、文化、宗教、青年和体育事务的管理。教育部具体负责制订教育法规并做出必要的决策，为政府提供相应的国家教育财政预算。教育部的主要任务可以概括为以下四个方面：一是为国家教育立法和政府决策服务；二是制订并贯彻落实有关教育的方针、政策（中期计划）；三是负责筹措和申请教育资源和财政预算；四是负责审批并核准办学者的办学资格。

自 20 世纪 70 年代，教育部设有两位教育部长，一人主管教育和科学，称为“第一部长”或“教育部长”；另外一人主管文化事务，称为“第二部长”或“文化部长”。这种分工在 1990 年教育部内部改革中被沿用了下来。第一、第二并无正副之分。教育部下辖的芬兰国家教育委员会、成人教育事务委员会、高等教育评估委员会、职业培训委员会、国家体育委员会以及青年事务顾问委员会等专家机构协助教育部的工作。与教育有关的其他事务如幼儿教育和学前教育由社会事务与卫生部负责，学生军训由国防部负责，消防、治安与救援训练等由内务部负责。

随着芬兰教育制度的改革和实行简政放权政策，教育部已将有关教育的决策权下放给地方政府，并将教育发展规划、教育评价和相关服务下放给全国各教育事务委员会。芬兰国家教育委员会协助教育部制订教育的有关政策和指导方针，负责起草和审核国家核心课程，对全国的各类教育进行评估（高等教育除外），并向教育部提出建议和咨询。芬兰国家教育委员会由理事会负责管理，理事会的成员分别由教育界、地方政府、教师和社会人士等专家代表组成。在芬兰，由政府决定教育的总目标以及不同科目间的学时分配。在此基础上，芬兰国家教育委员会负责提供核心课程，并规定了各科目的教学目标和学习要求。目前初等教育和普通中等教育实行的课程方案自 1994 年开始实施。在国家提供的课程框架的基础上，学校可以制订自己的课程实施方案。国家规定的核心课程为学校留出了一定的学时供学校自主安排。在义务教育的低级阶段（即小学阶段），学校可以自主安排的学时占总学时的 10%，在义务教育的高级阶段（即初中阶段），学校可以自主安排的学时占总学时的 20%，在高中阶段，学校可以自主安排的学时占总学时的30%，而对于职业高中，学校可以自主安排的学时占总学时的20%。

义务教育结束时，没有全国统一的考试。而普通中等教育结束时，学生要参加由全国考试委员会组织的全国统考。对于中职的学生来说，毕业时没有全国统一的考试，但在不久的将来，中职毕业生也将参加全国统一的职业技能测试。

芬兰的职业教育与培训由国家、区域和地方三级管理单位负责组织和实施。在国家层面，政府决定职业教育与培训的总体目标、资格框架和核心课程。教育与文化部负责细化政府政策，对全国的职业教育与培训工作进行监督和指导并为其提供经费支持。教育与文化部负责批准职业教育与培训提供方的办学资格，规定职业教育与培训的开设领域和相应的招生规模、学徒制培训合同数量、教学语言、教学点设置、特殊教育任务、毕业生应获得的资格等。就业与经济部负责岗位培训的供给和资助。国家教育委员会负责制定"国家核心课程"和"资格要求"，监测学业成就和预测劳动力市场对教育与能力的需求变化。教育与文化部任命的第三方专家机构全国教育与培训委员会以咨询机构的身份参与全国职业教育与培训的发展和预测，保证职业教育与培训的发展能够较好地与劳动力市场的需要相匹配；全国教育委员会任命的资格委员会专职负责"基于能力的资格系统"的运作，包括组织和监督能力测试，监测"基于能力的资格系统"的有效性，与职业教育与培训提供方或其他能够安排能力测试的机构签订各类资格能力测试合同，保障资格质量并授予资格证书。

二、地方政府对教育的管理

为了便于地方管理，芬兰全国划分为5个省和一个自治区。每个省(或自治区)有一个行政管理机构——省政府办公厅。有关教育、文化、体育和青年的事务，省政府办公厅要接受教育部的指导和监督。省政府办公厅下设由教育和文化事务顾问领导下的教育与文化处。另外，芬兰南部和西部省份的省政府办公厅教育和文化处还包括一个独立的部门，专门负责瑞典语教育。凡是以瑞典语进行教学的各类机构都设有这一部门。

改革以前，芬兰对教育的管理以国家计划与控制为特征。自20世纪80年代以来，有关学校立法得到了改革，由此带来地方政府和教育部门的决策权逐渐加大。如果说议会和中央政府对教育的管理属于宏观决策，学校的办学活动属于微观层次的具体操作，那么，介于二者之间的管理者就是地方政府。地方政府在对学校的教育管理方面扮演着重要的角色并肩负着重要的使命。

自实行教育改革以来，芬兰对学校的管理体制已发生了很大的变化。1991年全国普通教育委员会和全国职业教育事务委员会合并成立国家教育委员会以后，工作人员和政府预算因此而减少了一半。新成立的国家教育委员会和原有的省政府办公厅不再行使管理职能。这样一来，对学校的管理仅限于教育部和教育的承办者即地方政府两级管理。

最近几年，地方自治的趋势有所加强。在市、县、镇等地区或地方行政机构，统管教育工作的最高权力属于地方议会。地方议会是由当地居民通过选举产生的。为了体现自治的原则，各市的居民纷纷选举代表进入市议会。行政管理权赋予市执行委员会和其他部门。各地方政府根据当地的立法负责为当地居民提供服务。地方政府为了兴建公共设施，可以向辖区居民征税。地方政府收入的25％来源于国家财政拨款。地方政府对教育的管理权除了与自己的税收水平有关外，很大程度上取决与其自治的程度。自治程度不同，其承担的责任、任务也不同。

芬兰各市在各个公共领域都拥有很大的自治权。各市的税收占其国民收入的比率从 15％～19.5％不等，平均大约为 17％。尽管对市不强求设立教育委员会和学校董事会，但事实上各市都设有自己的教育委员会，大多数城市设有自己的学校董事会。

地方政府依照《地方政府条例》行事。为了便于管理，市议会制定了相应的行政和财政规章制度，对市政府各部门的划分、职能和责任做出明确规定。各市对教育的管理遵循《地方政府条例》的一般条款。在芬兰，地方政府（市）负责举办初等教育。因此，市政委员会享有设立初等学校网络的决策权。对于举办高级中等教育，市政当局、城市联盟及私立办学者需要得到教育部的办学许可。此外，教育部还对举办中职的最大学生规模、开设的专业领域等予以限制。

地方政府负责组织当地的义务教育，并负责承担部分教育经费。地方当局的任务是为所有适龄儿童（包括那些精神上或身体上有残疾的儿童）提供适合于其能力需求的教育机会。提供义务教育的几乎所有学校都是地方政府开办的。除了组织教学以外，地方政府一般还负责向中小学生提供社会福利服务。一般来说，地方政府必须为学生提供交通、免费的午餐、学校医疗、心理医生等服务。

地方政府没有法定的义务组织普通中等教育或中等职业教育，但是有义务从财政上予以资助。日托中心、综合学校和普通高中主要由地方政府投资开办。职业教育机构由当地政府、城市联盟、国立和私立组织承办。最近几年，几乎所有国有职业教育机构都实行市属或私有化。地方政府和城市联盟开办的职业教育机构占 80％。国家一般只负担提供特殊教育的普通和职业教育机构的经费。芬兰的高等教育机构全部归国有。

在芬兰，地方政府是综合学校和高级中等学校的所有者。芬兰还有为数不多的私立学校，这些学校必须与地方政府签订办学协定。根据有关法律，私立学校与市立学校遵循同样的法规。20 世纪 70 年代初，芬兰有一些国立学校。随后，这些国立学校被移交给地方政府。1995 年以前，约一半的职业学校属于国有。自 1995 年起，除了个别的几所学校以外，国家几乎把所有国立职业学校和专科学校移交给了地方政府。通常情况下，几所城市会结成一种联盟（城市联盟）共同承办职业教育。少数大公司和基金会也会出资资助职业教育学校，但这类学校仍归地方政府所有。属于国有的教育机构仅 21 所综合性大学（其中含有 1 所军事学院）。

对芬兰来说，国家提供免费的教育，这样，教育质量就成了教育消费者唯一需要考虑的因素。根据义务教育法，家长有权让自己的子女就近入学。但是，一些学校仍有选择的余地，尤其是一些城市学校。在这种情况下，市政府可能要求学生家长支付一定数量的学校交通费。

指导普通中等职业教育的法规中不含任何管理方面的条款。《地方政府条例》中有关管理方面的规定同样适用于地方政府开办的普通中等教育。地方政府负责学校的运作，同时负责招聘学校的雇员包括校长和教师。教师的基本素质和进修制度对教育质量至关重要。教师的工作量和工资对于吸引人们从事教师职业非常重要。在芬兰，教师的培养（硕士学位）由大学进行。大学和其他教育机构还为教师提供进修的机会。不同教师团体的基本工作量和工资待遇由教师工会负责与市政府有关部门洽谈并以集体合同的形式予以确认。科任教师通常从 7 年级开始设立。目前国际上流行的趋势是由科任教师担任班主任。

不管以哪种语言为母语，他们都有权利用各自的母语接受教育。法律中对不同水平的教育应该使用何种语言进行教学作了明确规定。奥兰岛自治区属于瑞典语区，有自己的教育法规。居住在芬兰最北部的萨米人是土著人。他们有权维持和发展自己的语言和文化。一项针对萨米人的法令于 1996 年 1 月 1 号正式生效。该法令保证萨米人实行自治，萨米语可以作为义务教育、普通中等教育和职业中等教育的教学语言，萨米语可以作为母语或外语进行教学。在萨米人居住的 4 个市，义务教育必须根据学生家长的愿望主要用萨米语进行教学。

市政当局、工商业代表、非政府组织共同对所辖区域内的职业教育与培训进行区域层面的规划，并在就业与经济部的指导下参与区内劳动力岗位培训工作。在地方层面，虽然市政当局和联合市政当局没有组织职业教育与培训的法定义务，但有责任提供经费支持。职业教育与培训的提供方可能是经教育与文化部授权的市政当局、联合市政当局，也可能是经注册的联合会、基金会或国营企业。事实上，约 80％的职业教育与培训机构都归市政当局和联合市政当局所有。这些市政当局和联合市政当局在教育与文化部的授权范围内，基于劳动力市场的需要决定所辖区域内职业教育与培训的供给，而且可以独立决定所提供的职业教育与培训的类型，基于国家核心课程开发职业教育课程，选择教学方法以及培训机构的组织与运营方式。

三、学校自身的管理

每一个经教育与文化部授权的职业教育与培训提供方都会开办几所职业教育与培训机构，具体开展技能型人才的培养与开发工作。学校按有关教育法规进行教学活动。学校根据地方政府的有关规定设立董事会作为学校的管理机构。每所学校设一名校长，具体负责学校的运作。另外学校必须设立学生会，以促进学生之间的合作和学校的工作。在芬兰，尽管学校工作仍是以教师为中心，但学校的管理者、教师及学生仍然努力营造一种合作发展的氛围。对学校的评价结果表明，学校工作的好坏主要取决于学校管理、校园文化与氛围。

教科书对于教学和学习来说是一种很重要的资源。不同国家的教科书审查与出版制度不尽相同。20 世纪 80 年代以前，芬兰全国的课程是统一的，教科书必须经过芬兰国家教育委员会审查后才能使用。1993 年，芬兰废除了全国统一的教科书审查制度。目前教科书的出版与发行几乎全部由国立或私立的出版社和书店经营，不同出版社不同版本的教材在激烈的市场竞争中不断得以改进。只有一些为少数学生编写的非盈利性书籍的出版发行工作由芬兰国家教育委员会直接操作，其费用由国家财政预算支出。教师拥有教材选择权，一般由任课教师从几种不同版本的教材中选择一种，报校长批准即可用于课堂教学。此外，有些学校还编写自己的教材和教学辅导材料。为与国际教育接轨，芬兰的一些高中还采用了一些英文原版教材和外文原著进行教学。

第三节　芬兰完善的技职教育政策体系

一、技职教育政策体系

芬兰国家政府和地方政府共同提供资金，并且与各类职业院校和专门培训机构签订相关协议，规定培养目的、招生、教学管理、评估、教育课题及基金等，称为职业教育契约制管理模式。契约制管理模式使得职业院校和专门培训机构的责权明晰，一方面有利于政府的宏观管理，另一方面有利于职业教育的可持续发展。芬兰也具备完善的职业教育政策体系，颁布了一系列针对性非常强的法律法规，促进了职业教育的发展。

芬兰国家教育委员会是在教育部下运作的中央委员会，能够独立运作。芬兰政府于 2011 年 6 月 22 日颁布的《卡泰宁政府计划》对其当前以及未来几年内职业教育与培训体系的发展和技能型人才的培养工作做出了国家层面的最高战略性部署。其中“教育、科学与文化政策”一章指出，“要确保有针对性地根据区域需要，为即将进入劳动力市场以及已就业或正处于待业状态的公民提供充足的职业教育与培训。改革职业教育与培训拨款方式，以更好地促使职业教育与培训面向全民，提高公民职业资格获得率，帮助毕业生尽早就业。对于高质量或质量有所提高的职业教育与培训机构要给予一定的奖励。继续紧密结合劳动力市场需要推进职业教育资格结构改革。对多雇主学徒制进行调研。增加年轻人、移民以及残障人士接受学徒制培训的机会”。

芬兰议会于 1998 年通过的《职业教育与培训法》和《职业教育与培训法令》(630/1998)(811/1998)、《职业成人教育法》(631/1998)、《职业成人教育法令》(812/1998)，以及 2003 年通过的《多科技术学院教育法》和《多科技术学院教育法令》，对芬兰整个职业教育与培训体系的范围与目标、管理与实施机构、教学、评价、师生权利与义务、经费来源等方方面面进行了系统而明确的规定，为其职业教育与培训体系的发展、技能型人才的培养与开发提供了充分的制度保障。

二、芬兰技术与职业教育的政策重点

为每个完成基础教育的学习提供学习场所，实现职业教育保障(青少年保障中的一部分)，职业教育与职场工作间更紧密的联系。

基于能力和模块的资格认证是芬兰技术与职业教育服务的基础，实现了职业资格认证系统的进一步的发展。模块化和灵活的研究跟踪，将学习与工作结合起来，参考了来自于其他资格认证和教学大纲中的模块。

提供更多的技术与职业教育经费，着重于教育的质量、有效性和教育成绩。着重于 VET 引导系统的发展，根据终身教育原则来指导。提供有待开发的服务能力，构建更加强大与高效的 VET 机构，根据工业和区域需求重新定位 VET。

提升 VET 的质量保证，付诸实施的质量保证策略，开展基于工作的学习的发展。

参考文献

[1] National Board of Education. Vocational Education and Training in Finland: Vocational Competence, Knowledge and Skills for Working Life and Further Studies [EB/OL]. http://www.opetushallitus.fi, 2014.

[2] Statistics Finland. Completers of Curriculum based Basic Vocational Education Numbered 36,500 in 2012[EB/OL]. http://www.stat.fi/, 2014.

[3] Statistics Finland. Students in Curriculum-based Basic Vocational Education Numbered 132,600in 2012 [EB/OL]. http://www.stat.fi, 2014.

[4] Programme of Prime Minister Jyrki Katainen's Government[R]. Prime

Minister's Office,2011.

[5] Ministry of Education and Culture. Qualifications and Studies. Competence-based Qualifications [EB/OL]. http://www. minedu. fi,2014.

[6] Ministry of Education and Culture, Finland. Education System in Finland [EB/OL]. http://www. minedu. fi,2014.

[7] Statistics Finland. Students in Apprenticeship Training Number 55,600 in 2012[EB/OL]. http://www. stat. fil,2014.

第十章　中国和芬兰技职教育合作

第一节　芬兰技职教育经验

无论在发展中或发达国家，社会通常都对技职教育抱有偏见，导致年轻人不愿选择技职教育。但芬兰技职教育为处理青年失业问题找到一个新方向，让技职教育成为芬兰受教育者的首选。芬兰技职教育质量达到相当高的水平，其经验主要可归结为以下几点。

一、重视学生基本素质培养

芬兰于 1990 年提出国家创新体系，高等教育担负着培养创新人才的任务，企业是技术创新的主体，多科技术学院成为区域经济技术研发的中心，成为芬兰创新体系的环节之一，扮演着知识创新者的角色。为保证创新，在专业和课程的设置上，芬兰的多科技术学院根据不同地区经济发展需求和变化做出调整，还特别明确和社会生活密切相关的领域，如人文与教育，强调以职业为导向，同时重视培养学生的基本素养。其中数学等基础课程在芬兰的技职教育和创新体系中占有非常重要的分量。[1]

二、加强技职教育质量管理

芬兰对技职教育质量的管理分国家和技职教育提供者两个层面，分别提供外部评价和自我评价。政府更重视技职教育提供者对教育质量管理的自主权，进行自我评价，要求技职教育提供者有相对应的教育质量保障体系，及时自评和同行互评。国家通过立法的形式使评价机制固定下来，自 1998 年颁布《职业教育法》至 2012 年初，14 年芬兰教育文化部共颁布了 11 部法律或规定，反映了芬兰对技职教育质量的重视以及根据发展与变化进行变革的态度，特别是《2011～2016 年教育和研究发展规划》首次把技职教育和培训质量管理单列一节，指出将继续采取多样化、具有广泛基础的行动来提高技职教育质量，要求所有技职教育提供者必须拥有一套运行良好的质量保障体系，以便为技职教育质量的不断提高提供支持。

三、注重国家核心课程改革

芬兰的技职教育课程分为国家核心课程和技职教育提供者自主设立的课程,国家核心课程确立了技职教育提供者办学标准和国家教育目标(职业能力、学会学习能力和公民能力)。芬兰国家核心课程由国家教育委员会与学校、企业、行业、学生会等机构根据职业领域所应具有的专业能力与职业技能、学生的可持续发展、社会的多元文化背景、经济全球化等背景合作确定,关注迁移能力和学习能力的普适性。地方课程内容在国家核心课程中给予规定,国家核心课程要定期修订。20 世纪 90 年代末,国家核心课程出现了模块化、理论与实践相互交融的趋势,1999 年引入实践教育,2006 年技能展示系统被引入所有职业学习模块。芬兰教育评价委员会于 2010 年 3 月公布了技能展示系统的评估结果:技能展示系统使学生评估工作更趋一致,同时加强了与工作领域的联系,提升了芬兰技职教育质量。[2]

芬兰技术与职业教育主要受国家核心课程所控制。国家的各类教育政策通过核心课程来体现,并依据其形成全国统一的职业能力标准。核心课程的制定使国家有科学、统一的标准对各类职教机构进行测评,同样有利于对学生的评价。核心课程由全国教育协会根据新教育法制定。在各类技职教育机构中,课程以项目学习为主,主要根据国家的核心课程、地区经济发展和学生需求来开发。

四、扭转社会对技术与职业教育的偏见

国际技术暨职业教育训练中心曾经举办了一场在线会议,针对如何增进职训的角色及影响力,如何应对青年失业问题议题,在知识、经验、创意及行动上彼此交流、集思广益。芬兰职训教育伙伴组织执行长扬森(Mervi Jansson)参加了这场虚拟会议,扬森陈述了芬兰是如何扭转对技术与职业教育的偏见。扬森表示应立法让学生能继续升学,芬兰循序渐进地提高技术与职业教育的质量和地位提高。现今有超过 50%的芬兰年轻人申请技术与职业教育,竞争甚至比普通教育还要激烈。2011 年春天,仅 70%的职训申请生能成功入学,相较之,一般教育计划的申请通过率高达 94%。芬兰技术与职业教育是靠着外部及内部政策共同改变而成功。2000 年,芬兰修法让技术与职业教育学生能够升学就读大学或是应用科学部门就读,同时提供技术与职业教育机构与一般教育机构一样的资源及发展资金。芬兰的课程大纲也经过修整,将职业训练及终身学习等内容纳入核心课程。芬兰的技术与职业教育学校会安排定期访问及家长座谈,向家长介绍他们的课程内容。[3]

技术与职业教育课程将在职训练及终身学习的概念融入,让毕业生能随着专业技能技术进步调整自身工作能力。提升教学质量、要求技术与职业教育教师定期进修。鼓励公司及其他雇主与职训计划合作,参与课程设计、训练及指导也将有所帮助。此外,要透过大众宣传活动来向父母展示技职教育的好处。芬兰的各类教育相互沟通,衔接紧密,不仅在纵向上,而且横向上,普通高中与中等职业教育、多科技术学院教育与普通高等教育相互平等和沟通。这就赋予了普通教育和技职教育平等的地位,解决了两类教育学历相互承认的问题。

五、管理体系规范化和法制化

在芬兰,职业教育主要由芬兰政府和地方当局共同出资支持,采取契约制的管理方式,即与职业教育院校和机构签署协议,规定教育目的、生源、教育活动管理、各类教育项目及基金等。这种方式明确了职业院校和机构的责任,便于评价和管理,并确保了优质高效的教学效果。芬兰注重用政策和法令来推动技职教育的发展,先后颁布了一系列针对性非常强的法案。

六、资格认证体系完善

根据 1994 年开始实行的《职业资格法案》的规定,所有芬兰成年人都可以参加职业资格考试,并不需要有相关的工作经验或培训记录。职业资格认证有职业资格、高级职业资格以及专业职业资格三种等级,对不同等级的职业资格有不同的要求。芬兰的就业准入制度也相当细致、严格,比如理发师都需要职业资格证书。其目的是提高劳动力素质,建立一个涵盖整个技职教育领域的资格认证体系,芬兰职业院校必须根据职业资格认证的要求来设置专业与课程,以适应就业准入和劳动力市场的需要。

七、学徒制培训注重在岗培训

近年来,芬兰的技职教育注重学徒制的培训方式。其学徒制培训具有独特之处,即注重在岗培训,主要强调通过工作进行学习,结合理论和实践学习。近70%～80%的时间用于培训场所的学习,培训由企业中的培训指导者在工作环境下进行,理论学习主要由职业教育机构来负责。

第二节　芬兰与江苏技职教育交流

为了加强与中国高校的交流合作,芬兰教育部国际教育交流署今年已在上海设立了其唯一的海外办事处。

一、建立芬兰中国网络和中国芬兰网络

芬兰中国网络和中国芬兰网络是江苏和芬兰职业教育进一步合作交流的工作群体。芬兰中国合作网络成员初步为 11 家:教育部教育委员会、芬兰环境技术学院(芬方联络员)、皮尔卡玛职业技术学院、图尔库职业技术学院、赫尔辛基商学院、Hyvinkaa 职业技术学院、Salpaus 进修教育学校、芬兰工商联合会、通力公司、诺基亚、UPM 。中国芬兰合作网络成员初步为 12 家:江苏省教育厅、苏州市职业大学、苏州工业园区职业技术学院、南京工业职业技术学院、江苏海事职业技术学院、苏州市教育局、东台市教育局、常熟市教育局、江苏省教育科学研究院职教所、苏州诺基亚公司、昆山通力公司、常熟 UPM 公司(芬欧汇川)。

二、芬兰与江苏的主要交流活动

2006 年,芬兰国家教育部与江苏省教育厅就双方未来开展职业教育领域的合作签署了《在职教育和培训方面合作备忘录》。芬兰皮尔卡玛职业教育及成人教育署与苏州市教育局签署了合作备忘录,芬兰皮尔卡玛高等技术学院与 IVT 就未来互派师生交流签署了正式合作协议,标志着中芬职业教育与培训合作项目正式启动。并在苏州市教育局国际交流与合作处组织下举行了中芬高等职业教育研讨会。苏州工业园区职业技术学院与芬兰皮尔卡玛高等技术学院在 2007 年启动师生交换项目,互派教师与学生进行学习及实践,这成为中芬两国职业教育领域合作的启动项目。

2008 年 10 月 28 日,由江苏省教育厅与芬兰国家教育部联合主办、苏州工业园区职业技术学院承办的“第三届中芬职业教育论坛”在苏州举行。来自江苏 25 所职业院校的代表和芬兰 8 所职业院校的代表近 80 人参加了论坛。本次论坛以“产学研联动:中芬职业教育交流新领域”为主题,重点围绕“职业教育人才培养模式改革与学生职业能力培养”、“面向岗位的职业教育课程开发与课程标准建设”以及“学生在岗实习的培训和管理”等问题进行了深入探讨。

2010 年开展中芬顶岗实习项目。8 名芬兰学生就被安排到伟肯(苏州)电气传动有限公司和苏州工业园区依维特科技有限公司开展顶岗实习,接受来自企业一线的工程师和技师的培训。苏州工业园区职业技术学院作为中方的主要合作院校,进一步与芬方商谈开展远程跨国虚拟实习及国际职业技能竞赛的后续合作。

2011 年 4 月 25 日,2011 中芬(江苏)职业院校技能比赛在苏州工业园区职业技术学院举行。本次比赛由江苏省教育厅、芬兰国家教育委员会、芬兰技能比赛委员会联合主办。图尔库职业技术学院、坦佩雷职业技术学院等 2 所芬兰职业院校和苏州工业园区职业技术学院、南京工业职业技术学院、无锡职业技术学院、苏州高等职业技术学校、无锡机电高等职业技术学校、镇江高等职业技术学校等 6 所省内职业院校的学生代表队参加了本次大赛。本次比赛借鉴国际奥林匹克职业技能大赛模式,采用世界领先的德国 Festo 机电一体化技术作为比赛项目。

江苏和芬兰的交流一般都是采用落地后对方负责的方式,各自承担对方的费用。国际旅费是自己承担的。当然,互换的人数其实还是不对等的,总的来说，芬兰方面经费充足，他们派来的人员远远多于江苏[4]。

三、案例：2010 赴芬兰职业教育交流项目报告

在芬兰，中国的学生和老师了解了芬兰的教学体系，特别了解了芬兰的技职教育体系。在芬兰的多家职业院校（坦佩雷学院、皮尔卡玛职业技术学院、图尔库职业技术学院），中国的学生和老师深深感受了"做中学"的教学模式。钦佩像 Markku 先生一样的芬兰老师的高尚品德和高超技艺，非常羡慕学生们娴熟的技能。他们的感受和观察如下：

（1）在芬兰，技职教育是一种教育类型，在中国职业教育是一种教育层次。从芬兰的教育体系可以看出，学生在完成 9 年的基础教育之后，可以根据自己的兴趣，在老师的帮助下自由选择高中或是职业学校。职校和普高的许多学分是可以互换的，这也为学生后面的重新选择提供了方便，而且学生如果想继续上大学，也没有任何问题。在中国，学生只有在没有被高中录取，才会选择中专，只有没有被大学录取，才会选择职业院校。所以，在中国，学生第一选择不会是职业教育的，学生不是喜欢才选某个专业，也许学生对学习该专业根本就没兴趣。

（2）芬兰的职业教育紧密联系企业，中国的职业教育是学校热切期盼与企业紧密联系。在芬兰，职业院校与企业通力合作，实现了学校与企业的双赢。据中国的学生和老师了解，当一个学生在企业中进行"on the job learning"时，企业可以向政府申请补助，所以企业愿意接纳学生进行实习。而在中国，企业不能从政府申请资金，即使学校热切期望得到企业的支持，如果没有人力资源需求，也是不愿意接纳学生进行实习的。

（3）芬兰的职业教育，"learning by doing"做得特别出色，而中国基于工作过程的教学模式才刚起步。通过两周的参观，特别是跟随 Markku 先生听课，学生和老师深切地感受到了芬兰"learning by doing"教学模式的先进性。学生在行动的过程中不断成长，而中国的老师喜欢用语言来描述工作过程，告诉学生应该怎样做，这样学生的技能难以提高。有人这样说，“你告诉我，我可能会忘记；你做给我看，我可能知道怎样做；你让我做，我就会做”。我想芬兰的职业教育是“你让我做，我就会做”，中国的职业教育还经常是“告诉我”和“做给我看”。

(4) 芬兰的职业教育培养学生动手能力的同时，培养了独立思考和解决问题的能力。

在芬兰，中国学生和老师听了 Markku 先生的几天的课程，每天早晨，Markku 先生开始上课时，就是给学生布置项目任务，然后学生独立去完成。学生在接受任务后，必然会去思考，养成了学生独立思考问题的习惯，培养了解决问题的能力。在中国，许多老师喜欢首先告诉学生“How to do”，把每一步都写出来，然后学生严格安按照步骤，一步一步去实践，当然也不会有什么问题，学生用不着去思考“How to do”，渐渐的，学生养成了按照规范操作的习惯，不会独立解决问题，甚至不知道找谁可以帮助自己解决问题。

(5) 芬兰老师的技术全面，知识面宽。跟 Markku 先生在一起已经一周多了，学生和老师发现，MARKKU 先生除了要上机械加工的课程以外，他还要上物理、数学等课程，成天跟它的 12 个学生在一起。也就是说，Markku 先生的专业技能必须涵盖该专业的所以技能，必须十分全面，这也许是中国老师自己所不能做到的，但这对开展项目制教学十分必要。

四、芬兰与江苏职业教育合作的发展

(1) 办好现有的中芬合作办学项目。芬兰中国网络和中国芬兰网络是江苏和芬兰合作的重要载体，大力推动芬兰在华企业积极加入网络中，积极联络在江苏及周边地区的芬兰投资企业，为中芬职业教育合作搭建更多平台。同时逐步扩大中方合作成员。参与方(或单位)需在此网络体系中发挥各自的优势和作用，明确角色、职责、承诺和共享资源。赫尔辛基商学院与苏州旅游与财经高等职业技术学校自 2007 年开始就有着长期合作，两校每年均选派师生赴各自学院进行研修交流。

(2) 积极引进先进的课程、教材、教学方法和国际职业资格证书认证体系，参与国际教育服务市场竞争。中芬两国国情的差异也为职业教育合作交流提供了重要的发展机遇。芬兰地大人少，劳动力资源短缺，特别是护理、烹饪等行业，亟须大量的高技能劳动力。中国人多地少，人口密度是世界上最大的地区之一，劳动力资源丰富，可以通过共同培养技能人才的合作模式，共同开展中芬两国职业教育人才培养模式比较研究，共同开发教学资源，共同商讨课程设置与改革，共同开发核心课程及其教材，共同研究制定课程标准、评价方法和评价标准，共享研究成果和信息。交流职业资格认证的经验，共同制定职业资格认证标准，完善职业资格认证体系，培养适销对路的高素质技能型人才。在课程、教材、教学方法和国际职业资格证书认证体系相对一致的基础上，将职业教育与劳动力输出结合，寻求新的合作渠道。

(3) 共建科研机构、培训基地和实训基地。江苏与芬兰高职教育各有特点，互有优势，彼此交流和合作得益于文化、语言和地理位置等诸多独特的优势。合作中，可以尝试共建产学研基地。以芬兰在江苏的企业对技能人才的需求为出发点，寻求合作项目，与在华芬兰企业联合建立培训基地，为芬兰在华企业职工培训服务；与在苏芬兰企业开展产学研合作，共建产学研基地。

(4) 加强职业院校师生的交流。加大师资和管理干部培训力度，继续选派高职院校长和专业教师到芬兰校际互访，学习借鉴芬兰高职教育先进的办学理念、管理经验和人才培养模式；互派教师访问学者境外培训交流，有计划地聘请外籍教师到职业教育机构任教；扩大两国高职院校留学生规模，鼓励本国学生到国外实习交流，拓展职业院校毕业生海外实习、就业和留学深造渠道，促进国际劳务输出等。

(5) 全日制院校也可通过跨国分段教学，采用“2＋2”或“3＋1”等模式，双方共同承认学历。

第三节　上海中芬职业教育卓越中心

2014年12月10日，上海成立首个中等职业教育国际合作中心——中芬职业教育卓越中心。中芬职业教育卓越中心设在上海群益职业技术学校，这表明闵行区职业教育走向国际化有了稳定基地。成立中芬职业教育卓越中心，有利于培养适应国际劳务市场的人才需求，提升职业教育的品质，这标志着上海市首个中等职业教育国际合作中心成立，并尝试试点“现代学徒制”。该中心将与跨国企业试点现代学徒制，借鉴芬兰现代学徒制的经验和成果，进行招生与招工一体化尝试。[5]

早在2013年8月19日，为培养具有国际视野的高素质技能型师资队伍，上海就派出一批中职教师赴芬兰，进行为期20天的学习。学员们发现，芬兰非常崇尚技艺。在社会地位和经济收入上，熟练的技术工人与白领没有明显差距。一个好的技术工人每小时工时费为13～20欧元，相当于99～153元人民币。芬兰的职业学校也具有极高声望，其学生完全可按照自己的兴趣爱好选择专业。在芬兰，典型的学徒制培训包括如下内容：交替式培训和学习，约2/3的时间在企业培训，约1/3的时间在学校学习理论知识；学徒工与企业雇主签订学徒合同；企业指派一名师傅指导和监督学徒工，在企业接受生产技能的培训；学徒工在学徒期间享受学徒工资；企业主、职校老师、学生等为学徒量身定做学习实训计划、共同制定实训内容和培训合同；培训结束后，经展示合格授予国家承认的职业资格。这一制度，不但使得大部分学员能够被原企业录取，且学员在培训后具有极强的实践操作能力。

为培养具有国际视野的高素质技能型师资队伍，2014 年 6～11 月，上海进行了中芬职业教育教师培训试点项目。首批学员为 60 名闵行中职教师，他们接受了来沪芬兰职业教育教师的培训，包括数控专业、楼宇智能化设备安装与运行等 3 个专业，并在芬兰专家的带领下参观考察了芬兰在沪企业，感受了工人们的工作环境，了解和学习了芬兰企业的技工培养方式。芬兰在沪有逾 200 家的企业与合作伙伴。中职教师王谦说："芬兰专家带我们参观考察了几家机械加工类企业，我们见到了以前没有见过的甚至只在书本上提到的机械设备，开阔了眼界；亲眼看到工人们的工作环境时，体会到他们工作的艰辛和劳累。"

中芬职业教育卓越中心将主要承担职业教师国际交流和培训、国际职业资格认证、教师学生交流互访、国际课程引进、实训中心合作等功能。将与芬兰企业合作共建'卓越班'，突破'订单式'培养人才的瓶颈，建成互惠共赢培养学生的机制。中芬职业教育卓越中心还将与跨国企业合作试点现代学徒制，借鉴芬兰现代学徒制的经验和成果，开展招生与招工一体化尝试，使得专业课程内容能与职业标准进行对接，教学过程与生产过程对接。该中心还将引进国际课程，同时还将探索借助国际优质教育资源，帮助学生打通中高/本贯通的国际路径。中芬职业教育卓越中心今后将成为职业教育杰出人才的孵化基地，上海的职业教育教师能经该基地走出国门，获得国际证书后再回来推动职业教育的发展。

2015 年 4 月 20 日，在 2014 中芬职业教育教师培训试点项目开展的基础上，西南工程学校和群益职业技术学校共遴选了 30 名优秀学员在中芬职业教育卓越中心开展主题为“TRAIN THE TRAINER”的项目课程培训，闵行区教育局施云飞副局长、职成教科隋明科长、西南工程学校李卉校长与群益职业技术学校陈金国校长等相关领导参加了本次培训的启动仪式暨开班典礼。

第四节　广州中芬学习乐园研讨会

2015 年 10 月 28 日，由广州市教育局和坦佩雷市政府牵头，广东技术师范学院和芬兰优质学习与教育创新联盟主办的“2015 中芬学习乐园广州研讨会”隆重召开。

芬兰坦佩雷成人职业教育学院、于韦斯屈莱应用科技大学、坦佩雷应用科技大学、坦佩雷大学 4 所大学的嘉宾，以及国内众多应用型本科院校、高职院校、中职学校代表 200 余人聚首，就“中芬职业教育培训”、“环境教育”、“教学与职场”三大主题展开了热烈探讨。[6]

在主旨演讲和研讨阶段，来自坦佩雷大学管理学院蔡瑜琢副教授作了《海外培训项目质量保障——以千名中西部大学校长海外研修计划执行为例》的主旨演讲。在分组主题发言和研讨阶段，研讨分为 3 个小组平行座谈。A 小组讨论的主题为“中芬职业教育碰撞”，中外专家就“城镇化战略实施中的职业教育与教育转型、高质量的教师培训、培训者培训、培训质量评估”等方面展开了探讨。B 小组讨论的主题为“中国的环境问题和教育机构的角色”，参会专家就“教育机构的环境教育责任、教育机构的可持续发展管理、生态设计循环利用、环境教育项目”等方面展开了探讨。C 小组讨论的主题为“教学与职场的有机衔接”，参会学者就“人才培养模式创新与实践、应用型大学的就业前景、用工单位职业培训”等方面进行了交流。在交流总结研讨阶段，3 个小组的主持人分别总结了本小组研讨的情况，并相互交流讨论。

芬兰坦佩雷市副市长贝卡·萨尔米先生在致辞中介绍坦佩雷市和该市开展职业教育的基本情况，他希望通过这次研讨，探索双方今后的合作领域，以及芬兰可提供的教育和培训模式、适合中国国情的教育合作形式。

狄明赞先生的主题报告详细介绍中国和芬兰教育主管部门签署“中芬学习乐园”双边框架协议背景和基本内容。在这一框架协议下，双方共同规划，共同研究和开发建立从中小学到高等教育(含高职)，从学前教育到职业 HE 的多层次现代教学解决方案的平台，开展多种形式的教育交流与合作，包括教师在职培训，课程开发；合资举办教育创新研究院、教师培训中心、学习园乐体验中心和开设暑期学校(硕士、博士)等。

于韦斯屈莱应用科技大学云迪莫先生、尹翰诺先生共同作“应用科学大学系统发展经验及芬兰应用科学大学系统的成果范例”的主题演讲。他们分别介绍应用科学大学系统近 20 年来在核心工作成果；服务地方区域发展和工作生活的需求所提供终身学习结构、高等教育系统的主要内容；基于专业导向的高等教育国际化进程；以学生为基础的创业发展模式、方式方法和提高劳动者素质的实施路径。

坦佩雷应用科学大学卡瑞达女士作“二十一世纪教育者的技能”主题演讲；坦佩雷成人职业教育学院萨途女士作“以用人单位为基础的芬兰职业教育”主题演讲；坦佩雷大学教育学院院长李斯铎先生作“坦佩雷大学的初小教师教育”的主题演讲。各场主题演讲结束后，与会者纷纷提问，与主讲人进行广泛的交流与互动，场面温馨、热烈。

研讨会的召开为中芬职业教育合作搭建了一个有效平台。中芬的专家、学者相互学习、彼此借鉴，同时也有机会向外界展示自己在职业教育改革发展方面取得的成就。广州的高职院校和芬兰优质学习与教育创新联盟的 4 所大学一起携手共进，把研讨会所产生的成果与自身实际发展有机结合起来。

参考文献

[1] Abusland, T. United Kingdom. VET in Europe-Country report [R]. Refernet. Cedefop website: http://libserver.cedefop.europa.eu. 2014, 8.

[2] Ahola. Different but equal: Student expectations and the Finnish dual higher education policy [J]. European Journal of Education, 1997(323).

[3] Ahola. Global and local priorities in higher education policies: A headache at the national level[J]. Tertiary Education and Management, 2005.

[4] 江苏省教育厅. 中国江苏芬兰职业院校技能比赛在芬兰举行[EB/OL]. http://www.ec.edu.cn. 2012-4-23.

[5] 许一标. 中芬职业教育卓越中心首期培训开班[EB/OL]. http://www.shedunews.com. 2015,4,29.

[6] 广东技术师范学院. 中芬学习乐园广州研讨会暨第四届国际职教发展论坛[EB/OL]. http://www.gdhed.edu.cn. 2015-11-3.

第十一章　芬兰技职教育改革现状、面临挑战和发展启示

第一节　芬兰技职教育体系发展的理论基础

在芬兰的教育体系中，过了义务教育阶段之后对学生分为普通和职业教育两类发展方向进行培养的做法，是芬兰政府对于教育分流理念的一种贯彻。其理论依据为教育分流理论。在技职教育，如在岗培训的学徒制培训模式，则是芬兰对于教育资源的一种充分利用，其理论依据为教育效率理论。

一、教育分流理论

教育分流指在制度上分别对不同教育对象，采取不同的教育实际措施。分流教育体系中的不同体系，不仅在教育的形式上不同，而在教育实施上（如课程）有相当程度的差异。分流教育的源头来自制度上的不同，因制度上的差异，造成教育实际的差异。教育分流是教育体系中一项重要的制度安排，是指依据学生的学业考试成绩和学术取向测试，将学生分层别类，使之进入不同的学校和课程轨道，并按照不同的要求和标准，采用不同方法，教授不同的内容，使之成为不同规格和类型的人才。教育分流直接为学生从事不同职业和进入不同社会阶层奠定了基础。教育分流分为校内分流和校际分流。

芬兰教育体系中，在学生接受完基础的义务教育之后，会有多重的发展途径。既可以前往普通高中继续接受基础教育也可以迈向技职教育。并且无论是走哪条路，均有完整的职业系统规划。因为芬兰在技职教育当中分为中等职业教育、多科技术学院、职业教育和培训专门机构、学徒制培训、工厂车间培训的形式，参与其他种类的职业教育培训学习方案等形式。这些不同的职业教育方式是以学生的学习地点、学习内容、学习方式等为标准予以划分的。对不同的学生进行不同形式的培训体现的正是芬兰对于校际分流的实施。

二、教育效率理论

教育学领域效率是指资源配置的结果要使效率最大化，即教育资源配置要形成一定的优势结构。如果有限的资源配置得当，使用得当，就能发挥更大的作用。

（1）教育资源利用效率问题。投入与产出应有可比性，标准与口径应同一，排除不同经济发展水平和不同投入水平的影响。指标须客观，排除主观因素的影响，保证抽样和指标的合理性以及结论的科学性。在考察微观教育单位内部教育资源的利用效率时，须以外部经济效益为前提。因为假如教育培养的人才与经济社会发展的要求不相适应，那么微观教育单位教育资源的利用效率再高，也不可能产生较好的外部经济效益。

（2）教育资源利用的低效率及其制度根源。留级与辍学导致教育资源的浪费。学校教育与实际工作相脱离导致一方面人才奇缺，另一方面人才过剩而失业现象严重。留级与辍学使得职位空缺得不到填补造成物质资源的浪费，学校教育与实际工作则造成了人力资源的浪费。学校教育与实际生活相脱离，学校的最大浪费是由于在学校中不能完全、自由地运用他在校外所得的经验，同时又不能把在学校里所学的东西应用于日常生活。芬兰技职教育体系中推行的是注重在岗培训的学徒制培训模式，这种学徒制的培训模式的关键在于注重在岗培训，主要强调在结合理论和实践的基础上，通过工作进行学习。这种做法使得芬兰的学徒所学习的主要知识和内容都是为了实际工作而准备的，并且边工作边学习，可以使得学徒能够直接从工作中汲取经验，获得必备的技能知识，且在岗位中受教育于经验和学识均十分丰富的传授者，可以使学徒学习到取之于社会当中的知识文化。这样就有效地避免了学校教育的过于理论化的知识与实际工作当中过于实践化的内容相脱离的情况。

（3）教育资源利用的低效率原因。教育产权界定不清，导致整个教育普遍存在资源利用效率低的问题。教育部门普遍缺乏动力机制，也会导致教育资源利用低效率的产生。教育活动缺乏有效的约束和规范，也必然导致教育资源利用的低效率。在芬兰的技术与职业教育体系当中，教育产权界定清晰，无论是芬兰政府所办还是企业所办教育组织，其产品都是一种教育服务，其目的都是为了办学，并不存在办学目的是为组织盈利这种情况。芬兰由于其主要出口国苏联的解体以及西方经济的衰退，芬兰政府重新定位产业发展的方向，大力发展多科技术学院，并且能够推迟一部分人的就业时间，缓解劳动力市场的压力，这样的目的使得芬兰技术与职业教育具有高度的发展动力，并且芬兰通过立法，具有完善的教育约束和学校的规范。正是由于这种情况，使得芬兰教育资源利用的效率高，教育体系较为先进的原因。

第二节　芬兰技职教育与劳动力市场联系的经验

加强技职教育与劳动力市场的联系是芬兰当前职业改革的一个重点，取得了许多经验。这些经验主要包括预测劳动力市场技能需求、劳动力市场技能需求融入技职教育供给中、劳动力市场主体参与技职教育、学习与工作领域紧密结合等。《国家中长期教育改革和发展规划纲要(2010～2020年)》明确指出,职业教育是缓解劳动力供求结构矛盾的关键环节,政府要促使职业教育规模、专业设置和经济社会发展需求相适应。如何进一步加强职业教育和劳动力市场的联系,成为我国职业教育发展的现实和关键问题。芬兰加强技职教育和劳动力市场(工作领域)联系的改革经验提供了值得思考的议题。

一、加强技职教育和劳动力市场联系的政策背景

20世纪90年代后期,芬兰技职教育改革的主要目标是使教育和工作领域的联系更加紧密,增强技职教育对劳动力市场的反应性(适应力),增强技职教育吸引力,确保劳动力市场在质和量上都有充足的劳动力。1998年起,芬兰有关技职教育的法律中,与工作领域(劳动力市场)的联系和合作是一项特定的要求。[1]芬兰《2007～2012年教育和研究发展规划》分析了芬兰工作领域的诸多变化,如能力要求的提高、工作任务和内容的迅速变化、变化的工作种类和革新的日益重要性等,都意味着芬兰劳动力市场日益对技职教育服务的供给和质量提出了挑战。芬兰采取有力措施来提升技职教育供给的效率和生产力,提升技职教育的服务能力就要求职业教育提供者制定总体的策略,以满足客户的需求。[2]

芬兰《2011～2016年教育和研究发展规划》单列一节阐述教育供给以反映劳动力市场需求为目标,具体内容如下:目前在某些领域的教育供给供过于求,而其他领域则供不应求。教育和劳动力市场需求的不适当匹配,不仅影响劳动力市场,而且影响年轻人工作生活位置的发现以及学校的时间安排,要加强教育与工作生活的联系,技职教育和培训的资格要求将被修订,增加关于在工作生活中获得的规则以及社会影响等方面的知识。在职业教育拨款改革中要考虑改善与工作生活的联系。学校将为劳动力市场组织和经营者提供更多机会来展示工作生活及其活动、行业类型和职业。[3]

二、芬兰加强技职教育和劳动力市场联系的经验

加强技职教育与劳动力市场的联系,成为芬兰当前技职教育改革的重点。这种联系主要集中于以下四个方面:预测劳动力市场技能需求,劳动力市场技能需求融入技职教育供给中,劳动力市场主体参与技职教育,学习与工作领域紧密结合。

1. 预测劳动力市场技能需求

长期以来芬兰把其国际竞争力建立在一个高标准的劳动力能力上。芬兰《2011～2016年教育和研究发展规划》提出,到2020年,芬兰要成为世界上最具能力的国家。如何发现并预测未来劳动力市场的技能需求和相应的教育需求,

历来受到芬兰教育和就业相关领域的重视，20 世纪 60 年代芬兰就发展了预测教育需求的方法。然而，直至 20 世纪 90 年代早期，芬兰教育预测仍局限于地区和地方层面且由附属教育部的"规划秘书处"负责该工作。自 2002 年起，才在全国范围内定期开展。在国家层面上，芬兰已建立起一个跨部委的政府预测网络以促进预测信息的产生和使用。[4]

芬兰重视劳动力市场需求和教育需求的预测工作，其目的是为正确教育决策提供坚实的客观依据，以促进和实现劳动力市场的供需平衡。该预测工作主要涉及中等职业教育、多科技术学院以及大学教育等多个领域。预测工作涉及的多部委和多方面利益主体。其中芬兰国家教育委员会负责预测工作的具体实施包括预测工具的开发和信息提供等在内，并充当协调角色，而芬兰劳动部则开展国家行业相关需求方面的调查和预测。芬兰教育部、教育供给委员会、芬兰统计局、内政部、省政府办事处、就业经济发展中心、地区委员会、劳动力市场组织、教育提供者以及教育机构等主体均参与预测工作。在预测所需信息方面，由芬兰劳动力市场组织、研究机构、大学和多科技术学院等主体提供。该项预测的内容重点是未来 15 年芬兰劳动力技能需求及相应的教育需求，其预测结果用于检测芬兰国内劳动力的瓶颈、早期发现劳动力过度供应问题以及指导相关工作，另外在个体层面，可经职业指导使学生获益。该项目的最终预测结果提交给芬兰教育部和教育供给委员会，为芬兰教育和研究发展规划中国家和地区各级、各领域（包括分领域）教育招生目标的制定提供相关依据。

芬兰劳动力市场需求和教育需求预测工作以劳动力需求分析的方法为基础，就是新劳动力需求量预测是通过对劳动力市场需求的分析而得出，然后把劳动力需求转换成教育需求，其目的是确保以职业为中心的教育供给同未来劳动力市场对熟练技能劳动力需求实现最佳匹配。[5]

2. 劳动力市场技能需求融入技职教育供给中

近年来，随着芬兰劳动力供应的减少，技职教育需求预测的重要性相应提升；随着芬兰技职教育管理权下放到地方，在劳动力市场变化的预测及其反应方面，技职教育提供者的责任受到重视。芬兰对劳动力市场技能需求进行预测是为了实现技职教育供给同劳动力市场需求的相互匹配。预测结果为技职教育提供者提供重要信息，帮助其设定技职教育供给的目标和内容，同时也为人们展望未来职业能力要求及其前景。

技职教育的目标就是通过提升教育供给和劳动力市场需求的匹配度来应对未来挑战。因此在制订技职教育规划时，劳动力市场（技能）需求的预测信息与教育供给相结合显得至关重要。芬兰《2007～2012 年教育和研究发展规划》要求对劳动力市场技能需求进行预测，并把劳动力市场需求融入教育供给中，在教育目标和内容的制定中体现劳动力市场技能需求。在劳动力市场技能需求与技职教育供给相结合方面，芬兰国家教育委员会发挥核心作用。为了加强技职教育同工作领域的联系，促进劳动力市场技能需求与技职教育供给相结合，芬兰国家教育培训委员会与国家教育培训协调组等专家机构，开展技能评估工作、预测工作领域技能需求并指导把这些需求融入教育供给中。[6]

近年来，芬兰技职教育决策过程中增加了预测统计资料的使用，其主要目标包括：在国家、地区、技职教育提供者、职业学校等层面能更系统地使用预测结果；进一步提升预测的专业技能水平；加强合作、发掘新方法；保证技职教育供给与市场需求相匹配。2012 年芬兰国家教育委员会发布了《芬兰 2012 至 2025 年教育、培训和劳动力需求》报告，分析了芬兰经济结构发展和职业结构变化，提出了不同职业领域的劳动力需求和相应的教育招生需求。[7] 芬兰《2011～2016 年教育和研究发展规划》明确提出，要与工作生活密切合作，继续开展技职教育资格结构的改革工作，构建一个清晰、系统的职业资格体系实体以回应劳动力市场的技能需求，最终目标是形成一个更清晰的职业资格结构，以更好地满足工作生活的要求。芬兰《2007～2012 年教育和研究发展规划》要求相关部门做好职业教育需求预测、在岗学习安排、质量管理、教师能力提升、职业学校管理等诸多工作。

3. 劳动力市场主体参与技职教育

在芬兰，为了实现技职教育供给能准确反映劳动力市场需求，劳动力市场主体，包括行业企业以及社会伙伴等在内，均要积极参与技职教育领域的工作。劳动力市场主体参与技职教育的具体途径主要包括建立合作机构、技职教育供给需求预测与计划制定、技职教育教师与工作领域的密切联系以及应聘者的职业能力资格要求等。在劳动力市场主体参与技职教育过程中，作为合作机构，芬兰不同部门的国家教育培训委员会以及国家教育培训协调组等国家专家机构发挥着协调作用。这些专家机构与芬兰国家教育委员会密切合作，共同促进技职教育和工作领域（劳动力市场）之间的积极互动。芬兰国家教育和培训委员会于 2007 年设立（全芬兰共计 34 个），其成员由国家教育和培训行政部门代表，教师、雇主、雇员的代表等组成，其任务如下：研究、评估、预测和分析劳动力市场技能需求的发展变化；提出技职教育和培训定性、定量的发展建议；调查技职教育核心课程和资格要求并做出陈述。国家教育培训协调组包括上述的培训委员会的主席代表以及雇主和雇员组织的代表在内，主要工作是协调处理大规模跨部门的问题。除了合作机构参与技职教育供给需求预测外，芬兰劳动力市场主体也积极参与到技职教育计划制定中。芬兰技职教育国家核心课程由雇主、雇员、工作领域专家、教师、学生以及其他劳动力市场利益相关者共同合作拟定。特定资格国家课程和能力本位资格的要求是由雇主、雇员、经济生活的专家、教师和学生以及其他代表等共同合作制定。芬兰教育计划制定的出发点是真实工作生活情境与具体技能要求，因此行业企业紧密参与到技职教育计划相关制定工作以及具体的工作实施，如职业教育技能展示工作的开展与评估。

要发挥技职教育与工作领域合作的功能，技职教育教师就必须对当地企业有正确和深入透彻的了解，因此教师的在职学习期被视为与劳动力市场加强对话和合作重要途径。芬兰《2007～2012 年教育和研究发展规划》强调，要确保技职教育教师拥有与工作领域合作的能力，强调这些能力应该通过在企业的培训期、继续培训和教师发展计划等持续予以更新。另外要发展工作场所指导者（企业培训师）的培训。

在芬兰，约 50％企业在招聘员工时要求应聘者具有相应职业资格，雇主们对技职教育发展具有浓烈兴趣。考虑到未来高素质（拥有熟练技能）劳动力的竞争加剧局面，企业也愿意加强与职业学校的联系，以提升本企业在学生心目中的声望，增强学生对本企业的了解，从而有助于招聘到更优秀的员工。据统计，在 2008 年，2/3 的芬兰行业联盟企业成员与中等职业学校和多科技术学院进行了合作。

4. 学习与工作领域紧密结合

芬兰发展技职教育的目的是通过在民众中提升职业技能水平和支持工作本位的革新来增强芬兰工作生活和技职教育的竞争力。提升技职教育质量，增强技职教育与工作领域的相关性和影响力，促进学生进入工作生活等成为发展的中心目标。这些目标也强调了要在技职教育（学习）和工作领域之间更深入开展合作和加强联系。在芬兰，加强职业学校学生学习与工作领域联系的主要策略和途径是持续实施工作本位学习与推行技能展示系统。

在芬兰中等职业教育国家核心课程中，对工作本位学习或在职学习作如下描述：在职学习应是被关注、被指导和被评估的培训。在职学习期应足够长和多样化，以支持职业技能的获得与掌握。在学习的起始阶段，在职学习期应该短，但是随着技能和知识的增长，只要有可能，就要给学生提供机会学习更大的实体，并承担自己的任务和工作。2005 年芬兰社会伙伴和芬兰政府签署了一项关于工作本位学习和技能展示的建议。在该建议中，强调了利益各方的合作。雇主也被要求参与工作本位学习的开展。芬兰《2007～2012 年教育和研究发展规划》明确要求：教育培训和工作生活需求的匹配度必须进一步加强，特别是要拓宽和发展工作本位学习，强调要特别重视工作本位学习及质量保障方面的指导。对芬兰学生来说，他们在工作本位学习期收获最大的方面是实际专门职业技能、主动精神、合作技能、自信心、独立思考、改变和发展的意愿、独立解决问题的技能以及使用信息资源的技能。技能展示系统引入芬兰中等职业教育领域，其目的是加强中等职业教育与工作领域的联系，提升其质量，提供芬兰工作生活所需的专门知识和技能。

第三节　芬兰技职教育面临的挑战

尽管技职教育的吸引力稳定增长，但发展芬兰技职教育仍面临一些挑战。一方面，辍学率的居高不下使各类职业院校的生源面临挑战；另一方面，不断改变的工作生活与对能力要求的不断提高对职业教育提出了新需求。全球化趋势、经济和劳动力市场的快速变化使芬兰的技职教育面临新的挑战。

一、职业教育辍学率高，生源数量难以保障

近10年，中等职业教育的辍学情况总体上有所降低，但是从横向看，与其他类型的教育相比，中等职业教育的辍学率明显高于其他教育类型。以2011～2012年为例，普通高中的辍学率最低，仅为3.5%，而职业教育辍学率最高，为8.7%。职业院校辍学率高不仅影响职业院校当前的发展壮大，且不利于职业院校长远发展，只有建立在一定数量保障的基础上，职业院校才有追求更高质量的资本。

二、职业教育向劳动力市场过渡：对劳动者的要求不断提高

发展职业教育的时代挑战大致来源于三个方面，即工作所需技能的改变、工作环境的改变以及生活方式的改变。能力要求的改变包括一般技能与具体的专业技能；而工作环境包括国内与国际环境；生活方式改变既包括工作群体也包括个人需求、职业目标等。

职业教育与培训的原则是提供坚实的职业知识与技能，使学生能够快速进入工作生活，并且为终身学习提供宽基础的知识与技能，职业教育与培训旨在基于当前的知识为学生的未来做准备。然而在当今，可雇佣性与具有广泛知识面、高教育等级的、易于适应和学习专门程序的人密切相关。因此，许多职业教育项目的焦点都集中于转向全能人才。以诺基亚公司为代表的芬兰通信产业曾一度在国际市场上占据重要地位，为芬兰国民生产总值做出了重要贡献。然而在强大的市场竞争下，芬兰电子通信产业受到重创，芬兰政府只有不断顺应市场变化需求，不断进行改革创新，才能在世界市场上占有一席之地。如何在这个瞬息万变的信息化时代培养适应社会发展要求的职业技术技能型人才是职业院校面对的一大挑战。

三、劳动力短缺

芬兰参加劳动的人数比率高于欧盟平均水平，主要原因是芬兰妇女参加劳

动的数量很大(这得益于芬兰社会公共福利服务所提供的各种服务和帮助)。但芬兰劳动力中年龄偏大者占的比例也不小。这一年龄段的人退休高峰即将到来,退休人数将比进入劳动力市场的青年人数多。劳动力人数的缩减,一些领域可能面临大量劳动力的短缺,这将阻碍芬兰经济的发展。这是芬兰职业教育中面临的一个重大的问题。

四、职业学校与产业界、社会的合作机制有待建立

在国家和地区层面上,职业教育日益与企业的发展和竞争力的提升有越来越密切的联系。因此,芬兰职业教育面临着要建立一套维持职业学校与产业界、社会密切合作的机制,使教学与经济发展、产业界的变化保持一致。这一机制要为专业教师提供更多的机会参与国家和地区的创新发展,发挥职业教育的服务功能。

五、未来对专业能力的要求

知识和技能已成为芬兰的关键资源,提高整个芬兰人的职业技能将对保持芬兰的国际竞争力有很大的帮助。根据芬兰劳动部的调查,在以后的几年里,芬兰职业结构将会发生很大的改变。不同的经济领域,对专业技能的要求将增加,而且需要缩减劳动力的部门对技能的要求也会更高。这就需要劳动者不断提高职业能力,更新知识和技能,使自己不但有能力应用技能,而且还能不断地进行创新。这就为芬兰职业教育人才培养模式提出了新的要求,要求其培养的人才不但有学会学习的能力,而且还要具备创新能力。

六、师资队伍建设有待进一步加强

芬兰职业教育师资教育学院曾预测芬兰职业教育师资队伍建设面临的最大挑战来源于职业教育改革和社会的发展变化。主要涉及中等教育和产业界的合作、在岗培训学习和技能演示、防止社会排斥、职业教育的国际化等几方面内容。这几方面给职业教育师资队伍建设提出了新的、更高的要求。越来越多的在岗培训学习和技能演示在国外进行,这就要求在职业教育师资队伍建设中要注重教师语言技能和外国文化知识的学习,以及外国职业学校学生的实践培训知识的掌握。由于一些教师是从中等职业学校直接升入到高等院校,毕业后他们在企业是专家和管理者,他们经常缺少实际操作技能和对车间工作条件的洞察力。因此他们的实际操作能力的培训还有待于进一步加强。职业教育教师还要在职业生涯里寻求机会更新知识和技能,加强理论和实践的结合,以便能更好地指导学生。

最近芬兰职业教育的发展和工作本位学习(例如技能演示的引进)说明车间里的企业指导教师越来越重要,也意味着教师和企业指导教师以及他们之间合作充满挑战。企业指导教师应该使学生熟悉车间的工作要求和工作方法,其挑战在于企业指导教师应该掌握职业资格证书的主要目标、熟悉职业教育的课程。企业指导教师在指导和评价学生方面的面临的挑战性更大。企业指导教师也需要给予帮助，对于他们的培训不能忽视，以便为学生在岗培训学习提供更多的资源。

第四节　芬兰技职教育现状及改革动向

目前，芬兰的教育发展水平在经合组织国家已处于前列。近年来，芬兰中等职业教育、多科技术学院等技术与职业教育系统的一系列改革措施也成为芬兰教育跨越发展的助力器。

一、技职教育改革的历史背景

芬兰于 19 世纪摆脱了瑞典的宗教统治后，进入了俄国大公辖下的自治时期，此间芬兰的技职教育体系开始逐步向适应快速发展的工业和建设需要转变。1869 年芬兰成立国家教育服务委员会，将教育管理这项职能从教会手中转移到了政府机构手中。1917 年芬兰宣布独立后便大力推行普及义务教育。1919 年颁布的芬兰宪法要求国家必须制定法律来保障全民义务教育和实施免费的基础教育，同时政府必须提供普通教育、职业教育、应用文理科方面的第三级培训以及大学教育。这段时期内国家的主要任务是树立芬兰的国际形象，培养公民的文化意识和教育信念。[8]

20 世纪 70 年代以前芬兰的义务教育只限于六年的小学教育，此后随着综合学校的发展，九年制义务教育成为政府的教育目标。这段时期在芬兰占主导地位的理念是平等和经济发展，教育与建设福利国家紧密相连。为此，政府强化了教育行政的管理，新的教育规划机构也纷纷建立。今天存在于芬兰人意识形态中的基本观念是所有适龄人口都应该接受教育。90％以上综合学校毕业生(九年义务教育后)都会升入普通高中或中等职业教育学校继续他们的学业，而其中将近 50％的高中毕业生会参加大学入学考试，45％的中等职业教育学校学生取得职业认证资格。从战后到 90 年代这段时间内，芬兰完成中等教育的人数的增长速度高于任何其他经合组织国家，1999 年芬兰全部高等教育机构能够接纳的学生人数已达到 16～19 岁年龄段人口总数的 66％ ，其中多科技术学院能够接纳 37％，大学能够接纳 2％。目前，高等教育机构正在不断扩大规模，以期实现高等教育毛入学率 70％的目标。[9]

二、技职教育改革的重点

芬兰政府的教育计划中尤其强调专业技能、综合能力和知识将惠及国家各方面，芬兰的未来将有赖于职业人员的综合能力和创新能力的开发。[10]

（1）技职教育保持“专才”的同时加大“通才”化力度。从芬兰技职教育的重点改革目标可以看出芬兰技职教育的“通才”化趋向：建立一个知识化社会；普及数学和自然科学的教育；推进语言学习和教育国际化；强化 IT 领域的培训；提高教育提供和教育水平的标准；防止边缘化。

（2）建立技职教育各层次间和普教与职教相互连通的立交桥。芬兰成功推行的一项重要的教育创新是创建了一个新型的教育立交桥体系，使求学者可以通过几条不同的途径完成其第三级（高等）教育。1998 年的教育改革立法规定初级技职教育和培训应保证受教育者即可获得进入高等教育的资格也具有工作就业的选择。学生们在入学前的学习和工作经历也可以记入学分。多科技术学院的毕业生可直接进入普通大学继续学习。

（3）增强自主就业能力，防止边缘化。90 年代开始，芬兰技职教育的政策导向特别重视创业教育以便使受教育者增强自主就业能力。所有专业的课程设计中都包括了有关企业内部和外部的课程，以使学生尽可能了解劳动力市场的变化和职业岗位群的特征。

（4）教学模式由教师中心向学生中心转变。1995 年芬兰教育界推行的一项课程设计改革提出了以学生为中心的观念，改革传统的教和学的模式，即单向的、以教师为中心的教学方式。强调承认学生的差异，应有针对性地制订不同的学习计划、鼓励学生进行自我评价、扩大学生的选择范围以及承认学生以前的学习和工作经历，培养学生的自主学习能力。学生自主学习的方法包括完成项目工程、撰写报告、团队任务、学习日志以及论文写作等。

（5）密切行业合作，强化实践环节。加强教育机构同业界的联系与合作是技职教育的发展目标之一。基于工作环境的学习和学徒培训在技职教育的课程中都被列为必修课学分，在国会颁发的 1990～2000 年度教育和大学研究发展计划中，工作场所实习和实践技能的开发首次被列为重要目标。同样与工商界或行业的合作也成为新的学校立法的中心内容之一。

三、提升技职教育课程目标

芬兰的技职教育课程体系由国家核心课程和教育机构自主设立的课程构成。国家核心课程由教育委员会审批，课程开发由不同行业的雇主和雇员代表、工商界的代表与专家以及教师和学生共同参与。国家课程体系规定了统一的职业技能标准和要求，各教育机构可依此作为基本框架独立设计自己的课程。中等职业教育和多科技术学院都强调以下三种能力的培养[11]：

（1）基本能力。主要反映以下技能：国际意识；可持续发展能力；科技、信息掌握能力；创业精神；平等意识；服务和客户协调能力；职业安全和健康能力。

（2）核心能力。一种为个人发展和事业成功提供保障的内化能力，它对于一个人的情感生问题的能力；沟通和合作的技能；情感智力和伦理技能。

(3) 公共基础能力。中等职业教育中包括了基础课程的学习，例如母语、国内第二语言和外语、数学和自然科学、人文学和社会学、体育、健康与卫生、手工和艺术等学科，基础知识的学习不仅是对专业课程的有益补充，也是获得职业技能的一个必备条件。

课程考核评价重视认知技能开发，主要以自我评价为主。自我评价已成为职业学校学生考核的一项基本内容，目的是培养学生成为思维严谨的专业人员。

四、就业与教育评价的新举措

在芬兰，教育被看作是求职者在劳动力市场获得一席之地的重要手段，如同其他发达国家一样劳动力市场对求职者学历要求越来越高。与此同时，就业问题一直是25岁以下人群中的一大问题，该年龄段人口的失业率是成年人失业率的两倍。就业难的一个重要的原因是他们缺乏工作经验。[12]芬兰教育部门的主要措施是：① 增强适应性，使年轻人更顺利地完成从学校到工作岗位的过渡。教育部将工作场所实习作为评价职业教育的重要条件。从中等职业教育开始，20学分的工作实习保证学生至少积累了六个月以工作为基础的学习经验。② 多方专家咨询。通过行业组织和专家咨询等程序使职业教育不断根据劳动力市场的变化而做出相应的课程或专业调整。③ 寻求行业合作，加大行业组织对职业教育的干预力度。行业和雇主联合会在很大程度上影响职业教育政策的制订。联合会多从行业竞争力和生产任务的角度来审视职业教育并支持教育改革。芬兰自1989年就规定劳工组织负责管理各地设立的培训基金，以此左右职业教育。1994年通过的职业资格法案也规定教育立法委员会必须有劳工组织代表的参与。④ 管理权下放。在芬兰，学校的管理权从中央下放到了地方性的市政机构，芬兰地方机构联合会在很大程度上已发展成为一个对教育政策的制订极具影响力的组织。如今，多科技术学院的管理和经费提供完全由地方市政机构承担。

对教育服务效率的评价包括两个方面，分析教育和培训是否成功完成了预定目标；审察教育系统的功能作用。评价包括以下内容：① 通过衡量一定时期内职业教育的实用性和灵活性来评估其有效性；② 通过个体成长、学业成绩、职业生涯的适应性和文化发展等指标来评估其教学的影响力；③ 通过分析教育资源的开发、教育机构的成本结构和教育供给的途径方式来评估其经济运作。社会组织、家长、学生和各类股东集团都在评估中扮演重要角色。教育机构利用建立在质量认证(ISO 9000认证)系统和技术基础上的各种参数和框架进行自我评估。

芬兰职业教育与培训改革将结合职业教育与培训的指导和融资系统的特

点，以满足未来职业技能的需求。改革旨在提高职业教育与培训的社会地位，促进学生成长为全面发展和各方面素质均衡的人才，使他们掌握未来生活所需要的知识和技能。在保持现有的各种教育途径的同时，改革将对资金体系和结构进行更新。保留进一步研究的资格和确保区域性综合教育网络是改革的一个重要方面，它的目的是加强教育机构与生活之间的联系，消除不必要的教育重叠。改革的重点是以客户为导向的培训理念，职业教育与培训要依据市场的需求来进行设计，改革的目标就是要提升学生在工作中的学习能力，使其参加为期一年的培训计划。学徒培训将会通过雇主的行政和经济负担来进行改革。芬兰职业教育与培训的融资和相关法律将被精简。目前涉及职业教育与培训内容都分散在各个不同法律文件中，此次改革将统一立法。

第五节　芬兰技职教育对我国技职教育改革与发展的启示

芬兰发展技职教育的许多举措非常值得我国借鉴，芬兰通过构建高质量技职教育体系，提高了国家人力资源质量，增强了在国际经济合作与竞争中的地位，对我国职业教育的发展有一定的借鉴与启示：

一、政府创新管理手段，完善职业教育法律法规

中央政府和地方政府调动各方面的办学积极性，因地制宜，制定法律法规引导社会机构、企业与职业院校合作，创新管理手段，进行管理体制改革，在实践中不断总结经验教训，以取得最佳的教育效益。近几年来，发展我国职业教育的法律法规及政策相继出台，1996 年推出《职业教育法》，1998 年 12 月教育部推出《面向 21 世纪教育振兴行动计划》，1999 年 6 月中共中央国务院做出《关于深化教育改革全面推进素质教育的决定》，促进了我国高职教育的发展。由于技术进步和产业结构调整速度持续加快，职业教育与培训市场的开放使得高职教育内外部环境发生变化，要求相关法律法规做出相应修改补充来适应自身发展需要。另外，还需要强化执法力度，保障高职教育的发展。

应当坚持政府主导发展职业教育。在芬兰，企业虽然也在专业设置、人才培养规划制订、实践教学等多方面广泛参与，但发展职业教育经费的主要来源是政府（各级财政）。在中国，绝大多数企业只知道用人，不知道培养人（不愿意拿出经费），短时间内要让中国企业具备德国企业的思想境界是徒劳的。所以在当前情况下，芬兰“政府主导”发展职业教育的成功模式更值得我们学习和借鉴。应当坚持发展高中阶段的职业教育。芬兰教育“初中后分流”是我们目前倡导和追求的“高中阶段普职大体相当”的理想模式，值得我们学习。

从法律法规体系、技能需求预测体系、国家核心课程体系、技能考试体系、质

量评估体系、技能竞赛体系、国家(质量)指导策略、职业资格体系、教师专业标准等方面,全方位搭建我国职业教育质量管理体系。完善职业教育投入机制,构建公平性与激励性相结合、注重质量提升的职业教育拨款体系,给予职业院校更多的财政自主权,调动其办学积极性,同时考虑残疾人(学生)职业教育的特殊需要。

二、合理设计职业教育阶梯,构建终身职业技术教育体系

要建立公开的职业教育模式,构建终身职业教育体系。在有条件的高职院校逐步设置本科、研究生学历层次,使我国高职院校有明确的职业教育定位和发展方向,克服与传统综合性大学趋同的倾向。提高学校办学能力,保障高等职业技术教育水准。必须整合资源,练好内功,进一步提高对外开放水平,培养出真正符合市场需求的高素质高技能人才。

要在发展学术性教育、工程性应用教育、学历教育的同时,发展覆盖面更广的高等职教育。设置高等技术学位,不仅是对学生优秀的职业技术学识与技能素质的一种肯定,也是获得就业市场认可的有力凭证,对于高职教育本身,能起到很大的推动作用。以人才市场需求与职业教育规律作指导,加大职业教育自身改革力度。应鼓励学校进行改制、实现所有权多样化,邀请校外高级管理人员参与学校管理,建立中介机构来协调学校与外界的关系。要围绕劳动力市场的需求和职业教育区别于学术理论型教育的鲜明特点来采取多种改革措施,提高职业院校的教学质量与办学能力,以高素质技术人才和高水平的办学来提高自身在整个国民教育中的地位和比重。

在芬兰,几乎所有的院校都拥有继续教育部门,这种继续教育体系还最大限度地给予工程技术人员在工作的同时或间隔地接受培训的机会,使得教育与工作可以轮流交替。这些国家的工业企业对工程人员的在职培训也非常重视,例如芬兰的工程人员在大学进修与工作有关的专业课程可以被计算为工作时间。我国继续职业教育的体系还不够健全,缺乏灵活性,参加学习的学生比例也相对较低,因此要突破传统的正规教育模式,将职业教育扩展到继续教育中去。

三、促进普通教育与技职教育相互沟通与融合

芬兰成功推行的一项重要的教育创新是创建了一个新型的教育“立交桥”体系,使求学者可以通过几条不同的途径完成其第三级(高等)教育。1998 年的教育改革立法规定初级职业教育和培训应保证受教育者即可获得进入高等教育的资格也具有工作就业的选择。学生们在入学前的学习和工作经历也可以记入学分,多科技术学院的毕业生可直接进入普通大学继续学习。

我国基础教育、职业教育和高等教育的沟通极不顺畅,职业教育的学历也不受普通教育认可。从芬兰的教育体系中我们可以看到,各类教育应该在横向和纵向上相互衔接。摆正职业教育的地位，我们需要采取以下措施：降低高等教育对职教学生的入学要求，承认职业与成人教育职业教育的学历。职业教育也要加强教育水平，吸引普通教育的学生通过职业教育继续学习，将理论与工作实践相结合。

在新时期，不仅需要转变观念，在价值观念层面上使职业教育与普通教育保持一致，还应以充分适应社会经济需求、满足就业需求和未来发展需求为目标，积极探索与普通教育有机结合的职教模式，使各类教育上下沟通、平行贯通，受教育者可以通过不同的途径进入高等教育。要以终身学习理念为指导，增强职业教育体系的横向、纵向渗透性和灵活性，搭建职业教育与普通教育沟通的"立交桥"，构建"先前学习"的鉴定和认证体系，防止社会排斥，保证人人拥有平等的教育和培训机会，满足民众多样化的教育需求。

四、突出行业化与地方化特色，有效强化实践环节

我国许多地区职业教育的发展非常盲目，脱离本地的实际情况，盲目开设盛行的专业。例如在西部以农业为主的地区有许多学校开设数控、计算机等专业，招生人数也过度。这不仅造成资源浪费，还使学生就业出现问题，没有为地方经济的发展发挥应有的作用。从芬兰的经验中我们认识到，职业教育的发展要以地方经济发展、行业和学生的需求为本，才能保持职业教育持续发展的活力和动力。

我国产业结构的调整需要发展职业教育。职业教育要发展要立足于地区特点与实际情况，产教结合，产学结合，与企业密切合作，发挥行业化与地方化特色，培养适应区域性经济发展需要的高素质的职业技术人才，同时地方与行业企业、社会团体等合作投资，参与职业院校的办学。职业院校培养出的高素质技能人才也能进入这些对口企业工作，为企业提供后备力量，有利于满足企业对高级工、高级技师等高素质职教人才的大量需求。

要充分调动社会力量办学积极性，构建与各级职业资格相对应的实现相互沟通和衔接、充满生机活力的多样化职业教育类型，探索和完善职业教育集团化办学模式，以加强职业教育办学实体间的联络网，增强其服务能力和效率。职业院校专业设置要针对地方经济及就业需要，增强针对性，专业设置应瞄准区域和地区的经济发展及劳动力市场的需要。职业院校应充分了解、调查当地经济发展情况，结合当地经济的目标、重点投资项目设置专业。

五、学校与企业应建立伙伴与合作办学机制

芬兰工作场所学习至少提供 3 个方面的好处：雇主能向他的学生说明所需的技能，因而加强了相应教育的价值；学生更能明白课堂在他们未来生涯中的重要意义，因而他们将会更努力学习；以与将来的雇主加强联系为基础，教师对于学生更具有权威。加强教育机构与业界的联系与合作是职业教育的发展目标之一。在芬兰，基于工作环境的学习和学徒培训在职业教育的课程中都被列为必修课学分。在国会颁发的 1990～2000 年度教育和大学研究发展计划中，工作场所实习和实践技能的开发首次被列为重要目标。同样，与工商界或行业的合作也成为新的学校立法的中心内容之一。

企业作为合作一方，最起决定作用的还是其经济利益。芬兰的地方政府在推动学校与企业的合作、制定导向性政策、评定职业教育项目和决定政府资金支持方面发挥了重要作用。学校与企业的伙伴关系对于各方都有正面的影响。对企业而言，受益至少是表面上的，因为它允许企业在保持自己核心商业行为的同时“输出”行为（教育）。对于学校，伙伴关系意味着保持与最新技术和工作组织模式同步的机会。对于个人来说，工作中学习意味着在他们通过早期职业生涯获得了经历一种商业氛围熏陶的机会。

我国职业教育提倡产学结合、校企业合作的办学模式。我国须建立相互尊重和信任、风险共担的校企合作机制。职业教育须与工业企业密切联系和协作，合作主要体现在培养分工、教育计划的制定、课程内容选择、生产实习、人员交流、科技交流等。职业院校应介入企业新产品的开发，向企业提供各种技术教育；要建立一支既懂教育、科研又懂工业生产的教师队伍，包括从工业企业聘请一部分工程技术人员到学校任教。我国地方政府应将职业教育作为促进地方经济发展的一种方式与动力，应制定政策法规引导企业与职业教育机构合作，将企业的消极行为缩小到最小限度。地方政府要协调好教育、劳动、计划、财政和各行业主管部门之间的关系，在进行管理体制改革的实践中，因地制宜，以调动各方面办学的积极性和取得最佳教育效益为前提，创造性地运用各种管理手段，并注意总结经验和教训。

六、推行学历证书与职业资格证书“双证并重”的制度

借鉴芬兰的严格而细致职业资格认证体系和准入制度，我国应进一步发展与完善职业资格认证制度，坚持就业市场为导向。目前，我国正在逐步推行学历证书与职业资格证书“双证并重”的制度，这是一项行之有效的举措。在课程设置和专业发展上，职业院校要适应社会和时代的需求，培养具备兼具深厚理论知识和合格技能的复合型职业技术人才，使职业院校学生和企业达到双赢，改变过去那种低水平低层次发展的恶性循环，提升职业院校在社会中地位，促进职业教育的可持续发展。

七、建立全国核心课程体系，进行课程改革

纵观我国的技术与职业教育体系，缺乏全国统一的职业能力标准是导致职业教育发展混乱的重要原因。芬兰的核心课程体系让我们找到了解决的办法，我国应该建立统一的核心课程体系，主要规范专业类型、每个专业的课程框架及必须达到的课程目标，以形成评价的标准。同时要整合全国统一的职业资格体系，确保课程的实施。

八、加强技职教育的国际交流

积极引进先进的课程、教材、教学方法和国际职业资格证书认证体系，参与国际教育服务市场竞争。可以通过共同培养技能人才的合作模式，共同开展中芬两国职业教育人才培养模式比较研究，共同开发教学资源，共同商讨课程设置与改革，共同开发核心课程及其教材，共同研究制定课程标准、评价方法和评价标准，共享研究成果和信息。交流职业资格认证的经验，共同制定职业资格认证标准，完善职业资格认证体系，培养“适销对路”的高素质技能型人才。在课程、教材、教学方法和国际职业资格证书认证体系相对一致的基础上，将职业教育与劳动力输出结合，寻求新的合作渠道。合作中，可以尝试共建产学研基地。加大师资和管理干部培训力度，继续选派职业院校长和专业教师到芬兰校际互访，学习借鉴芬兰职业教育先进的办学理念、管理经验和人才培养模式；互派教师访问学者境外培训交流，有计划地聘请外籍教师到职业教育机构任教；扩大两国职业院校留学生规模，鼓励本国学生到国外实习交流，拓展职业院校毕业生海外实习、就业和留学深造渠道，促进国际劳务输出等。

九、培养学生解决实际问题的能力

职业教育保持“专才”的同时要加大“通才”化力度。从芬兰技术与职业教育的重点改革目标可以看出芬兰职业教育的“通才”化趋向，建立一个知识化社会，普及数学和自然科学的教育，推进语言学习和教育国际化，强化 IT 领域的培训，提高教育提供和教育水平的标准，防止边缘化。90 年代开始芬兰技职教育的政策导向特别重视创业教育以便使受教育者增强自主就业能力。所有专业的课程设计中都包括了有关企业内部和外部的课程，以使学生尽可能了解劳动力市场的变化和职业岗位群的特征。

技职院校毕业生的主要任务是解决工程中技术性、工艺性的实际问题。单纯的知识积累并不能提高在实践中解决和处理问题的能力，这种能力的培养要求教学内容和教学方法更具创新性，强调知识的实用性和课程的综合化。目前，芬兰职业技术教育中普遍将工程项目结合到教学中的做法，对于培养学生解决实际问题的能力很有效。由于这种教学活动一般是以小组为单位，在完成项目的过程中，学生的沟通能力和协作精神也得到了锻炼和培养。当然，在实际工作中，解决问题不能仅仅依靠单一的专业知识结构，设计中还要考虑社会和经济因素，即高等职业教育的内容要综合化，在课程中可以适当加入伦理学、哲学、人文、社会学和经济学的内容。

培养学生解决实际问题的能力，需要严格教师准入资格标准并突出职教特色。芬兰从事职业教育的教师必须具有相关行业职业经历，这无疑会增强职业教育的职业准备、就业指导、职业生活等特色。

参考文献

[1] Finnish National Board of Education. VET policy report. Finland 2008. Progress in the policy priority area for vocational education and training [R]. Helsinki: Finnish National Board of Education, 2008.

[2] Ministry of Education. Education and research 2007-2012. Development plan [R]. Helsinki: Ministry of Education, 2008.

[3] Ministry of Education and Culture. Education and research 2011 - 2016. A development plan [R]. Helsinki: Ministry of Education and Culture, 2012.

[4] 刘其晴. 近十年来芬兰增强中等职业教育吸引力的改革研究[D]. 重庆：西南大学，2011.

[5] Hanhijoki. Education, training and demand for labor in Finland by 2020 [R]. Helsinki: Finnish National Board of Education, 2009.

[6] Finnish National Board of Education. A bridge to the future: European policy for vocational education and training 2002-2010. National policy report Finland [R]. Helsinki: Finnish National Board of Education, 2010.

[7] Hanhijoki. Education, training and demand for labor in Finland by 2025 [R]. Helsinki: Finnish National Board of Education, 2012.

[8] Lasonen, J. Workplaces as leaning environments [M]. Helsinki: Opetushallistus. 2001.

[9] Lasonen, J. Enterprises and schools as work based learning environments in Finland[R]. Helsinki: Finnish National Board of Education. 2000.

[10] Ruthanne. Vocational secondary and tertiary education: Relevant legislation[R]. Helsinki: Edita. 1999.

[11] Ministry of Education. Education and research 1999-2004 Development plan[R]. Helsinki: Author. 1999.

[12] Opetushallitus. Finnish National Board of Education. National initial vocational education core curriculum and the foundation of the skills test : Vocational qualification in catering services 2000 [R]. Helsinki: Author. 2000.

后　　记

唯有一切回归到事物的本质，才能创造出自己独一无二的特色。

芬兰是一个承载着“千湖之国”美誉的国家，一个靠近北极圈的国度，一个被称作“圣诞老人故乡”的国家，一个只有五百多万人口但被评为“世界上最具创新力”的国家，一个充满了“北欧极简风”的设计和生活理念的地方，于是我萌发了去这个国家一探究竟的念头。

在江苏建筑职业技术学院的资助下，2011 年 9 月我有幸参加在芬兰坦佩雷大学召开的第二届中芬高等教育国际论坛(2nd Sino-Finland Forum on Higher Education)。让我与这个北欧国家结下了不解之缘。

在江苏省政府留学基金的资助下，2013 年，我再次来到芬兰坦佩雷访学，走访了坦佩雷大学(University of Tampere)、坦佩雷理工大学(Tampere University of Technology)、坦佩雷应用科技大学(TAMK University of Applied Sciences)，全方位了解芬兰高等教育和芬兰高等职业教育。通过工作见习单位坦佩雷成人学院(TAKK)，我全方位了解了芬兰的职业教育和成人教育的实习实训、课程建设、师资队伍、学分安排，学生来源和跨年龄课程设计等总体情况；访谈芬兰 Tredu 学校的学徒制训练中心；参观了 TAKK 的金工实习场所和建筑实训基地；观摩了 TAKK 承办的芬兰保安大赛；参加 TAKK 为哈萨克斯坦教育部承办的 industrial mentoring training programme 培训班；了解了 TAKK 的开展的国际合作项目；了解了多种文化和移民的培训。

要特别感谢 TAKK 接受我为兼职研究员，感谢 TAKK 的同事：Ulla Virtanen 女士，Paivi 先生，Janne haikansalo 先生，SATU 女士，Timo Leinonen 先生等。在他们的帮助下，经过密集的访谈，我了解了芬兰的职业教育整体情况。感谢赫尔辛基环境学校的 Mary 对芬兰职业教育的介绍。感谢坦佩雷应用科技大学 TAMK 的国际教育专员 Ms. Carita Prokki。感谢 TAMK 的 SAI. LI 女士，你十几年的芬兰学校生活让我了解更多。感谢 Tredu 学校的 Jani 先生和 Ritva 先生，你们耐心的介绍让我对西方学徒制度的认识逐步清晰。感谢 TAKK 每天提供的两次免费咖啡，这是我与芬兰同事们交流的重要平台，虽然我完全听不懂你们的芬兰语交流，但你们的欢笑让我感动，感谢你们用金属磨具精心制作的珍贵送别礼物。

感谢坦佩雷大学陈坦玉博士提供的精准信息和鼓励，让我勇敢地把女儿带到北欧芬兰，这个成功的决策让孩子终身难忘这种美好的体验。感谢 Finnish International School of Tampere 的 pia 校长，辅导老师 Luodes Lea，学校秘书 Tarja Tarvainen，为女儿免费提供午餐，免费辅导，组织参加森林探险，过 HALLOWEEN 晚会，欣赏交响音乐，参与国际文化节。我还有幸参加家长日活动，女儿参加了芬兰国家电视台的音乐电视拍摄。我和女儿亲身感受了享誉世界的芬兰基础教育，我和女儿还参加 Tampere 的圣诞节开幕季，在 Hervanta 举行的 the International Coffee House 。观看了 ilves-tampere 对阵 pelicans-lahti 的冰球大赛，带女儿参观坦佩雷儿童艺术中心、观光塔、间谍博物馆和坦佩雷市的许多地方。

特别感谢中国教育研究交流中心的研究负责人蔡瑜琢博士，在你的帮助下，我有机会二次来北欧并品味芬兰，在芬兰 TAMPERE 度过了人生的一段最有意义的体验。还要感谢北工大金保华博士、北师大曲霞博士、坦佩雷翁千婷女士等的帮助。

感谢江苏省政府留学基金的资助，感谢江苏建筑职业技术学院的同事们在我来芬兰之前和在芬兰期间提供的帮助。

多年以后，但愿我还记得这样的芬兰，记得自己曾在这片土地上学习过，生活过，体验过。